Jürgen Scholz

Unterwegs

Geschichten von der Straße ins (Tage-) Buch

edition winterwork

Bibliografische Informationen der Deutschen Nationalbibliothek:
Die Deutsche Nationalbibliothek verzeichnet diese Publikation in der Deutschen Nationalbibliografie. Detaillierte bibliografische Daten im Internet über http://www.d-nb.de abrufbar.

Impressum

Jürgen Scholz, »Unterwegs
– Geschichten von der Straße ins (Tage-) Buch«
www.edition-winterwork.de

Satz: edition winterwork
Lektorat: Birgit Rentz, www.fehlerjaegerin.de
Umschlag: edition winterwork
Druck und Bindung: winterwork Borsdorf

ISBN 978-3-96014-607-0

Inhaltsverzeichnis

„Wir reisen nicht, um dem Leben zu entfliehen,
sondern damit uns das Leben nicht entflieht."
(Unbekannt)

„Der wahre Reisende hat keinen festgelegten Weg,
noch will er ans Ziel.“
(Laotse)

Vorwort

Der Start rückt näher und wirft die Frage auf: Was will ich tatsächlich? Sabatical, Selbstfindung? Nennt es, wie ihr wollt. Ich nehme mir eine Auszeit, und diese mit dem Fahrrad. Womit sonst?

Als die Gedanken, das erste Mal in Worten formuliert, aus meinem Mund sprudelten, fanden es die meisten meiner Freunde sehr cool, eine fabelhafte Idee. Seit sie jedoch registriert haben, dass ich mit dem Fahrrad starten werde, bekomme ich einstimmig zu hören: „Ja, ja klar, bis zur S-Bahn, und dann zurück nach Hause." Wenn die wüssten …

Mein Entschluss steht fest, die Vorbereitungen laufen!

Schon einmal war ich für knapp drei Monate mit dem Rad unterwegs, damals war Asien mein Ziel. Was war das für eine großartige Zeit! Unbedarft, naiv, blauäugig und voller Energie. Einfach losgefahren, den Rucksack gepackt, ein paar Klamotten, Flickzeug, eine Luftpumpe und – ganz wichtig – eine Rolle Klebeband. Dann ging es los. Rein in die viel zu enge, fliegende Aluröhre, die Knie an den Ohren, mit Ziel Saigon.

Die zwar reizend aussehende, jedoch affektiert gekünstelt dreinblickende, auf Neudeutsch „Flugbegleiterin" hatte keinen ehrlichen, liebevollen Blick für mich übrig. Logisch, sie war ja für die Versorgung mit Saft angestellt.

In Saigon angekommen, fand sich nach fünf Stunden Suche mit einem Moped-Taxi schließlich ein Fahrradladen, dessen Inhaber bereit war, mir ein Rad zu verkaufen. Ein unglaublicher Aufwand in der ehemaligen Fahrradwelthauptstadt Saigon – das mit der Welthauptstadt ist Geschichte aus dem vorigen Jahrhundert.

Als Farang, der in Thailand übliche Ausdruck für „Ausländer mit weißer Hautfarbe", ist man nicht so beliebt, wie viele immer denken. Das Interesse liegt vorrangig auf den bunt bedruckten, reichlich zu verteilenden Scheinen. Aber einer auf dem Fahrrad? Verrückter Europäer …

Was mir nach den ersten Kilometern schnell klar wurde: Mit dem Rad im Straßenverkehr unterwegs sind nur Oma Hoa – die Blume – und zwei, drei Schulkinder sowie der seltsame Farang. Den Rucksack längs auf den Gepäckträger geschnallt, ging es für mich quer durch Vietnam, Kambodscha, Thailand. Eine wundervolle Zeit.

Erfahrene Traveller wissen, wie schnell die Individualität von Ländern, auch bestimmten Orten, verloren geht, sobald die Pauschaltouristen anrücken. Das passiert einem auf dem Rad nicht. Jeden Ort, jede Straße, jede Schotterpiste und jeden Feldweg habe ich nur für mich.

Für mich war in Asien alles neu, anders. Scheu vor Fremden oder Fremdem? Berührungsängste, die in einem Dorf mit nur 50 Bewohnern entstehen konnten, lösten sich bei meinem Erscheinen mit dem Fahrrad in Luft auf. Der Rest von Befangenheit war rasch beseitigt. Dafür sorgten vor allem die zahlreichen neugierigen Kinder, die sich mir ungezwungen näherten.

Für die anstehende Reise sind die Pläne weitaus umfangreicher. Unterwegs hoffe ich auf Abenteuer mit der optimalen Portion Sicherheit. Ich will hinaus in die Realität, will erfassen, leben, fühlen. Ich möchte Kinofantasien erleben. Meine innere Unruhe befriedigen. Ich will entdecken, Freundschaften schließen, unbekanntes Terrain erobern. Dementsprechend eine Vergnügungsreise starten. Freilich ist mir klar: Reisen sind nicht mit Ferien gleichzusetzen. In der Regel bedeuten sie das Gegenteil, können anstrengend, nervig, strapaziös, schweißtreibend und deprimierend sein. Das Radfahren garantiert eine Dosis Freiheit und zugleich Unabhängigkeit. Und noch etwas: Bei dieser emissionslosen, sauberen, faktisch rückstandsfreien Fortbewegungsart ist der Aspekt Umweltschutz nicht zu unterschätzen.

Vielleicht animiert das Lesen meiner Zeilen so manchen Bewegungsmuffel, dass er eines Tages die horizontale Lage auf dem Sofa in Bewegungsenergie auf dem Rad umwandelt. Nein, ihr müsst nicht im Dauerregen bei minus neun Grad den ersten Versuch starten. Einfach mal zur Arbeit radeln, ins Kino, Theater, in die Stadt, zum Einkaufen, in den Biergarten fahren. Nicht nur der

Genuss des Bieres wird euch entzücken, auch die Freude, die Ungebundenheit sowie die Selbstbestimmung auf dem Rad …

Urlaubsberichte sind nur dann spannend, wenn Unvorhergesehenes geschieht. So zum Beispiel Betrug, Überfall, Krankheit, Enttäuschung oder Diebstahl. Ansonsten reicht der Reiseführer. Ich schrieb Erlebnisse, Gedanken, Geschichten, Gefühle, die ich erfuhr, ertrug und durchstehen musste, in ein kleines Tagebuch. Die Umsetzung in lesbare Zeilen liegt vor euch.

Meine lieben Freunde und Bekannten, es geht um euch. Ihr habt ein Rad im Keller stehen. Allerdings auch tausend Ausreden parat, um dann doch wieder mit dem Auto zu fahren. Ihr werdet Wege entdecken, von denen ihr nie geglaubt hättet, dass sie überhaupt existieren.

Gewiss inspiriere ich euch mit dem hier vorliegenden Werk, vertreibe damit eure Langeweile. Und wenn ihr dieses Buch aus der Hand gelegt habt, führt euch euer Weg in den Keller, wo ihr Luft in eure Fahrradreifen pumpt …

Vier Schlübbis sind genug

Mit einem Kilo Mehl im Gepäck, aber nur vier Schlübbern, geht es wackelig los. Das Kind wird mit Tränen in den Augen verabschiedet. Es gibt tausend Küsse, einmal gaaaanz fest drücken. Das muss in den Erinnerungen gespeichert werden, für lange Zeit reichen.

Die Nachbarn und ein paar Freunde verteilen hilfreiche Worte, wissen vieles besser. Ich jedoch sitze auf dem Rad.

Nach den ersten Kilometern ist meine Tränenflüssigkeit aufgebraucht. Die Konzentration liegt jetzt auf dem Fahren. Ich muss einen Rhythmus finden. Ist das Gewicht gut verteilt? Wieso klappert es jetzt dort? Habe ich alle Dinge eingepackt? Ich schaue mir das Stadtbild noch mal genau an, sauge die Bilder ein, um ja nichts zu vergessen. Die ersten Kilometer laufen prima. Raus aus der Stadt, aufatmen. Auf der Landstraße eine eigene Spur. Gerüche, die ich seit Längerem nicht mehr wahrgenommen habe. Nach 15 Kilometern bin ich im Rhythmus. Die Gedanken fliegen. Wann soll ich eine erste Pause einlegen? Wann etwas essen? Muss ich das Gepäck nochmals kontrollieren? Alle Schrauben nachziehen und und und …

Nach 68 Kilometern erscheint zwischen Bad Düben und Wittenberg ein Wegweiser. Bis zum Zeltplatz sind es drei Kilometer. Das soll für den ersten Tag reichen. Ich will ja nicht gleich zu Beginn Rekorde brechen. Niemand vor Ort. Geht ja gut los. An der verwaisten Rezeption hängt eine Telefonnummer. Ich habe mir vorgenommen, das Handy nur zu benutzen, wenn es sich nicht vermeiden lässt. Darüber hinaus, um mich bei Kind und Mutti regelmäßig zu melden.

„Hallo, ja … mit dem Zelt? Sind Sie sicher? Suchen Sie sich auf dem Gelände einen Platz." Nach 20 Minuten erscheint der Betreiber. „Hallo, Sie wollen wirklich im Zelt übernachten? Es ist doch kalt nachts! Das Wasser noch nicht angestellt. Ohne Wasser können Sie ausschließlich auf das Plumpsklo."

„Eine Toilette reicht für mich, kein Problem." Wenn das auf der Reise meine größten Sorgen werden, habe ich nichts auszustehen.

Nach den ersten Eierkuchen und dem so wichtigen Kaffee am nächsten Morgen kommt der Zeltplatzwart. „Na, gut geschlafen?", erkundigt er sich.

Voller Freude antworte ich: „Ja, echt super, und gefroren habe ich auch nicht." Dann frage ich: „Wollen wir gleich das Finanzielle klären?"

Seine darauf folgende Antwort zaubert ein Lächeln in mein Gesicht. „Ich möchte bitte auch einen Kaffee. Dann legst du noch zwei Euro dazu, das passt dann schon."

Perfekter Start. Auf diese Art kann es weitergehen.

Während meiner Vorbereitungen habe ich die Strecke nur grob geplant. Ich will mich treiben lassen. Dass ich auf dem Weg nach Berlin bereits Berge erklimmen muss, habe ich nicht geahnt (es waren Hügelchen). Im Kopf reduziere ich bereits das Gepäck.

94 Kilometer liegen vor mir, und das gleich am zweiten Tag. Eindeutig zu viel, obendrein Wind, Regen und Kälte. Das kostet Kraft. Hinzu kommt, dass in Potsdam keine Pension frei ist. Bleibt nur Bed & Breakfast.

Der zweite Tag endet deutlich früher als erwartet mit einer Budgetüberschreitung. Nicht etwa, dass das Frühstück bei dem Hotelnamen inklusive wäre. Direkt neben dem Hotel kann ich mein Rad in einer Fahrradgarage unterstellen. Für einen Euro pro 24 Stunden. Das fehlt in Leipzig auf jeden Fall.

Kaum bin ich raus aus der Stadt, folgen auf der Straße die ersten Beschimpfungen. „Du Penner, kauf dir ein Auto!“ Was ich denn mit einem vollgepackten Rad auf der Straße wolle. Ich solle mich über den Jordan scheren. „Ja, genau, den suche ich.“ Den Rest verschluckt der Wind. Meine Antworten sind allesamt nicht jugendfrei. Das miese Karma wird euch finden.

Die ersten Dörfer auf meinem Weg. Alle wirken wie ausgestorben. Kein Bäcker, kein Fleischer, kein Miederwarenladen. Vermutlich sind sie aus wirtschaftlichen Gründen nicht mehr zu halten gewesen.

Auf Luthers Pfaden

In Wittenberg nahm im 16. Jahrhundert die Reformation ihren Anfang. Ein Kirchenpolitiker, dem klar war, dass so einiges im Argen lag, begann aufzumucken. Er beschrieb einen Zettel mit seinen Gedanken und nagelte ihn direkt an die Tür.

Die kirchliche Erneuerung, die zur Spaltung des Christentums führte, begann an dieser Kirchentür. In der Stadt kann man der Weltgeschichte folgen, das Wohnhaus Luthers besichtigen, die berühmte Thesentür ebenso wie sein Grab besuchen. Ich finde das Melanchthonhaus sehr ansprechend. Das Renaissance-Bauwerk wirkt von außen unscheinbar, doch die in seinem Inneren ausgestellten Exponate werden mittels neuer visueller Technik umso schöner in Szene gesetzt. Gleich daneben befindet sich die Stadtkirche, die inzwischen Weltkulturerbe der UNESCO ist. Alles ist touristenfreundlich aufgearbeitet, samt der unvermeidbaren Vermarktung.

Ich sitze beim Bäcker, vor mir eine Tasse Kaffee, und amüsiere mich über eine chinesische Reisegruppe. Wie gebannt starren die weit gereisten Touristen auf den Regenschirm der Reiseleiterin anstatt auf die Schlosskirche. Die Angst, von christlichen Jüngern eingefangen zu werden, ist wohl größer als die Kultur vor ihren Augen. In der heutigen Zeit ist die Religion ein Reizthema mit erheblichem Konfliktpotenzial. Insofern oute ich mich hier als Atheist. Dass es einen Gott gibt, der mir vorschreibt, wie ich mich zu verhalten habe, empfinde ich als eine Zumutung.

Erstaunlich, was Gottheiten allseits vermögen. Wahrscheinlich sind sie nur erfunden, um die Leute vom Nachdenken und einem freien, selbstbestimmten Handeln abzuhalten. Einziges Ziel war und ist die Machterhaltung. Wasser predigen, zugleich Wein saufen.

Auch noch im 21. Jahrhundert agiert die Prominenz respektlos. Da rufe ich die evangelische Theologin Frau Käßmann ins Gedächtnis zurück: in der Fastenzeit ordentlich bechern, obendrein besoffen Auto fahren. Die Sehnsucht nach Halt wie auch Geborgenheit versucht der Großteil der Menschen immer noch bei Gott zu finden. Ich persönlich bevorzuge Freunde, Familie, auch mal den Nachbarn. Warum hassen die Leute die Gegenwart, hängen stattdessen Vergangenem nach und hoffen auf Besseres? Ach, bei manch einer Kategorie der Religion reicht ja das Beichten. Danach wird alles wieder gut.

Hochaktuell sind mörderische Anschläge im Namen Allahs. Gegenüber den Massen, die im Namen Gottes zu Zeiten der Eroberungen starben, ist allerdings noch genügend Luft nach oben, wenn man die Zahlen der aktuell Ermordeten ins Verhältnis stellt. Für sein Handeln verantwortlich ist ausschließlich die Person, in deren Hand die Waffe beziehungsweise die Zündschnur liegt. Einzig der Mensch am Abzug entscheidet, ob er abdrückt.

Nach all den Kriegen stand die Kirche immer aufseiten der Sieger, profilierte sich mit sozialem Engagement in der Betreuung von Opfern sowie Vergessenen.

Zu Zeiten der Inquisition starben schätzungsweise 100 Millionen Menschen. Nicht nur, dass sich die Okkupanten die Taschen mit Gold, Gewürzen und Edelmetallen füllten, nein, wer Gott, den Eroberer, nicht akzeptieren wollte, sich verweigerte, wurde massakriert. Jeder dieser Morde wurde von der Kirche initiiert. Von Menschenhand im Namen Gottes erledigt. Hinzu kommen die Gewaltexzesse des Mittelalters. Die Ungläubigen, Heiden, sogenannte Hexen, ebenfalls Verfolgte. Wer vom gegenwärtigen Glauben abwich, wurde eliminiert.

95 Thesen nagelte Martin Luther – zu seiner Zeit sicher ein Revolutionär – lautstark in Wittenberg an die Kirchentür. Im Mittelalter konnte man sich im Rahmen des Ablasshandels freikaufen. Das wollte er nicht hinnehmen. Die Menschen sollten allein durch ihren Glauben an Gott von der Strafe nach dem Tod befreit werden.

Oft habe ich den Eindruck, dass jetzt, 500 Jahre später, Luthers Ziel nach wie vor nicht erreicht ist. Noch immer kaufen sich Leute aus höheren Kreisen von ihrer Schuld frei. Bezahlen Bruchteile ihres Vermögens und entgehen ihrer gerechten Strafe.

In Punkt 27 der Thesen steht, Lug und Trug predigen diejenigen, welche sagen, die Seele erhebe sich aus dem Fegefeuer, sobald die Münze klingelnd in die Kassen fällt. Nutznießer des Klingelbeutels der Staat, das Finanzamt ebenso wie gemeinnützige Vereine.

Als Atheist ist mir das egal. Trotz allem empfinde ich, dass viele Menschen, meist finanziell Bessergestellte, sich zwar nicht gegenüber Gott freikaufen, sich auf jeden Fall aber einer gerechteren Strafe entziehen. Ein Teil von Luthers Reformen ist demnach bis heute nicht umgesetzt.

Was hat sich denn der liebe Gott nun dabei gedacht? Die Gläubigen sollen jederzeit zu Gott beten. Das heißt, Gott ist bereit für eine Zwiesprache, die der Gläubige, meist ja Sünder, nicht durch Handlungen untermauern muss, wie es in fremden Religionen gebräuchlich ist. Wenn ich in der heutigen Zeit jedermann kundtue, Gott habe gestern Abend, noch vor dem ersten Wein, persönlich zu mir gesprochen: „Sorge doch bitte dafür, dass sämtliche Waffen auf der Welt niedergelegt werden. Vögelt lieber, so oft es geht“, dann bin ich wohl ein Fall für die Psychiatrie.

Beim Bäcker zieht's

Ein bleierner, triefender Himmel nebst Gegenwind begleitet mich nach Berlin. Meine Regensachen sind in einem auffälligen Grün gehalten. Von außen absolut dicht, von Weitem gut zu erkennen. Bereits nach der kleinsten Anstrengung bin ich unter der Jacke nass vom Schweiß. Ein unbeschreiblicher Vorteil an mir ist meine selbstregulierende Frisur, die lediglich bei extremer Sonneneinstrahlung etwas Pflege benötigt.

Es folgt eine erste Begegnung in Berlin. Bevor ich mich bei dem Mann nach dem Weg erkundigen kann, fragt er mich: „Aha, mit dem vollgepackten Rad, wohl die halbe Wohnung mit dabei. Wo willst du denn hin?“

„Jetzt erst einmal bis Kopenhagen, dann quer durch Deutschland und weiter nach Frankreich.“

„Aha, von wo kommst du?“

„Aus Leipzig.“

Es folgen einige Sekunden bedrückenden Schweigens, dann: „Klar, irgendwo muss man ja starten.“

Wir lachen beide herzlich – und das mit einem Berliner!

Freudig werde ich von meiner ehemaligen Schulkameradin Sylke aufgenommen. Vollversorgung inklusive. Am nächsten Morgen versorgt sie mich mit Reiseproviant.

Radfahrer sind unbestritten permanent hungrig. Deutlich früher als erwartet bleibt mir aufgrund der körperlichen Gewichtszunahme nichts anderes übrig, als Gepäck loszuwerden.

Sylke wohnt am Waldrand und jagt beim Spazierengehen mit ihren Hunden regelmäßig Wildschweine. Wir schwatzen über die Kinder, Sylke schon über ihre Enkel. Sofort fühle ich mich um Jahre jünger.

Politik lassen wir rigoros aus. Wir wollen uns die wenigen Stunden nicht vermiesen. Am Abend sitzen wir gemütlich beim Bier, schwärmen von unseren Schultagen. Wie geht's dem denn? Was macht der heute? Nein, nie wiedergesehen. So reden wir, bis sich unsere Augen von allein schließen. Danke für die angenehmen Stunden, Sylke.

Weiter fahre ich Richtung Norden. Über reizvolle, angenehm leere Landstraßen. Leider ist die himmlische Beregnungsanlage konsequent in Betrieb.

Ein wenig bin ich selbst überrascht, denn ich verspüre keinerlei Schmerzen, der Allerwerteste hält durch. Die Fahrt über die alten Fernverkehrsstraßen, zumeist Überbleibsel aus DDR-Zeiten, bringt trotz Regens gute Laune. Das Kopfsteinpflaster rüttelt mich zwar ordentlich durch, doch die Landschaft, die Stille, beschaulich, einfach malerisch – all das entschädigt umso mehr. Das Radeln über die noch vorhandenen Alleen entschädigt für den Stress, den der Großstadtverkehr hervorgerufen hat. Niemand ist hier unterwegs. Die Autos rasen nebenan auf den neu gebauten Schnellstraßen.

Die dörfliche Idylle ist schnell im Gedächtnis gespeichert. Rückblenden von den Besuchen bei Oma und Tante auf dem Dorf spulen sich wie ein Film in meinem Kopf ab. Frei laufende Hühner, ein Hahn, der Ausschlafen stets vereiteln konnte. Die alten Hasenställe waren zu jeder Zeit ein Anlaufpunkt. Perfekt, um Zeit zu vertrödeln. Im Garten stand eine alte Badewanne. Ich durfte mit dem darin befindlichen Wasser die Beete gießen. Die nassen Hosen danach – unerheblich. Ebenfalls freiwillig geschah das Pflücken der Erdbeeren, obwohl die Oma genau wusste, dass eine Erdbeere in den Korb, eine in den Mund wanderte. Erinnerungen schießen durch meine Hirnwindungen. Genügend Zeit für mich. Der Alltag ist weit weg. Belastet mich nicht.

Als ich mit meinen Gedanken wieder im Hier und Jetzt bin und mich umsehe, ist kein Zeltplatz, keine Pension in Sicht. Ich habe schon 92 Kilometer auf der Uhr, muss etwas finden. Für das Zelt bin ich zu nass. Bleibt nur ein Hotel. Am Straßenrand sehe ich eins mit angrenzendem Pferdehof. Pferde? Für mein Empfinden sind diese Tiere viel zu groß.

Abermals laufen Rückblenden in meinem Kopf ab. Anfang der 90er Jahre war ich für zehn Jahre beruflich als Rettungssanitäter tätig. Augenblicklich kommen die schlechten Erinnerungen daran zurück. Zu oft wurde ich während des Dienstes zu Reiterhöfen gerufen, wo meist Kinder teilweise schwer verletzt worden waren.

Egal, hier erwartet mich ein erstklassiges Zimmer. Für den Preis, der zu berappen ist, schaue ich den für mich teuersten „Tatort“ aller Zeiten.

Es folgt ein langweiliger Tag im Dauerregen. Meine Laune ist bisher erstaunlich stabil, auch als ich am Abend, ohne den üblichen Obolus entrichten zu müssen, mein Zelt aufbaue. Ich bin Saisonerster. Errege eher Mitleid, weil ich bei Regen und Kälte im Zelt übernachte. Das Wasser zum Zähneputzen kommt aus dem Kanister.

Meine Botschaft an alle Zeltschläfer im mittleren Alter: Das Schlimmste sind nicht die Kälte, der harte, unebene Boden oder die Regentropfen, die nachts mit einem Höllenlärm auf die Zeltwand trommeln. Nein, viel schlimmer ist es, dass man (Mann) zum Pinkeln rausmuss!

Mein Gepäck ist eindeutig zu schwer: Von dem Kilo Mehl und den vier Schlübbern habe ich ja schon erzählt, doch weshalb ich ausgerechnet zwei Taschenlampen eingepackt habe, ist mir entfallen. Zu meinem E-Book-Reader kommen noch drei Bücher. Ebenso eine Jeans sowie eine leichte Daunenjacke. Nach ein paar Hundert Kilometern ist zweifelsfrei klar: Abspecken wird nötig sein. Zumal die Berge erst noch kommen.

Ereignislos erreiche ich Zinnowitz. Auf der Suche nach einem Karton, in dem ich meinen überflüssigen Klimbim nach Hause schicken kann, pilgere ich durch sämtliche Schuhläden. Wer schon einmal durch eine beliebig austauschbare Innenstadt geschlendert ist, weiß: Davon es gibt reichlich. Doch nicht eine Verkäuferin ist bereit, mir einen leeren Schuhkarton zu überlassen. Genervt greife ich im vierten Geschäft zur Geldbörse, bereit, für ein, zwei Euro einen Karton käuflich zu erwerben. Fehlanzeige, auch das funktioniert nicht – eine Tatsache, die sich mir bis heute nicht erschließt. Monate später ergibt eine eingehende Recherche im Freundeskreis, dass keiner von ihnen beim Schuhkauf seinen Karton mit nach Hause nimmt. Was wollen also die Verkäuferinnen mit den leeren Kartons? Eine Schrankwand bauen? Darin ihre Ersparnisse verstecken?

Jedes Jahr zur Weihnachtszeit läuft in Leipzig die begrüßenswerte Aktion „Weihnachten im Schuhkarton". Jeder, der teilnehmen möchte, befüllt einen Karton mit Spielzeug, Kleidung und Süßkram. Die Kartons werden gesammelt und anschließend an bedürftige Kinder in Osteuropa verteilt.

Hilfsbereitschaft steht in Zinnowitz vermutlich auf dem Index und scheint für die Schuhverkäuferinnen ein Fremdwort zu sein. Ich bin guter Hoffnung, dass sie das miese Karma erreichen wird, sei es durch Insolvenz, Diebstahl, vielleicht Elementarschäden.

Im Hotel bekomme ich später einen Karton ohne Aufpreis. Beruhigen kann ich mich jedoch nicht. Mein Yin und Yang ist verworren. Für mich ist einfach nicht nachvollziehbar, weshalb mir der durchaus erfüllbare Wunsch verweigert wurde.

Eine Erklärung kommt nachts im Traum zu mir. Die Eingeborenen von der Küste müssen im Winter zu Saisonende mangels Alternativen die Sandkörner zählen. Das erklärt die allgemeine Unfreundlichkeit gleich mit.

Später besänftigen mich die Dünen. Ein Spaziergang am Strand, die Füße im Wasser. Luft, die nach Meer und gleichzeitig nach Wald duftet. Meine Sinne werden wiederbelebt, ich spüre Zufriedenheit, vergesse die Unfreundlichkeit. Genau aus diesen Gründen komme nicht nur ich gerne an die Ostsee.

Zurück zu Zinnowitz und meinen schlechten Erfahrungen: Bei sieben Grad plus und eiskaltem Ostwind rufen dort alle Cafés wie Kneipen regelrecht: „Kommt rein!" Bieten an, sich darin verkriechen zu können. Von Berufs wegen ist mein Augenmerk seit mehreren Jahren auf Speiseeis gerichtet. Ich bin neugierig auf das, was andernorts präsentiert wird. Vielleicht gibt es Ideen, die ich umsetzen kann.

Eine Bäckerei wirbt mit Kaffee und Eis aus eigener Herstellung. Also nichts wie rein, zumal die Tür sperrangelweit offen steht. Gemeinsam mit dem kalten Wind, der sogleich durch die Räume zieht, trete ich ein. Grob überschlagen sitzen hier 40 Leute, voll aufmunitioniert mit Jacke, Mütze und Schal im Café. Ein älterer Herr läuft zur Theke, fragt höflich, ob denn der Status der Tür von „offen" auf „zu" geändert werden könne. Zu dem kalten Wind von draußen bläst jetzt die angesprochene Angestellte dem Herrn noch kräftigeren Wind entgegen: „Nein, wir arbeiten hier direkt am Backofen, uns ist heiß." Leider bin ich nicht schlagfertig genug für eine passende Reaktion. Ich bin geplättet von der schroffen, unhöflichen Behandlung. Eingeschüchtert halte ich die Klappe, möchte ich doch ein Eis und Kaffee ohne Giftzusatz. Bei ihrer Leibesfülle ist es sicherlich die einzige Art von heiß, die sie momentan kennt. Telepathisch scheint sie meine Gedanken zu lesen, denn ich spüre ihr Augenrollen förmlich im Rücken.

Mit Lütt Matten zur Olsenbande

Bereits nach einer Woche bekomme ich den ersten Besuch. Mein Freund Toddy, im Außendienst tätig, ist zufällig in der Nähe. Eine Pension in Stralsund ist schnell gebucht. Sogar mein Fahrrad darf ich mit in den Raum nehmen.

Später am Abend trinken wir zwei, drei Bier in einer gemütlichen Studentenkneipe. Über alles Mögliche plappern wir. Zudem stelle ich fest, dass ich bisher zu Hause nichts verpasst habe – nicht verwunderlich nach so kurzer Zeit auf Reisen.

Der nächste Tag führt uns Richtung Bergen. Zum Abschluss unserer gemeinsamen Tage gönnen Toddy und ich uns noch ein wenig Kultur. Zuerst besichtigen wir die alten Nazibunker in Prora. Fantastisch am Meer gelegen, damals von Hitler zur Erholung gebaut. „Kraft durch Freude" hieß die politische Organisation, die alles geplant hat. Den deutschen Menschen eine Erholungsmöglichkeit zu bieten und die Möglichkeit, sich darüber hinaus körperlich fit zu halten, war das Ziel. Natürlich nicht ohne Hintergedanken. Gesunde sind leistungsfähiger, kämpfen besser in einem Krieg. Geplant war der

Komplex für 2000 Leute. Mit Beginn des Krieges legte man sämtliche Pläne auf Eis. Die Überreste der Gebäude wurden von den Armeen der Sowjetunion und später vom Militär der DDR genutzt. Selbstverständlich durch DDR-Bürger nicht zu betreten, alles Sperrgebiet. Der Komplex, immerhin zwei Kilometer lang, in allerbester Lage, wird zurzeit für Vermögende – eher Reiche – zum Wohnsilo mit Meerblick umgebaut. 62 Quadratmeter für 280.000 Euro. Mittendrin gibt es diverse Museen, darüber hinaus steht am äußeren Ende eine Jugendherberge, die größte Europas.

Später wandeln wir fast 40 Meter über dem Erdboden auf dem Baumwipfelpfad. Leider wurde der Pfad bisher vom Frühling vergessen. Folglich fehlt das viele schöne Grün. Im Kreis geht es nach oben. Auf den einzelnen Etagen wird die Pflanzen- und Tierwelt der jeweiligen Sphäre erklärt. Für das, was uns geboten wird, finde ich zehn Euro Eintritt sehr hoch angesetzt.

Am späten Nachmittag folgt ein Abstecher ins Ozeaneum. Pure Begeisterung. Auf anschauliche, kluge Art versuchen die Museologen die Besucher für den Erhalt unserer Umwelt zu sensibilisieren. Jeder Einzelne kann durch sein eigenes Verhalten einen Beitrag zum Schutz der Meere leisten. Einprägsam wird von der Zerstörung der meerestypischen Flora und Fauna berichtet. In gleicher Weise werden die vielen Möglichkeiten einer nachhaltigen

Nutzung dargestellt. Im Gegensatz zum Baumwipfelpfad sind 17 Euro Eintritt für das Ozeaneum jeden Cent wert.

Bei einsetzendem Regen statten wir dem Segelschulschiff Gorch Fock I einen Besuch ab. Dessen traditionsreiche Geschichte ist nur etwas für eingefleischte Fans. Das Schiff wurde im Jahr 1933 in Hamburg gebaut, 1945 von der Wehrmacht versenkt, nach dem Krieg schließlich wieder gehoben und später als Geschenk zu unseren russischen Freunden verschifft. Danach wechselte es mehrfach den Besitzer. Was folgt, ist die Pleite. Kein Geld ist mehr zum Betreiben des Schiffes vorhanden. Heute ist man bemüht, das Schiff sowie die dazugehörige Geschichte am Leben zu erhalten.

Der Abschied von Toddy erfolgt kurz, schmerzlos und ohne Tränen.

Ich radle immerfort an der paradiesischen Küste entlang. Die Zeltplätze überbieten sich gegenseitig mit Stellflächen, wie man sie aus dem Urlaubskatalog kennt. In einen Schlafsack eingepackt die Sonnenuntergänge zu beobachten, das allein ist schon den halben Urlaub wert.

In diesem Jahr bin ich einsamer Rekordhalter. Auf jedem Zeltplatz bin ich der erste Übernachtungsgast. Fast überall befinden sich die Anlagen noch im Schlummermodus. Hinter den Kulissen wird jedoch bereits gestrichen und geschraubt. Meist fragen mich die Betreiber zwei Mal, ob ich ernsthaft im Zelt schlafen will.

Ich fühle mich wie bei Lütt Matten und der weißen Muschel aus dem Buch von Benno Pludra. Die Geschichte spielt am Bodden und erzählt von einem kleinen Jungen namens Lütt Matten, der unbedingt die sagenumwobene weiße Muschel fangen will. Der Vater hat nie Zeit für ihn, so versucht er es allein. Am Ende ist es wie in Hollywood: Der Vater kümmert sich wieder um seinen Sohn. Sie finden zwar nicht die weiße Muschel, jedoch zueinander.

Auf meinem weiteren Weg folge ich den Deichen und bleibe somit an der Küste. Wenn mir danach ist, halte ich an, sauge den Anblick der Umgebung in mich auf. Dabei lässt mich der Gegenwind, ein fieser Geselle, nicht in Ruhe.

Als Single bin ich immer konzentriert, mit wachen Sinnen unterwegs. Vielleicht ist ja doch die Liebe in den Dünen oder am Strand versteckt. Die Anziehungskraft der Ostseemädels, die ich bisher kennengelernt habe, strapaziert aber eher die Erdanziehungskraft, die versucht, mit deren wachsender Kilozahl zurechtzukommen.

Nebenbei etwas Positives über mein Fahrrad. Der Nabendynamo funktioniert ausgezeichnet. Ab etwa 16 Stundenkilometern reicht der erzeugte Strom aus, um sowohl das Telefon als auch den E-Book-Reader zu laden.

Eine moderne Hybridfähre bringt mich über die spiegelglatte Ostsee bis nach Dänemark. Das Völkchen von

Lkw-Fahrern spricht während der Überfahrt lediglich mit den Spielautomaten. Der Radler ist ihnen nicht interessant genug.

Der Empfang in Gedser ist trostlos. Man startet in Rostock aus einem riesigen Überseehafen und landet in einer kleinen Ortschaft mit gerade mal 1000 Einwohnern. Die Ausfahrt mündet in eine Straße und endet auf dem tristen Dorfplatz. Egal, rechts führt der Weg Richtung Dünen, immer am Meer entlang. Etliche Bänke laden zum Verweilen ein. Im Sitzen, die Teekanne vor Augen, genieße ich einfach nur den Moment. Menschen sind hier im März nicht auszumachen.

Nach dem Päuschen meldet sich wieder der Wind. Während der Überfahrt blieb er außergewöhnlich ruhig, höchstwahrscheinlich hatte er eine Kaffeepause eingelegt.

In der Hoffnung auf einen Plausch und um meine Vorräte aufzufüllen, suche ich einen Supermarkt auf. Meine Vorfreude weicht der Realität. Wie bei uns in Deutschland stehen auch hier alle von der Gesellschaft Vergessenen vor den Einkaufszentren, ein Bier in der Hand, kaum Zähne im Mund. Zudem verbreiten diese Menschen die gleiche Geruchsmischung aus Schweiß, Alkohol und Schmutzwäsche, wie ich sie schon kenne. Was bei mir wie so oft die Frage aufwirft: Wieso muss man, auch wenn das Geld knapp ist, sein Äußeres verkommen lassen?

Der nächste schwere Atemzug entfleucht mir an der Kasse. Eine Handvoll Brötchen, etwas Käse und Wurst, dazu eine kleine Büchse Bier kosten genauso viel wie zu Hause ein kompletter Wocheneinkauf. Folglich rät mir meine Reisekasse: Sparsamer leben, Herr Scholz. Und das bereits in der zweiten Woche!

Zum Gegenwind gesellt sich Regen, der mich in der nächsten Zeit mit Ausnahme von zwei Tagen in Kopenhagen nicht mehr verlässt. Unterwegs checke ich in der vermutlich teuersten Jugendherberge der Welt ein. Eine Nacht im Vierbettzimmer ist für 114 Euro pro Bett zu haben. Selbstverständlich muss man hier sein Bett selbst beziehen. Zum Glück habe ich bei der Armee über 18 Monate gedient, das Beziehen von Betten exakt praktiziert. So ist es eine leichte Übung für mich.

Noch etwa 80 Kilometer bis nach Kopenhagen. Die Vorfreude auf Janko und seine Familie wächst. Die Kälte des Morgens ist einem erneuten leisen Regen gewichen, leicht melancholisch trete ich in die Pedale. Typisch irisches Wetter, sinniere ich.

Durchnässt stehe ich bei Janko und dessen Familienbande vor der Tür. An solch ein Familienleben könnte ich mich gewöhnen. Selbst meine Wäsche wird gewaschen und weichgespült – danke, Lydia! Ich sortiere weitere Gepäckstücke aus, so auch meine geliebte Thermoskanne. Später werde ich sie noch schmerzlich vermissen.

Wir schwatzen über vergangene Zeiten. Janko war seinerzeit Medizinstudent, ich gestandener Rettungssanitäter.

Zwei Jahre, nachdem DDR-Bürger überhaupt ins kapitalistische Ausland reisen durften, führte uns ein erster gemeinsamer Urlaub nach Indien. Anschließend zum Wandern auf dem Annapurna Circuit nach Nepal. Bunt, schrill, laut, spirituell, voller Götter, gleichzeitig unvorstellbare Armut. Kaum Luft zum Atmen. Zeitweise verkörperten wir dort die Exoten. Am nächsten Tag bekamen wir den Mund nicht mehr zu. Sprachlos standen wir an den Ghats für die Leichenverbrennung. Unfassbar: Auf einem Scheiterhaufen brannten in aller Öffentlichkeit die Verstorbenen! Pietätvoll oder nicht, das muss jeder für sich entscheiden. Privatsphäre gibt es dort vor dem Eintritt in den Kreislauf der Wiedergeburt nicht. Bilder, die auch viele Jahre später noch in meinen Erinnerungen lebendig sind.

Bewundernswert, was die Menschen hier an Energie aufbringen, um aus westlicher Sicht das strapaziöse Leben erträglicher zu gestalten. In den Dörfern gibt es selten fließendes Wasser, dementsprechend fehlt auch die Kanalisation. Eine professionelle Müllentsorgung ist hier gänzlich unbekannt. Strom gibt es für gewöhnlich am Abend. Die medizinische Versorgung im ländlichen Raum übernimmt meist noch ein alter Schamane. Sorgen, von denen wir nicht einmal ahnen, dass es sie überhaupt gibt, bestimmen ihren Alltag.

Im Laufe der Jahre bereiste ich Indien und Nepal noch mehrere Male. Mein Plan, mit dem Rad durch Indien zu fahren, lässt Jankos Haare zu Berge stehen. Für Indien gilt das Motto: lieben oder hassen. Janko will von Veränderungen hören, von Fortschritten. Strom ist in Teilen von Indien, wie vor 20 Jahren, nur stundenweise verfügbar. Neu ist, dass alle Lodges mit einer Steckdosenleiste, gespickt mit Ladekabeln aller gängigen Handytypen, versehen sind. Teilweise habe ich während meiner Besuche in denselben Lodges geschlafen wie 1992. Erkannt wurde ich, ungeachtet der markanten Gesichtszüge nebst Glatze, natürlich von niemandem. Für die Kinder war ich stets ein Highlight. Alle fummelten an meinem Kopf, wollten wissen, wo sich meine Haare befinden. Auch meine große Nase wurde neugierig abgetastet. Eines Tages, wenn Jankos drei Kinder – klar, dass er für Urlaub momentan keine Zeit mehr hat – alt genug sind, werden wir Nepal noch einmal gemeinsam besuchen.

Kopenhagen hält, was es verspricht. Es ist ein Paradies für Radfahrer. Radwege sind hier so breit wie bei uns die Straßen. Man wird nicht angepöbelt. Die Autofahrer sind in der Minderheit. Das Mietradsystem ist perfekt, dazu gibt es überall Fahrradgaragen. Wikipedia meint, dass in Kopenhagen jeden Tag mehr als eine Million Kilometer mit dem Rad gefahren werden. Das heißt, mehr als in den gesamten Vereinigten Staaten im gleichen Zeitraum! Den Titel „Welthauptstadt der Radfahrer“ wollen sie ergattern.

Erzieherisch wirksam sind die Parkgebühren, mit fünf bis sechs Euro die Stunde sind sie entsprechend gepfeffert. Das Konzept der Stadt sieht regelmäßige Befragungen der Anwohner vor. Ziel ist es, eine bessere Qualität ebenso wie eine Verbreiterung bestehender Radwege zu erreichen. Eine Erhöhung der Geschwindigkeit auf den Radwegen ist in Planung. Damit soll die grüne Welle für Radler optimiert werden.

Unbedingt will ich die Drehorte der „Olsenbande" besichtigen. Die legendäre Küche mit der geifernden Yvonne ist im Original zu betrachten. Das Museum ist leider geschlossen. Mist, darauf hatte ich mich besonders gefreut! Jeder einzelne Film der Olsenbande ist in meinem Kopf abrufbar. Egon, Benny, Kjeld und Yvonne werden mich bis ins Altersheim begleiten. Unvergessen auch der Gegenspieler, Kommissar Jensen, gemeinsam mit dem Dicken der Sicherheitsfirma. Die Tresore von Franz Jäger werden im echten Leben die Herren Einbrecher hoffentlich zur Weißglut bringen.

Der Name Egon Olsen begleitet mich durch die Stadt. Ob auf Werbetafeln, in Blumenläden, auf Autos – überall ist er präsent. Ein Schmunzeln liegt auf meinen Lippen.

In einer Messehalle, die zu einem Street-Food-Areal ausgebaut ist, werden köstliche Speisen aus mindestens 15 Regionen der Welt angeboten. Ich schlemme gleich an mehreren Ständen – als Trost für das geschlossene Museum. Gesättigt schlendere ich durch eine Ausstellung von Yoko Ono. Das Motto lautet: „Teile deine Träume.“ Passt, wo ich doch zurzeit Träume auf die Pedale bringe.

Meine altägyptischen Hieroglyphen ähnelnde Handschrift hindert mich nicht daran, einen Zettel zu beschreiben und diesen an eines der bereitstehenden Wunschbäumchen zu hängen. Die Öffentlichkeit weiß hoffentlich mit meinen Sehnsüchten umzugehen.

Mit dem Boot geht es zur berühmten Meerjungfrau aus dem Märchen von Hans Christian Andersen. Unbestritten das kleinste Wahrzeichen der Welt. Es ist nicht das Original zu sehen. Verständlich. Vandalen nutzen nämlich die Dame, um ihre politischen Botschaften kundzutun, und missbrauchen damit die Nackte schändlich. Hans Christian Anderson hat 156 Märchen geschrieben. Die meisten waren in der DDR in Buchform erhältlich, die schönsten wurden von der DEFA filmisch umgesetzt. Noch heute, vor allem in der Weihnachtszeit, laufen die Klassiker im Fernsehen.

Es folgt ein Abstecher nach Christiana. Laut Reiseführer kommen jedes Jahr eine halbe Million Besucher hierher, um etwas von dem Feeling zu erhaschen. Christiana ist wohl der größte halb legale Drogenumschlagplatz Europas. Überall liegt der süßliche Duft von Dope in der Luft, hängt regelrecht als Wolke über dem Stadtteil. Die Jungs laufen hier alle mit Kapuzenshirt, halb vermummt, durch

die Gegend. So recht traut offenbar keiner dem an
Auch bei Softdrogen geht es um Geld – viel Geld
allen Seiten wird man immer wieder darauf hingewiesen: „Fotografieren streng verboten!"

Auch die Alltagsdroge Alkohol scheint zum Einsatz zu kommen. So viele glasig schimmernde Augenpaare, die deutlich nach Vollrausch aussehen, beobachten jeden Schritt.

Es sind diejenigen Mitglieder unserer Gesellschaft, die nicht mehr mitkommen beziehungsweise gar nicht mehr mitwollen. Sie fühlen sich hier in Christiana gut aufgehoben. Für mich ist der Stadtteil nichts anderes als Connewitz in Leipzig oder Kreuzberg in Berlin.

Der Abend, den ich im Szeneviertel Vesterbro verbringe, ist leider nicht auf mich zugeschnitten. Mit meinem modischen Kurzhaarschnitt – böse Zungen behaupten, es sei eine Glatze – komme ich mir unter all den Hipstern verloren vor. Allein für Kleidung und die passende Brille wird hier ein Zeitaufwand betrieben, der mit einer vollen Arbeitsstelle mithalten kann.

Es gibt zahlreiche vegane Restaurants, stylishe Kneipen, Burgerläden. Diese inszenieren regelrecht ihre appetitlichen Kreationen. Das allerdings zu Preisen, die mein Wochenbudget deutlich überschreiten. Demzufolge verzichte ich auf die Lifestyle-Produkte. In Kontakt komme ich mit niemandem. Bin nicht kompatibel mit all den

Hosenträgertypen, deren Hauptaugenmerk auf veganem Bart- und Haarwaschmittel liegt. Mann soll seine Energie aus der Umgebung ziehen, somit ziehe ich mit dem Rad einfach weiter.

Ich kehre zurück zur Familie meines Freundes Janko, die vor elf Jahren Deutschland auf Nimmerwiedersehen verlassen hat. In der Zwischenzeit sind sie in Dänemark voll integriert. Voraussetzung für eine gelungene Integration ist die Sprache. Sie steht an erster, zweiter und dritter Stelle. Lydia hat es sogar bis zur Deutschlehrerin geschafft. Daheim versuchen sie, Deutsch zu sprechen, was der Kleinsten – sie ist sechs Jahre alt – schwerfällt. Eines Tages, wenn sie das Reisefieber packt, wird sie froh sein, mehrere Sprachen zu beherrschen.

Der Abschied ist kurz und überaus herzlich. Von unterwegs beauftrage ich meine Tochter, ein übergroßes Glas Nutella an Janko zu schicken. In Dänemark muss man für ein 200-Gramm-Glas sieben Euro berappen. Aus Leipzig nochmals ein herzliches Dankeschön.

Ich schummle wegen erneuten Regens und fahre die Strecke zurück zur Fähre mit dem Zug. Im Abteil drängt sich ein Song von Bob Marley in mein Hirn. „Some people can feel the rain, others are only wet." Mister Marley ist wohl nie im Regen Rad gefahren! Beim Radeln im Regen spürt man direkt, wie man nass wird.

Rostock

Als ich am Fährterminal ankomme, erwartet mich wie immer Regen, es ist kalt, gleichzeitig bläst ein steifer Wind. „Technische Probleme“ leuchtet in großen Lettern auf der Anzeigentafel.

Nach 30 Minuten erbarmt sich ein nettes Pärchen. Sie erlösen mich, kurz bevor ich steif werde. Schwupp, sitze ich in einem alten VW Bulli. Bei Kaffee, einem Apfel, Gesprächen über diese oder jene Route taue ich wieder auf. Wir sinnieren über das Reisen. Freilich auch über das liebe Geld, wo und wie man sparen kann. Ein angenehmes Pärchen, das seinen Lebensinhalt auf das Reisen gerichtet hat. Jede freie Zeit wird für einen Urlaub genutzt.

Später auf der Fähre bezahle ich für eine Person Buffet, esse aber für zwei und packe auch noch meine Tasche mit haltbaren Köstlichkeiten voll.

Wegen der Verspätung bei der Abfahrt komme ich erst in der Dunkelheit in Rostock an. Die Einfahrt zum Terminal über Warnemünde entschädigt für die Wartezeit. Spektakuläre Lichtspiele reflektieren im Wasser. Alles ist hell und bunt erleuchtet, verbreitet ein wohliges Gefühl.

Leider klappt hier meine selbst festgelegte Regel, immer vor Einbruch der Dunkelheit ein Quartier zu haben, nicht. Mehr als eine Stunde irre ich durch die Stadt, nur um ein bezahlbares Bett zu finden. Ungläubig starre ich auf ein Verkehrsschild. Fahrräder verboten! Als ob von meinem geräuschlosen, zudem abgasfreien Rad irgendeine Gefahr ausgeht.

Ein paar Kilometer radle ich zusammen mit einer Dame durch die Nacht. Sie ist ähnlich wie ich unterwegs. Leider fährt das überaus sympathische Wesen zu ihrem Bruder und ich Trottel vergesse in der freudigen Stimmung, nach ihren weiteren Plänen und der Telefonnummer zu fragen.

Empfangen und entschädigt werde ich im Hotel Greifennest. Die Wände sind mit Bildern aus der ganzen Welt dekoriert. Darunter einige Klassiker – Machu Picchu, Taj Mahal, Iguazú-Wasserfälle. In Sekundenbruchteilen kommen die schönen Erinnerungen vom Machu Picchu und dem Taj Mahal zurück, lebendig strahlt das Taj Mahal vor meinen Augen im Sonnenaufgang. In fast identischer Pose, wie auf diesen Fotos abgebildet, stand auch ich vor den Gebäuden. Die Iguazú-Wasserfälle blende ich aus meinen Erinnerungen lieber aus. Vor Ort verbrachte ich einen ganzen Tag mit einem älteren Ehepaar aus Buenos Aires. Bei einer gemeinsamen Rast tröpfelten die Herrschaften K.-o.-Tropfen in mein Getränk. Als ich nach mehreren Stunden wieder halbwegs klar denken konnte, war ich um mein Geld, den Rucksack und auch um meinen Fotoapparat erleichtert.

Beim Bier erfolgt ein reger Austausch des auf unseren Reisen Erlebten. Wir reden über neue Ziele. Meine Pläne, alles auf zwei Rädern mit reiner Muskelkraft zu bewältigen, lösen Kopfschütteln aus. Zuerst mürrisch, später erst einmal aufgetaut, sind die Menschen ehrlich, freundlich und zuvorkommend.

Über Rerik fahre ich unermüdlich an der – ich kann es nicht oft genug wiederholen – betörenden, bezaubernden Ostseeküste entlang. Die nur bei uns so heißt. International ist es das Baltische Meer, das an neun Anrainerstaaten grenzt. Zu jeder Tageszeit gibt es faszinierende Lichtspiele. Der Duft der Dünen, des Meeres und der Nadelwäldchen begleitet mich auf jedem Kilometer.

Der Föhn Gottes

Als der Wind, in seiner Eigenschaft als Föhn Gottes, mir wieder mit Stufe drei spürbar kalt entgegenbläst, verfluche ich Gott, die Welt und mich. Wie konnte ich nur so blöd sein, das heimische Sofa zu verlassen?

Warum ist man eigentlich unterwegs? So genau weiß ich das auch nicht immer. Hinterlassen werde ich als Radfahrer jedenfalls nichts, bis auf meine – deine? – Spuren im Sand. Und schon startet der Ohrwurm von Howard Carpendale und es radelt sich beschwingter.

Für eine weitere Übernachtung im Trockenen checke ich in einem zum Hotel umgebauten Gutshaus ein. Ich fühle mich in die 20er Jahre des vorigen Jahrhunderts zurückversetzt. Die dunkel gehaltenen Wandfarben, der Stil, die Möbel – alles strotzt vor Tradition. Alte Fotos von den ehemaligen Besitzern, dazu die originalen Dielen. Die knarren. Klar, mussten sie doch schon viel zu viele dicke Leute tragen. Manchmal wünsche ich mir, vor einhundert Jahren gelebt zu haben. Als Gutsherr, bitte schön.

Auf geht es nach Lübeck. Jane und Pierre, gute alte Freunde, erwarten mich bereits. Wir haben uns über Jahre nicht gesehen. Einziger Kontakt die geliebt-gehassten neuen Kommunikationswege.

Ich klingle verschwitzt, verdreckt, zudem nass an der Tür. Und werde aufgenommen wie ein Familienmitglied. Jane und Pierre waren in den letzten Jahren sehr fleißig. Drei Kinder rennen um den Tisch, fordern die Aufmerksamkeit der Eltern. Nach dem Warm-up bin ich fällig. Am Abend schwatzen wir über Urlaub und über unsere Zukunftspläne. Meine Gastgeber sind ausgeglichen, gehen respektvoll, überaus harmonisch miteinander um. Alle Probleme, egal ob finanzieller oder privater Art, werden souverän gelöst. Beizeiten sind die Eltern müde.

Am nächsten Morgen gehe ich gleich mit aus dem Haus. Auf Empfehlung gönne ich mir ein First-Class-Frühstück im Café Marae. Das Lokal wirbt mit Kaffee und veganer Zauberei. Der Spruch ist etwas irreführend. Weder Zauberer noch Kleinkünstler treten an meinen Tisch und schütteln die Speise aus dem Ärmel oder ziehen sie hinter meinem Ohr hervor. Dafür bringt die Kellnerin einen liebevoll angerichteten Teller und köstlichen Kaffee.

Lübeck, die Stadt der sieben Türme. Das Tor zum Norden. Die attraktive Altstadt ist Weltkulturerbe, das ich beim Preis für mein Frühstück mitfinanziere. Vorbei geht es am Holstentor über eine der vielen Brücken, die aus dem ehemaligen Befestigungsgürtel rings um die Stadt hinausführten. Über 200 Brücken durchziehen die Hansestadt. Die Holstenbrücke ist die älteste, sie stammt aus dem 11. Jahrhundert. Teilweise abgekupfert von der

Rialtobrücke in Venedig. Zahlreiche Hochwasser zerstörten immer wieder die Bauwerke und wurden durch modernere ersetzt.

Sieben Stunden Fahren gegen den Wind, noch schlimmer kann es nicht mehr werden. Ein Zwischenstopp in Hamburg mit Ruhetag ist nötig. Dass es die zweitgrößte Stadt Deutschlands ist, macht sich auf der Straße bemerkbar. Bei Wikipedia ist von über 80 Millionen Tagesbesuchern und 12 Millionen Übernachtungen zu lesen. Auch ich bin auf der Touristenroute unterwegs.

Eine Augenweide ist die Elbphilharmonie. Die Hälfte der Einwohner protestierte gegen den Bau. Wenn man jetzt auf das fertige Ergebnis schaut, verstummen alle Kritiker. Ich flaniere entlang der Landungsbrücken, über den Fischmarkt, lasse mich einfach treiben.

Bisher habe ich nur gute Erinnerungen an die Stadt. Vor einigen Jahren bin ich zwei Mal den Hamburg-Marathon mitgelaufen. Drei Stunden vierzehn Minuten war meine beste Zeit. Ähnlich schnell wie eine Stadtrundfahrt.

Beim Flanieren höre ich schon von Weitem das Jippieje. Ein Junggesellinnenabschied. Wenn auch nur eine aus der Gruppe schon beizeiten zu solch krampfhaft gekünstelten, fröhliche Stimmung heischenden Schreien ansetzen muss, liegt die Stimmung meist bereits am Boden. Jetzt kommen sie auf mich zu. „Wir benötigen noch Geld, um die zukünftige Braut zu unterstützen. Komm, kauf uns was ab!“ Meine Frage, warum sie sich denn nicht für einen finanziell potenten Mann entschieden hat, wird ignoriert. „Komm schon, mach, sei nicht so geizig!“

„Okay“, erwidere ich, „ich bin seit ewigen Zeiten allein unterwegs. Deshalb spendiere ich 20 Euro für den Schlüpfer, den du gerade trägst.“ Konsterniert schauen mich die jungen Frauen an. Ich fasse nach: „Zieh den Schlübbi aus, hier ist die Kohle!“ Jetzt erstarren ihre Gesichter, frieren regelrecht ein. Noch nicht einmal mehr einen blöden Spruch haben sie für mich auf Lager. Was für Spaßbremsen! Die Stimmung ist bei ihnen jetzt komplett auf dem Nullpunkt. Schade, ich hatte mich schon gefreut.

Für die Reeperbahn bin ich letztendlich zu müde, worüber sich vermutlich auch mein Geldbeutel freut – obwohl, den Zwanziger für die Unterhose habe ich ja behalten.

Als kurios empfinde ich eine Begegnung im Hostel. Das Zimmer empfängt mich mit einem etwas schmuddeligen Eindruck. Da ich am Empfang als sportlich eingestuft werde, bekomme ich im Doppelstockbett das obere. Unter mir liegt ein etwa 70 Jahre alter Farbiger. Am Abend trottet er mit vier oder fünf Plastiktüten aus dem Hostel. Diese sind randvoll mit Skizzen, Bleistift- und Kohlezeichnungen.

Von Anfang an habe ich das Gefühl, den Herrn schon einmal gesehen zu haben. Als ich damals den

Hamburg-Marathon mitgelaufen bin, haben wir beide auch in diesem Hostel geschlafen. Das kann doch nicht sein, denke ich. Meine Neugier siegt, sodass ich den Betreiber frage. Volltreffer! „Na klar, der schläft immer mal wieder bei uns. Nachts verkauft er auf der Reeperbahn seine Zeichnungen, und wenn es gut läuft, zahlt er gleich für ein paar Wochen im Voraus."

Am frühen Morgen – der Farbige macht gerade Feierabend – spendiere ich ihm zwei Bier. Bedauerlicherweise ist die Kommunikation schwierig. Ich will wissen, wieso. Ob sein Sprachenwirrwarr an seinem Alkoholkonsum liegt oder er an beginnender Demenz leidet, werde ich wohl nicht herausfinden.

Was mich beglückt, ist die Tatsache, dass ich noch Jahre später die Bilder im Kopf habe. Das deutet darauf hin, dass die Demenz bei mir weiterhin warten muss.

Am nächsten Morgen geht es Richtung Bremerhaven. Der 1911 eröffnete alte Elbtunnel wird zurzeit saniert. Eine Röhre allerdings ist für Fußgänger und Radfahrer geöffnet. So komme ich in den Genuss, durch eine der zwei 426 Meter langen Tunnelröhren zu fahren. Ein erhabenes Gefühl, an den gefliesten Tunnelwänden vorbeizuhuschen und etwas Nostalgie zu schnuppern. Ich habe in dem Augenblick die Fahrbahn ganz für mich allein. Für einen Obolus in Höhe von 2 Euro geht es auf der anderen Seite mit einem Korbfahrstuhl wieder nach oben.

Ich brauche das Navi, denn die Fahrt hinaus aus der Stadt über das Hafengelände ist eine Katastrophe. Leider muss ich feststellen, dass nichts stimmt. Keine der angezeigten Straßen ist mehr da. Vermeintlich vorhandene Brücken scheinen verschwunden. Des Rumeierns müde, muss ich eine Schnellstraße kreuzen. Mit einem deutlich negativ anmutenden Hupkonzert entkomme ich der Stadt schließlich doch noch.

Das Wetter wird an diesem Tag nicht besser. Immer fahre ich gegen den Wind, der mit 30 bis 40 Stundenkilometern beständig bläst. In einer Pause rufe ich beim Duden Verlag an mit der Bitte, das Wort „Rückenwind" ersatzlos zu streichen, da dieser nicht existiert.

Jammern hilft nicht! Ich möchte meinen Freund Torsten besuchen, der sich auf der Nordseeinsel Juist als Zahnarzt niedergelassen hat.

Weltklima für alle

Bremerhaven. Die Stadt entstand wegen ihrer Lage an der Wesermündung. Die Hansestadt Bremen wollte einen Hafen am Meer. Unter anderem entstand so auch der größte Fischereihafen Deutschlands. Dieser hat seine besten Zeiten allerdings schon hinter sich. Weithin bekannt ist das Auswandererhaus wie auch der Leuchtturm. Alles ist rings um den sanierten Hafen angesiedelt. Die schicken Wohnblöcke bieten Sicht auf die Wesermündung in die Nordsee. Dazu passend die entsprechenden gastronomischen Einrichtungen. Wer hier wohnt, schaut nicht auf den Cent.

Eine Sternstunde ist für mich das Klimahaus. Der den Atem raubende Eintrittspreis rechtfertigt sich im Laufe der Besichtigung. Neun Stationen sind zu erkunden. Sie führen durch die verschiedenen Klimazonen nebst den fünf Kontinenten. Die Temperatur in den Räumen ist den jeweilig herrschenden klimatischen Bedingungen angepasst.

Als Radler, folgerichtig mobil unterwegs, fahre ich in die Stadt und hoffe auf ein bezahlbares Abendmahl. Über die Stadt habe ich im Vorfeld nichts Positives gehört. Viele Ethnien, viele Konflikte. Die Kriminalstatistik zeigt bei

110.000 Einwohnern 13.259 Straftaten an. Das wiederum wird als Erfolg propagiert, zumal es die zweitniedrigste Zahl seit 25 Jahren ist.

Leider sehe ich unzählige Klischees und Vorurteile bestätigt. Wohlfühlen in einer fremden Stadt kenne ich anders. Manche Orte mag ich auf Anhieb, bei anderen genieße ich den Vorteil, wieder fortzudürfen. Um es auf den Punkt zu bringen: In Bremerhaven muss man nicht gewesen sein.

Die Innenstadt ist von Leerstand geprägt. Alles ist schmutzig und gleichzeitig verkommen. An meinem Auge gleitet eine Parade toter Häuser und Fabriken vorüber. Viele Geschäfte sind mit Zeitungspapier zugeklebt. Manch eines hat nicht mal mehr Glas im Schaufenster. Selbst die großen Handelsketten machen einen Bogen um die Innenstadt. Geöffnet hat nur eine Eisdiele – mäßige Qualität. Telefonshops sowie Döner und Co. – alles in arabischer Hand. Die Leute begegnen mir in Jogginghosen, deren Löcher immer größer werden.

Trotz allem finde ich ein gemütliches Lokal und genieße bei einem Libanesen ein liebevoll zubereitetes Gericht. Ich wiederhole mich: Radfahrer sind allesamt verfressen. Um das Klischee weiter zu befeuern, nehme ich einen weiteren Falafel mit.

Rund 100 Meter vom Hafen entfernt liegt das von mir ausgesuchte Hostel. Nagelneu und brillant durchdacht. Es ist die behaglichste Unterkunft auf der gesamten bisherigen Reise. Obendrein gibt es ein Bonbon: Das Sechsbettzimmer habe ich für mich allein.

Was mache ich zwischendurch, wenn ich Leerlauf habe oder mich Müßiggang überfällt? Ich lese! Für mich bedeutet das Entdecken. Und man lernt zu verstehen. Meist lese ich im Bett, mit schmutzigen Fingern und schmutzigen Zehen. Im Zelt, wenn die Temperaturen im Keller sind, unterstütze ich meinen Lernwillen gerne mit kräftigen, geistigen Getränken.

Über einen vorzüglich ausgebauten Radweg geht es immerfort an der Küste entlang. Rechter Hand die Nordsee, von der man leider nichts sieht. Der Deich ist teilweise haushoch. Betreten verboten, erst recht Befahren. Blickt man in die andere Richtung, denkt man an die Kartoffellese. Ausschließlich nackte Felder sind zu bestaunen. Dazwischen gelegentlich eine Windmühle. Mit etwas Glück ist eine dabei, die zum Museum oder zu einem Café umgebaut ist und nach mir ruft.

In dem Fall, dass sich in dem Ungetüm von Deich doch eine Lücke zeigt, ist garantiert gerade Ebbe und ich stehe vor schier endlosen Schlammmassen. Was in Reiseprospekten als faszinierend, malerisch, vielfältig, obendrein spannend beschrieben wird, erscheint mir als ein vor Lügen strotzender Reisebericht. Anders ausgedrückt: Ich fühle mich so richtig verarscht! Die Nordsee und ich – wir entwickeln uns nicht gerade zu Freunden. Darüber hinaus hat mein Freund, der Gegenwind, über den Feldern genügend Raum, um sich zu ungeahnter Stärke zu formieren. Ist es die gemeine Rache des Wattenmeeres?

Ein Übersetzen nach Juist mit der Fähre klappt nur während der Flut. Die Betreiberfirma verfügt über das Monopol. Wem die Fährfahrt zu teuer ist, der kann fliegen, schwimmen beziehungsweise wattwandern. Für das Geld, das die Überfahrt kostet, könnte ich mir ein eigenes Boot kaufen.

An ihrer breitesten Stelle misst die Insel sagenhafte 900 Meter. Längs kommt sie, wenn alle Sandbänke hinzuaddiert werden, auf 17 Kilometer. Das Wort „Güst" bedeutet „unfruchtbar". Ich vermute, es ist der Namensgeber der Insel. Unfruchtbar – als Landratte würde ich das bestätigen. Für Radler ein Traum ist der Straßenverkehr, der bis auf den Rettungsdienst mit Pferdefuhrwerken bewerkstelligt wird, selbst die Müllabfuhr hat Hufe.

Torsten betreibt eine Zahnarztpraxis. Seine Frau versucht, mit ihrem Blumenladen die Insel zu verschönern. Die Freude des Wiedersehens ist groß, zumal unangekündigter Besuch nahezu unmöglich ist. Ich werde bemuttert und, damit ich Kräfte tanke, mit reichlich Nahrung versorgt.

Warum lässt man sich hier nieder? Wo das Wasser immer wieder verschwindet, darüber hinaus das Kulturangebot überschaubar ist. Im Sommer nerven zudem die Touristen, machen Lärm und Dreck. Wirtschaftliche

Gründe scheiden aus. Auch wenn Torsten nach 20 Jahren das Geld für den Porsche in der Tasche hat – das Auto dürfte ja nicht mal mit auf die Insel.

Nahezu alle Menschen tippeln vor ihrem Urlaub noch mal zum Zahnarzt, der daheim schon unbeliebt ist. Im Urlaub einen fremden Doktor aufzusuchen – eine Horrorvorstellung!

Torsten und seine Frau haben sich mit dem Inselleben arrangiert, genießen die kleinen Highlights. In den Wintermonaten haben sie den Strand für sich allein und können alle – für mich nicht ersichtlichen – Vorzüge genießen. Wenn es mal so richtig kalt wird, ist der Heimweg zum heißen Grog überschaubar. Das höchste Gebäude ist mit dreizehn Metern der Wasserturm. Der Leuchtturm wurde erst 1992 gebaut, nicht etwa um die Schiffe sicher in den Hafen zu geleiten, nein, er gilt als touristisches Highlight. Im Sommer beherrschen hauptsächlich die Silberrücken die Insel. Gelegentlich verirren sich auch Familien mit Kindern hierher. Diese werden die Abgeschiedenheit genießen. Nicht dass mir das missfallen würde.

Allein daran, dass an der Ostsee Ebbe und Flut kaum bemerkbar sind, kann meine Abneigung nicht liegen. Das Feeling ist ein anderes. Persönlich fühle ich mich an der Ostsee geborgener. Sicher auch, weil der Geruch von Meer, Kiefern und Sand im Hirn einen Reiz auslöst, der mir an der Nordsee fehlt. Mit Planschen im Wasser konnte ich noch nie viel anfangen. Wenn man sich hier in

Ostfriesland entschließt, an den Strand zu gehen, und bei Ankunft feststellen muss, dass das Wasser einer Schlammschicht gewichen ist, die dazu fürchterlich nach fauligem Fisch stinkt, fehlt mir jegliche Begeisterung.

Viele Touristen und auch Einheimische stapfen entzückt durchs Watt, das aus nichts als Sand und Schlick besteht. Es fördert den Stressabbau, heißt es. Bei mir wirkt das nicht, es fördert eher das Pickelwachstum. Manch einer stapft in Sandalen, andere wiederum in Gummistiefeln, einige laufen barfuß durch die Schlammschicht und erfreuen sich an den zahlreichen Wattwürmern. Sie beten heimlich, dass der Wattführer sie rechtzeitig vor Eintritt der Flut wieder an Land führt.

Zur Belohnung steht in den Unterkünften sowie den öffentlichen Toiletten überall in großen Lettern: „Das Reinigen der Schuhe ist hier strengstens untersagt."

Die alteingesessenen Einwohner wirken mürrisch, bisweilen gar verstockt. Fremde sind hier lediglich geduldet. Ihr Geld wird allerdings gern genommen. Letzten Endes zählt, in Ruhe gelassen zu werden. Nach dem ersten Abtasten und mindestens drei Glas Bier taut der ein oder andere dann doch auf. Wenn man dann noch ein kompatibles Gesprächsthema findet, gibt es doch lustige Abende, obendrein nette Geschichten.

Der abendliche Gedankenaustausch unter den Touristen in der Kneipe dreht sich meist darum, nach einer

Wattwanderung unversehrt auf dem Trockenen sitzen zu können. Auf den glücklichen Moment folgt der beste Seelentröster überhaupt: Es gibt Anisschnaps für alle. Insgeheim verfluchen die Touristen das Stapfen durch den Schlamm, wenn es für sie als kleines Kind auch ein Riesenspaß war.

Keineswegs anders sind die Menschen an der Ostsee. Allerdings ist ein großer Unterschied fühlbar. Zu messen ist das nur im zwischenmenschlichen Bereich. Die Feinheiten, der Witz. Die von außen wahrnehmbaren Gefühle. Herzlicher sind sie, offener, einfach sympathischer. Ohne ein schlechtes Gewissen meide ich in Zukunft die Nordsee. Nach einem zeitlichen Abstand werde ich das alles noch mal überdenken, womöglich um bei einem erneuten Besuch mit vollkommen anderen Eindrücken belohnt zu werden.

Zu fortgeschrittener Stunde erzähle ich immer, was ich schon erlebt habe. Welchem Ort auf der Welt ich gerne noch einen Besuch abstatten möchte. Was für mich reizvoll, ja begeisternd ist. Auf meine Frage: „Was habt ihr für nächstes Jahr geplant?“, höre ich immer nur: „Wir werden abermals nach Juist/Norderney fahren. Es ist so schön hier.“ Diesbezüglich fällt mir nur ein: Und täglich grüßt das Murmeltier. Zum letzten Mal: Die Nordseeküste sieht mich freiwillig nicht noch einmal. Das Feuerwehrfest auf der Insel gilt als das Highlight des Jahres. Und das soll es dann gewesen sein? Vielen Dank, da ziehe ich lieber weiter!

Daniel

Glücklich darüber, der Wahlheimat meines Freundes Torsten, der Insel Juist, ohne Ärger mit all den Freunden des Eilandes entkommen zu sein, fahre ich auf dem Festland über Emden nach Oldenburg. Es sind ereignislose Kilometer. Nur die Regentropfen wechseln in Form und Größe.

In der heutigen Universitätsstadt fühle ich mich gut aufgehoben. Angekommen in der Jugendherberge, bekommt der Hit von Joachim Witt aus den Achtzigern, „Ich bin euer Herbergsvater", für mich eine vollkommen neue Bedeutung.

Stubenältester. Okay, bei meinem Alter ist das nicht schwer. In der Regel bin ich dann Tröster, Seelenklempner und cooler Kumpel zugleich. Letztendlich übernachte ich ja auf dem gleichen Niveau. In solchen Unterkünften besteht die Mischung meist aus Studenten, Urlaubern und Abenteurern. Darüber hinaus trifft man auf ein paar verschlagene Typen. Die Gemeinschaft entwickelt eine eigene Atmosphäre.

Im Bett über mir liegt ein vom Leben sichtbar nicht gerade verwöhnter junger Mann in voller Montur. Im überheizten Zimmer wird mein Geruchssinn strapaziert. Meine Bierdose lehnt der Mann – sein Name ist Daniel

– dankend ab. Er sei auf Entzug, überdies habe er heute schon ein paar Tabletten eingeworfen. Daraus entwickelt sich für mich eine aufregende Unterhaltung. Während der nächsten zwei Stunden erhalte ich einen Vortrag über Drogenkonsum. Aus erster Hand erfahre ich von Daniel alles über verschiedene Arten von Drogen, Tabletten und Koks. Obendrein von Produkten, die ich mir nicht alle merken kann, von denen ich teilweise noch nicht einmal gehört habe. Ausführlich erklärt er mir, welche Droge in welchem Mengenverhältnis mit anderen konsumiert werden kann. Verschiedenste Mischungen erzeugen unterschiedliche Arten von Rauschzuständen. Ich erfahre, wie viele Tropfen LSD wie lange wirken. Mein Einwand, den ich aus eigener Erfahrung hervorbringen kann, dass nämlich bereits Alkohol üble Nachwehen hervorruft, bezeichnet Daniel als harmlos. Dafür, wie er die anstehenden Drogentests in der Entzugsklinik bestehen kann, zählt er, ohne auch nur eine Sekunde zu überlegen, fünf Möglichkeiten auf. Zudem belehrt er mich darüber, welche Drogen überhaupt nicht miteinander harmonieren.

Daniel kann weder lesen noch schreiben, rechnet aber im Kopf aus, wie viel Gramm von der einen Droge in Kombination mit einer anderen genommen werden dürfen. Gleichermaßen wie viel Euro dafür zu berappen sind. Die Mengen müssen auf das Gramm genau stimmen, sonst droht eine Überdosis, aus der man nicht so einfach wieder herauskommt oder in der man „hängen bleibt", so der Junkie-Jargon. An guten Tagen hat Daniel 30 Ecstasy-Tabletten eingeworfen! Zeitweilig schläft er im Wald, gelegentlich in der Entzugsklinik. Das klappt so lange, bis der nächste Drogentest ansteht. Im Winter, wenn es kalt ist, versucht er, die Haftstrafen aus verschiedensten Delikten abzusitzen.

Ich bohre, frage, warum es so weit kommen konnte. Als Jugendlicher verschiedene Drogen auszuprobieren, gehört bei den meisten zum Lernprozess. Aufzugeben jedoch und auf einer Droge hängen zu bleiben bedeutet für die Eltern und die Freunde Betroffener die Apokalypse.

Im Alter von sieben Jahren stand Daniel daneben, als sein Vater der Mutter das Messer in den Körper rammte – wieder und immer wieder. Fassungslos, unfähig, sich zu rühren, musste er alles mit ansehen. Mit diesem Tag war auch sein Leben zu Ende. Endlose Heimaufenthalte folgten. Verschiedene Pflegeeltern kümmerten sich um ihn, kamen aber nicht mit ihm zurecht. Rabauken zählten zu seinen Freunden, in ihrer Kindheit ähnlich gebeutelt. Im Laufe der Zeit wurden die Drogen zu Daniels bestem Freund. Die Bezeichnung „traumatisiert" trifft bei ihm voll ins Schwarze. Sein Bedarf an Euro ließ sich nur mit diversen Straftaten decken. Zwar erfuhr er Hilfe von außen, allerdings griff diese nur phasenweise. Es bleibt zu hoffen, dass eines Tages, vielleicht mithilfe eines weiblichen Wesens, ein halbwegs normaler Tagesablauf möglich sein wird.

Ich lege Daniel am frühen Morgen einen Zwanziger aufs Bett und nehme ihm das Versprechen ab, diesen für Essen auszugeben. Aller Voraussicht nach sammle ich gutes Karma.

Hemingway hat seine besten Romane in betrunkenem Zustand geschrieben. Vor meinen Augen verschwimmt nach drei Bier alles. Oder liegt es vielmehr doch an dem Mitgefühl für meinen Zimmergenossen?

Nachts gibt es Eis

Wie seit Wochen nicht anders gewohnt, bin ich klatschnass. In einer modernen Hostelanlage bei den Bremer Stadtmusikanten checke ich ein. Zuerst stopfe ich meine Schuhe mit der aktuellen Bildzeitung aus, in der Hoffnung auf trockene Füße am nächsten Tag. Der Inhalt spielt da eine untergeordnete Rolle.

Zum Abend marschiere ich in eine Fußballkneipe. Werder Bremen gewinnt 2:1 gegen den HSV. Was der Stimmung ungemein guttut. Ich schwatze mit einem Holländer. Er ist mit einem Rennrad unterwegs. Jeden Tag fährt er eine etwa 100 Kilometer lange Etappe und lässt sich treiben. Wenn ihn seine Kraft beziehungsweise die Lust verlässt, steigt er in den Zug und düst nach Hause. Sein gesamtes Gepäck besteht aus einer Wechselhose, einem Shirt sowie der Kreditkarte. Da fühle ich mich mit meinen 20 Kilogramm Gepäck ganz schön overdressed.

An der Weser lässt es sich entspannt flanieren. Sinnigerweise sprechen die Einwohner auch von „rechts und links der Weser“. Ich laufe auf der einen Seite hin, auf der anderen zurück, ein Unterschied ist für mich jedoch nicht messbar.

Irgendwann bleibe ich einfach sitzen, beobachte die Schiffe, relaxe am Wasser.

In der Altstadt steht der Roland, das Wahrzeichen der Stadt, seit ein paar Jahren sogar Weltkulturerbe. Der Roland soll der Neffe von Karl dem Großen sein und allein durch seine Gegenwart die Marktrechte garantieren. Doch das ist verjährt. Passend dazu gibt es hier die Becks Brauerei. Sie gehört zum größten Brauereikonzern der Welt. Jeder Dritte auf Mutter Erde nippt an einem Becks. In den ehemaligen hiesigen Werften wurden früher mehr als 1000 Schiffe gebaut. Mit Eintritt der Asiaten in den Stahlmarkt Mitte der 90er Jahre verloren die Werften den aussichtslosen Kampf, dem Wettbewerb standzuhalten. Zu Napoleons Zeiten war die Stadt in französischer Hand – ein Zustand, der sich schnell wieder erledigte.

Im Zweiten Weltkrieg wurde Bremen wegen der vielen Werften zum lohnenden Ziel für die alliierten Bomber. Beträchtliche Teile der Stadt wurden schwer in Mitleidenschaft gezogen, teilweise in Schutt und Asche gelegt. Übrig geblieben sind dennoch mehr als 600 Brücken – die Eisenbahnbrücke finde ich am gelungensten.

Den berühmtesten Bremer Bürger kennen alle. „I was born in the year 1632, in the city of York, of a good family, tough not of that country, my father being a foreigner of Bremen, who settled first at Hull." Der erste Satz aus dem Weltbestseller „Robinson Crusoe". Es ist kaum zu glauben, dass Robinson der Sohn eines Bremer Kaufmanns war. Als Kind habe ich das Buch nicht nur einmal verschlungen.

Spannend finde ich in dieser Stadt nicht viel. Bremen hat gewiss mehr zu bieten.

Ausgeruht starte ich am nächsten Tag an der Weser. Der Wetterbericht spricht von leichtem Föhn. Was man hier „leicht" nennt, weht mit mehr als 38 Stundenkilometern. Ich trete unaufhörlich in die Pedale, kämpfe verbissen gegen den Wind an. Ab und zu legt dieser eine Pause ein, nur um Sekunden später mit doppelter Kraft gegen den einzigen einsamen Radler zum Angriff zu blasen. Sobald ich die Pedalarbeit einstelle, sinkt die Geschwindigkeit von zehn Stundenkilometern auf Rückwärtsgang. Schlagartig fühle ich mich nach Chile versetzt. Wer schon einmal in Patagonien unterwegs war, kennt die dortigen Windverhältnisse, hat ähnlich gelitten.

Während einer zwingend nötigen Verschnaufpause am Straßenrand stoppt neben mir ein alter Daimler. Der Fahrer fragt mich höflich, ob ich Hilfe benötige. Das sich daraus entwickelnde Gespräch hat Folgen. Nach einer Millisekunde des Überlegens strecke ich hinter Hausmauern dem Scheißwind den Mittelfinger entgegen und fahre guter Dinge vier Kilometer hinter meinem neuen Bekannten her. Gleich nach dem Ortseingangsschild Affinghausen biegen wir nach rechts ab. Nach weiteren 200 Metern rolle ich mit meinem Fahrrad durch ein Tor direkt in Friedhelms Garten, dessen Ausmaße denen unseres Cospudener Sees ähneln.

Nach einer Tasse Kaffee und dem Austausch von Höflichkeiten bekomme ich eine Führung durch das Haus. Zwei Etagen werden von Friedhelm bewohnt. Die 200 Quadratmeter, über die allein das Erdgeschoss verfügt, übersteigen die komplette Größe so manchen Eigenheims. Das Mobiliar ist gemischt. Zwischen Schränken aus Omas und Uromas Zeiten verstecken sich auch ein paar schwedische Kompaktmöbel. In Friedhelms Büro sieht es wüst aus, ähnlich wie auf meinem Schreibtisch zu Hause.

Das Du zwischen Friedhelm und mir wurde bereits am Autofenster verbindlich festgelegt. Ich erfahre, dass mein Gastgeber 91 Jahre alt ist. Bis auf eine Haushaltshilfe, die drei Mal wöchentlich putzt, einkauft und ein paar Gerichte vorkocht, bewältigt er sein Leben allein. Manchmal trauert er der Vergangenheit hinterher. Arbeiten habe damals deutlich mehr Spaß gemacht, sagt er. Seit seinem dreißigsten Lebensjahr fehlt ihm das rechte Bein. „Damals …“, so beginnt er immer mehr seiner Sätze, … hat ihn ein Bulle im Stall an die Wand gedrückt. Nicht etwa in seinem Nebenjob als Torero beim Stierkampf. Nein, dem Bullen standen sexuelle Aktivitäten in Aussicht. Unsereins freut sich darauf. Der Bulle hatte das vermutlich missverstanden. Jedenfalls konnte Friedhelms Bein nicht mehr gerettet werden, nur mit Mühe und Not sein Leben. Manch einer verkraftet derartige Unglücke sein Leben lang nicht. Friedhelm jedoch ließ sich stabile Krücken bauen, mit denen er sich, nachdem er wieder flott war, mit nur minimalen Einschränkungen bewegen konnte.

Heute sind die Bullen, ebenso wie die zahlreichen Kühe, aus wirtschaftlichen Gründen längst verspeist. Alle Ställe wurden für die Putenzucht umgebaut. Der Geruch, der aus den Ställen zu mir dringt, zeigt mir deutlich, dass ich mit meiner Passion, Speiseeis herzustellen und damit für einen Moment zumeist die Kinder glücklich zu machen, für mich eine erstklassige Berufswahl getroffen habe. Genau nach EU-Vorschrift gibt es hier es pro Stall 600 Tiere. Die angrenzenden Felder werden unterschiedlich bepflanzt. Alles nach einem lang erprobten Rhythmus.

Friedhelms Adoptivsohn – eigene Kinder sind ihm leider verwehrt geblieben – führt mittlerweile das Imperium. All das wird mir während der Führung ausführlich erläutert. 1621 begannen seine Ahnen mit dem Aufbau ihrer Existenz in der Landwirtschaft. Heute ist alles hochmodern. Biogasanlagen produzieren Strom für das halbe Dorf. Das Füttern der Tiere erfolgt voll automatisiert. Die landwirtschaftlichen Geräte wirken utopisch, wie von Jules Verne entwickelt und später hier vergessen. Tagsüber werden sie zum Bewirtschaften der hiesigen Felder benutzt, nachts werkeln sie auf dem Mond.

Im Wohnhaus hat Friedhelm sich einen eigenen Fahrstuhl gebaut, um schwere Gegenstände wie beispielsweise Einkäufe nach oben zu chauffieren. Selbst an einen Notrufknopf hat er gedacht. Um ihm meinen Respekt zu zollen, fahre ich gleich zwei Mal hoch und runter, zaubere dadurch ein Lächeln in sein Gesicht.

Am Abend sieht Friedhelm mir den Hunger an. „Komm, du weißt, wo die Küche ist. Koche für uns!“ Es werden zwar nur Spaghetti, dafür sind sämtliche Zutaten für die Soße aus dem eigenen Garten. Als kleines Nachtmahl muss ich uns später aus Tiefkühlerdbeeren, Gelatine und Zucker ein Eis zaubern. Von meinem zweiten Beruf ist Friedhelm begeistert. Als Speiseeisproduzent natürlich eine meiner leichtesten Übungen.

„Friedhelm“, sage ich, „du hast mich auf der Straße aufgelesen. Ist da keine Angst? Ich könnte ein gesuchter Straftäter, ein Mörder auf der Flucht sein.“

Verschmitzt, wohl wissend, dass ich harmlos bin, grinst er mich an. „Mein Junge, ich habe während all der Jahre eine ordentliche Portion an Lebenserfahrung gesammelt. Wenn es dein Anliegen ist, mir etwas anzutun, dann erledige es bitte schnell und schmerzlos. Viel verpasse ich in meinen Leben nicht mehr.“

Mit gefülltem Magen beginnt für mich im Anschluss an die Tagesschau ein spannender Abend. Sich über das aktuelle Weltgeschehen zu informieren ist für Friedhelm Pflicht. Bei einem eiskalten Bier fängt er an zu erzählen: „Damals, mit 14 Jahren, musste ich mit der Hitlerjugend nach Dänemark. Meine Aufgabe und die meiner Kameraden bestand im Ausheben von Schützengräben. Nebenbei mussten wir uns körperlich fit halten. Geschossen habe ich niemals. Nur spärlich drangen Informationen zu uns nach Dänemark durch. Die Fantasien des Führers bekamen wir direkt aus dem Mund unserer Vorgesetzten zu hören."

Bereits nach diesen wenigen Sätzen benötigt Friedhelm eine Pause. Wie viele seiner Generation wird er das in Kriegszeiten Erlebte nie ganz verarbeiten. Des Weiteren spricht er von Gerüchten, die per Mundpropaganda verbreitet wurden. So zum Beispiel über Unglaubliches, über Schreckliches, aber auch über Heldentaten. Aus dem Radio für alle, der sogenannten Goebbels-Schnauze, sabberten die Moderatoren das gleiche Geschwafel wie die Offiziere. Jeder musste an aktuellen Baustellen, meist im Straßenbau, mithelfen. Später erfolgte Unterricht im Gelände, gleichzeitig Waffenkunde. Immer wieder Sport und das Exerzieren. Die Herren Offiziere vermittelten ihnen, dass Disziplin, Gehorsam und Kameradschaft über allem stehen.

Nachts hatten die Buben – und das waren sie noch – Heimweh. Nicht nur die Mutti wurde vermisst. Obendrein war zu Hause die Versorgung mit Lebensmitteln auf dem Land generell besser. Geweint wurde still und heimlich im Kämmerchen.

Spannend finde ich Friedhelms Gedanken über diejenigen, die damals angeblich alles wussten. Daran, dass sich auch nur einer aus seinem Umfeld gegen Hitler wandte, kann er sich nicht erinnern. Mit 14 Jahren war für ihn und seine Kameraden sowieso alles ein Abenteuerspielplatz.

Sämtliche Aufgaben wurden jugendlich flippig erfüllt. Alle wollten einfach nur nach Hause. Heute sieht er vieles kritischer. Er betont, dass er sich „damals" Fehler und Andersdenken gar nicht leisten konnte. „Ich wurde zu Gehorsam bei gleichzeitiger Pflichterfüllung erzogen."

Nebenbei erinnert er mich daran, dass ich morgen nicht vergessen soll, die Bettwäsche abzuziehen und sie im unteren Bad in den Wäschekorb zu legen. Bei manchen wirkt Muttis Erziehung bis ins hohe Alter.

Friedhelm nickt, als ich von Heinz Helfgen, dem ersten Weltradler, erzähle. Er hat von ihm gehört. In den 50er Jahren startete Helfgen mit 3,80 Deutschen Mark in der zerlumpten Hosentasche zur Weltumrundung. Damals, mitten im wirtschaftlichen Vorwärtsgang, wurde das Fahrrad als Arme-Leute-Vehikel bezeichnet. Heute gibt es schicke Räder im Wert eines Kleinwagens zu kaufen. Für mich ist Helfgen ein Held. Vor der Zeit des Fernsehens öffnete er mit seinen Berichten das Fenster zur Welt. In diversen Zeitungsartikeln schilderte er den Alltag auf dem Rad. Auf seinen Touren überstand er lebensgefährliche Situationen und teilte sich mit Hemingway einen Cocktail. Nur eins nehme ich ihm nicht ab. Wochenlang will er ohne Schaltung und mit geringer Nahrungszufuhr sowie mehreren Pannen täglich 200 bis 250 Kilometer am Tag zurückgelegt haben.

Wie oft an solchen Abenden kommt man zur Politik. Davon ist Friedhelm mehr und mehr enttäuscht. Alle reden nur, schimpft er, und sie versprechen zu viel. Wenn Änderungen erfolgen, dann sind sie kaum spürbar. Tolstoi wüsste die passenden Worte dazu beizutragen. Seine Ausführungen in „Krieg und Frieden" sind auch 2017 zutreffend: „Gib den Armen zu essen, zu trinken, eine Unterkunft und Beschäftigung. Wenn du den armen Leuten eine bessere Bildung ermöglichst, kommt die Unzufriedenheit der Untergebenen, damit das Streben nach mehr."

Was passiert seit Jahren in der Schulpolitik? Nicht viel. Die Schulen sind renovierungsbedürftig, immer mehr Unterricht fällt aus. Vor Jahren lautete ein Aushang in der Schule meiner Tochter: „Wir bitten alle Eltern, die Klassenzimmer in Eigenregie zu verschönern." Übersetzt bedeutet das doch nichts anderes als: „Bitte renovieren Sie die Räume, uns fehlen die Mittel." Im vermutlich reichsten Land der Welt fehlen die Mittel? Ach nein, das Geld ist ja nie weg, es besitzen nur andere. Originalton Friedhelm: „Völlig unerwartet trifft Deutschland der Lehrermangel. Gleichzeitig kündigten 30.000 Lehrer ihren Job." Friedhelm, du gehörst in die ansonsten überflüssigen Talkshows, vielleicht hört dir ja jemand zu. Friedhelm redet sich in Rage: „Auch die Studiosos haben es nicht leicht. Müssen nebenher arbeiten. BAföG reicht doch gerade mal für Leberwurst mit Toastbrot. Eine Top-Ausbildung gibt es nur für Privilegierte, für Geld. Seit Jahrzehnten versprechen Politiker aller Parteien Veränderungen."

Das Hier und Jetzt mit Tolstois Zeiten zu vergleichen, gelingt nicht. Deutliche Besserungen wurden im Laufe der Jahrzehnte erkämpft. Kürzere Arbeitszeiten, Urlaub. Gewerkschaften, die sich um die Belange der Arbeiter kümmern. Der Kern von Tolstois Aussage bleibt allerdings aktuell. Politiker könnten mehr tun, wenn sie nur wollten.

Wir sind beim dritten Bier angekommen. Was für ein Thema kommt nach der Politik? Na klar: Frauen! Ein komplettes Jahr durch die Welt tingeln funktioniert nur, wenn daheim kein Mädchen mit Tränen in den Augen warten muss.

Friedhelm ist Witwer, seine Frau starb vor fünf Jahren. Nach einem gebührenden zeitlichen Abstand – er war zu der Zeit bereits 86 Jahre alt – folgten dann nur noch Liebeleien. Bedauerlich findet Friedhelm – und das gebe ich wortwörtlich wieder: „Die Weiber lassen einen in dem Alter nicht mehr an die Wäsche." Was soll ich darauf antworten? Natürlich fasse ich mich diplomatisch: „Die Hoffnung stirbt zuletzt." Mit Gebeten gen Himmel, dass bitte, bitte sein selbst konstruierter Fahrstuhl nicht stecken bleibt, fahre ich spät am Abend ins Obergeschoss.

Am nächsten Morgen gibt es um 6.15 Uhr Frühstück. Friedhelm kann sich nicht erinnern, jemals länger geschlafen zu haben. Alte Schule. Ein eiserner Wille, sich stets zu disziplinieren. Schnittchen, dazu Obst für den Weg, liegen für mich extra bereit.

Zwei wunderschöne Tage habe ich bei Friedhelm verbracht. Nichts mitgebracht, gleichzeitig viel mitgenommen – und ich meine nicht die Schnittchen.

Von Rentnern wie Friedhelm, die noch mit 91 Jahren vor Lebensfreude sprudeln, die Begeisterung verbreiten, die geistig und körperlich aktiv sind, die sich anstecken lassen von Ideen wie meiner, die Esprit und Elan versprühen, kann sich manch 20-Jähriger die berühmte Scheibe abschneiden. Ebensolche Menschen, die das Fernsehgerät lediglich zur Information nutzen, nicht zur Dauerberieselung, um den Tag zu überstehen, sterben vermutlich langsam aus. Sie lassen mich hoffen, dass ich voller Energie, kraftvoll und munter, altern kann. Dass ich nicht dasitze und die Tage zähle. Dass ich nicht aufhöre, am Leben teilzunehmen.

Abschreckend finde ich diese Gruppe von Menschen, die sich mit lebenserhaltenden Maßnahmen zufriedengeben, die sich beschränken auf das Atmen, auf Essen und Fernsehen, die sämtlichen Müll konsumieren, um während des Ausscheidens der Nahrung über die Welt zu meckern. Einen Fahrstuhl will ich nicht bauen. Ein paar Ansätze von Friedhelms Ausstrahlung, vor allem seinen Lebensmut, möchte ich jedoch gerne übernehmen.

Dass ich alles, was er erzählt, aufsauge und später aufschreibe, verschweige ich. Friedhelm, ein Freiexemplar dieses Buches ist dir gewiss! Affinghausen – hier habe ich mehr bekommen, als ich zu geben vermochte.

Schweiss und Tränen

Ankunft beim alten Kaiser-Wilhelm-Denkmal in Porta Westfalica. Das Gepäck deponiere ich kurzerhand in der Pension. Der mittelschwere Anstieg zum Denkmal ist ein Vorgeschmack dessen, was mich im weiteren Verlauf der Reise erwartet. Abschnitte einer alten Römerstraße liefen hier entlang. Der genaue Verlauf ist nicht abschließend geklärt. Auf jeden Fall geht es bergauf und bergab. Ich denke an die armen Schweine, die sich mit ihren Quadrigen und Gepäckwagen quälen mussten.

Das Denkmal ist 88 Meter hoch. Leider ist das bedeutendste Wahrzeichen der Stadt von Baugerüsten eingehüllt. Damit haben sich für mich die Highlights in dieser Gegend erschöpft.

Beständig geht es über kleine Berge weiter Richtung Erfurt bis zum Rennsteigweg. Unterwegs dominiert während der Anstiege nur ein Gedanke: Gewicht reduzieren! Worauf kann ich denn noch verzichten?

Ein weiteres Mal baue ich in einem Wald das Zelt auf. Am nächsten Morgen wache ich bei minus drei Grad auf. Damit steht fest: Der Winterschlafsack wird nicht nach Hause geschickt!

Die ersten Steigungen mit 12 Prozent treiben mich zur Weißglut. Schieben ist angesagt. Aufgrund der seitlichen Packtaschen ist das Handling bescheiden, nein beschissen. Maulen hilft nicht. Ich habe die Strecke persönlich ausgewählt. Hoffentlich hört niemand meine keinesfalls jugendfreien Flüche.

Bums, der erste gravierende Schaden, der, wie ich später im Laden erfahre, zwar vorkommt, jedoch nur bei einem von tausend Radfahrern. Meine Hinterradfelge ist überhitzt und reißt infolgedessen. Zum Glück kann ich mein Rad noch abfangen. Bergab, bei mehr als 40 Stundenkilometern, reißt es das Hinterrad herum. Nach dem ersten Schreck sehe ich die Bescherung. Bedingt durch den Straßendreck haben sich Steine zwischen Bremsgummi und Felge festgesetzt. Die Kombination „schweres Rad, überzähliges Gepäck und ein dicker Radler" ist zu viel. Der Druck beim Bremsen, dazu die Reibung. All dem konnte das Material nicht mehr standhalten. Das Ergebnis: Weiterfahren unmöglich! Und nun? Warum ereignen sich Defekte nie vor einer Werkstatt, sondern stets mitten in der Pampa? Die Wahrscheinlichkeitsrechnung holt mich ein. Wo war ich während besagter Unterrichtsstunde? Hilft nichts. Ich greife zum Smartphone, meinem Freund und Helfer, suche im Internet nach einer Werkstatt. Der nächste Fahrradladen ist in Erfurt. Dank meines gesammelten guten Karmas oder einer inneren Eingebung entpuppt sich gleich das erste Geschäft als Volltreffer.

„Echt? Europatour? Na klar helfen wir dir. Oh, 20 Kilometer vor Erfurt."

„Mein Problem, das Rad lässt sich nicht einmal mehr schieben."

„Mmmh, abholen ist momentan nicht machbar. Sieh zu, dass du zum Bahnhof kommst, von dort holen wir dich ab."

Ich kann also zwischen zwei Optionen wählen. Das Rad in den Graben werfen? Ja, schließlich ist meine Laune unverkennbar angeschlagen. Oder so lange nach einem Fahrzeug winken, bis jemand anhält und mich mitnimmt. Von Vorteil wäre dabei, dass das Fahrrad ins Auto passt und mich der Fahrer zum nächstgelegenen Bahnhof bringen kann.

Vier Minuten später steht das Bike in einem Transporter. Der Fahrer hilft mir sogar noch beim Einladen in den Nahverkehrszug. Gepäck plus Rad wiegen circa 45 Kilogramm. Leider vergesse ich, meinen Helfer nach seinem Namen zu fragen. Von hier aus nochmals ein riesengroßes Dankeschön.

Am Erfurter Hauptbahnhof holen mich die Jungs vom Fahrradladen ab. Meine Antwort auf ihre ersten Fragen nach dem Woher, wie lange ich schon unterwegs bin und wohin ich reise, lässt mich Neid in ihren Gesichtern ablesen. Unterwegs spielen wir verschiedene Optionen durch. Egal welche ich wähle, es wird teuer. Nach kurzem Abwägen bekommt mein Rad zwei neue Felgen sowie komplett neue Bremsen. Der Umbau auf Scheibenbremsen ist – das wird sich später herausstellen – die beste Lösung. Die anspruchsvollen Gebirgsketten mit ihren entsprechend langen Abfahrten stehen mir ja noch bevor.

Eine neue Kette und das dazugehörige Ritzel spendiere ich meinem Rad obendrein. So wandern 600 Euro aus meinem Reisebudget in den Fahrradladen. Daheim zieht mein Drucker ständig zwei, drei Blätter gleichzeitig ein. Warum zählt dann jeder blöde Geldautomat meine Fuffis korrekt?

In der Altstadt von Erfurt bin ich in einem für hiesige Verhältnisse preiswerten Zimmer gelandet. Allerdings empfinde ich es auch als schmuddelig. Bescheiden eingerichtet. Service gleich null. Bloß gut, dass ich auf so etwas keinen sonderlichen Wert lege. Für kleines Geld ist mir das Drumherum egal. In einer Touristenhochburg wie der Thüringer Landeshauptstadt allerdings ist ein solches Angebot eher fragwürdig. In Indien wäre es eines der Besseren. Bei näherer Betrachtung stelle ich fest: Die Bettwäsche ist frisch. Wohingegen in Indien auch schon mal mindestens zehn Gäste vor mir in ein und denselben Laken genächtigt haben. Allerdings für einen Euro die Nacht, nicht für das 56-Fache.

Was soll's, Erfurt ist immer einen Besuch wert. Überall strahlt mir Freundlichkeit entgegen.

Wer Vielseitigkeit entdecken will, muss die vorgegebenen Touristenrouten verlassen. Die Altstadt versprüht ihren eigenen Charme. Schlendert man von der Kathedrale zur Krämerbrücke, ist man begeistert. Pfiffig umgesetzte Ideen sind bei den Händlern auf der Krämerbrücke zu bestaunen. Sei es der kleine Laden, in dem selbst gefertigter Schmuck verkauft wird, die Druckerei mit der aufwendig gestalteten Hauswand oder eine Reihe kleiner, gemütlicher Kneipen.

Im Mittelalter war Erfurt eine der reichsten Städte Europas. Die Via Regia führte schon Königinnen über die Krämerbrücke. Eine Handelsroute unter königlichem Schutz.

Die Mädels, die mir heute begegnen, sind vom Königinnenstatus weit entfernt. Sie sind in Kleidungstücke gehüllt, mit denen früher der Boden gesäubert wurde. Dazu 400 Gramm Metall im Gesicht. Ein beträchtlicher Teil der Damenwelt ist wohlbeleibt und strahlt die Freude am Schlemmen aus. Noch viel betrüblicher: Dralle Frauen sind hier in der Überzahl und zudem meilenweit von allen Königinnen, die mir aus Märchenfilmen bekannt sind, entfernt.

Der Blick von der Zitadelle auf dem Petersberg über die Stadt sowie das Umland ist schwer zu toppen. Die Zitadelle ist die größte, gleichzeitig auch die am besten erhaltene in Europa. 1665 errichtet, wurde die Anlage bis in die jüngste Vergangenheit zumeist militärisch genutzt. Nach dem Zerfall der DDR wurde sie großzügig saniert. Es entstanden Wohnungen, Ämter der Stadtverwaltung, touristische Einrichtungen. Als die bitterste Periode ist sicher die Zeit des Nationalsozialismus zu nennen.

Während dieser Zeit wurde die Zitadelle als Untersuchungshaftanstalt und Kriegsgericht für politische Gefangene genutzt. Bei Luftangriffen vonseiten der Alliierten suchten viele Bürger in ihren Kellern Zuflucht.

Die erste Universität wurde 1379 in Erfurt gegründet. Sie ist damit in Gesamtdeutschland die älteste in Urkunden erwähnte. Als der bekannteste Student bis heute gilt Martin Luther. Was 2017, im 500. Jahr der Reformation, Unmengen an Touristen anzieht. Genau genommen bin ich einer von ihnen.

Die Nähe zu Leipzig sorgt für Überraschungen. Nach Absprache natürlich, was die Freude nicht mindert. Meine Tochter Melissa kommt mit ihrer Mama und meinem Freund Toddy, um mich zu besuchen. Wir verbringen ein paar wunderschöne Stunden zusammen. Stadtbummel, einen Kaffee hier, ein Eis da, und nebenbei werden Schaufenster kommentiert. Am Abend sammle ich weiter Kalorien, um die bevorstehenden Berge zu bewältigen.

Es soll nicht die letzte Überraschung gewesen sein. Einen Tag später besucht mich Chris, der allerbeste Freund, in Erfurt. Wenig Zeit, aber genug, um gemeinsam ein formidables Frühstück auf der Krämerbrücke zu genießen. In Kurzform schildere ich ihm meine bisherigen Erlebnisse. Zugleich erhalte ich seine Bestätigung, gepaart mit Neid, zweifelsfrei die richtige Entscheidung getroffen zu haben. Daheim habe ich nichts verpasst.

Kinderzeit in Rudolstadt

Zwei Tage später steht mein Fahrrad wieder zur Verfügung. Von hier aus nochmals herzlichen Dank an die Jungs von Fahrrad Riese in der Leipziger Straße. Gut gelaunt und mit neuem Biss fahre ich über Jena nach Rudolstadt.

Allein beim Lesen des Ortseingangsschildes werden in mir schönste Kindheitserinnerungen wach. Tante Lene und Onkel Paul. Während meiner Kindheit bis ins Jugendalter hinein immer wieder ein Anlaufpunkt. Viele Wochenenden, teilweise ganze Ferienwochen, durfte ich bei ihnen verbringen.

Die 60 Kilometer von Erfurt sind für den mittlerweile geübten Radler kein Problem. Am frühen Nachmittag steige ich in einer schicken Pension ab. Im Großmarkt kaufe ich ein paar Blümchen und lege sie am Grab meiner Tante und meines Onkels ab. Der Friedhof liegt keine 500 Meter von ihrem ehemaligen Wohnhaus entfernt. Nach ihrer Flucht aus Schlesien spielte sich der Großteil ihres Lebens im näheren Umkreis dieser Wohnung ab. Auch ihre letzte Ruhe wollten sie gemeinsam hier verbringen. Beide waren gläubige Menschen und somit guter Hoffnung, sich im Himmel wiederzusehen.

Mein Zwischenstopp dauert länger als geplant. Bei einem Kaffee lasse ich meine Kindheitserinnerungen Revue passieren …

Pauls Hausschuhe verschwanden zum Anwärmen immer im Fach des Kachelofens. Dort standen sie gleich neben dem Kartoffelmus und den Buletten.

Im Sommer jagte ich mit Vorliebe die Hühner, um schließlich vor dem Hahn Reißaus zu nehmen. Zwei, drei Mal wurde ich schön verarscht, als zwischen den echten Eiern Toneier im Stall lagen. Ein Stadtkind auszutricksen war eine leichte Übung.

Die Kaninchen zu füttern und zu streicheln gehörte zu meinen Lieblingsbeschäftigungen. Später hingen deren Felle, mit Wäscheklammern befestigt, an der Leine. Meine kindliche Wahrnehmung störte das keinesfalls, ich aß sogar ihr Fleisch, ohne mit der Wimper zu zucken.

Bei Tante Lene und Onkel Paul genoss ich ein Leben wie auf einem Bauernhof – rundherum ein Erlebnis. Wenn während des Spielens die Rufe der Erwachsenen nicht mehr zu ignorieren waren, ging es zum Abendessen. Nur wenig später musste ich ins Bett. Das war riesengroß, mit einer Bettdecke, die genauso dick war wie die von Frau Holle.

Unvergessen der Geruch im Schlafzimmer. Ähnlich dem Duft in den Intershop-Läden der ehemaligen DDR. Die Mischung all jener Dinge, die nach heutigen Maßstäben nicht ins Schlafzimmer gehörten, verströmte dieses einzigartige, künstlich nicht zu erzeugende Aroma. Wenn ein Kuchen gebacken worden war, stand er im Schlafzimmer zum Abkühlen. Ebenso die Päckchen mit Kaffee und Schokolade von der Verwandtschaft aus dem Westen. Die eigenhändig produzierten Marmeladen. Der Braten für den nächsten Tag.

Früchte und alles, was es sonst noch zu ernten gab, wurden im Garten gesammelt. Manches wurde frisch gegessen, manches eingefroren beziehungsweise eingekocht. Heute gibt es für so etwas ein Ökosiegel mit Auszeichnung. Saisonabhängig ging es ab in den Wald. Heidelbeeren, Wildpreiselbeeren und Pilze wurden gesammelt. Bei Letzteren war meine Erfolgsquote herausragend – vereinzelt waren auch essbare dabei.

Warum der ganze Aufwand? Um Geld zu sparen. Um das spärliche Angebot aus den Konsumfilialen aufzubessern. Bei jedem meiner Gedanken an früher steigt mir sofort der damalige Geruch in die Nervenzellen. Es ist komisch, dass man vieles als Kind eher unbewusst wahrnimmt, um sich Jahre später als Erwachsener an Details zu erinnern.

Lene und Paul wurden über 90 Jahre alt. Keine Sekunde lang dachten sie daran, ein Fitnessstudio zu besuchen. Vertrödelten nicht mit Joggen ihre Zeit. Es gab Kaffee, und es gab Alkohol. Bei Paul auch mal ein Glas Bier mehr. Ständig waren die beiden in Bewegung. Konstant aktiv im Leben. Unermüdlich zu Fuß oder mit dem Rad unterwegs. Gleichermaßen ist ihre geistige Aktivität zu beurteilen. Bis zuletzt konnte Tante Lene die Geburtsdaten der gesamten Verwandtschaft aus ihrem Gedächtnis abrufen. Ebenso wie sich die beiden um ihre Kinder gekümmert hatten, kümmerten sie sich später auch um ihre Enkel, Urenkel, Ururenkel. Das wenige, was sie besaßen, wurde geteilt. Ausgenommen die Aufmerksamkeit, denn die gab es für jeden Einzelnen zu einhundert Prozent. Wahrscheinlich ist das wie bei Friedhelm der Schlüssel für ihr langes, erfülltes Leben.

Tante Lene versuchte bis zu ihrem vorletzten Lebenstag, sich um alles zu kümmern, während Onkel Paul in den letzten Monaten einfach nur müde war. Müde vom Leben. Er stellte immer nur die Frage in den Raum, wann endlich jemand kommt, um seinen Sargdeckel zu schließen und zuzunageln.

Hobbysportler jubilieren. Der GutsMuths-Rennsteiglauf genießt bei allen Teilnehmern einen exzellenten Ruf. Sie stöhnen zwar über das Auf und Ab. Lassen Blut, Schweiß und Tränen auf der Strecke. Die einmalige Landschaft jedoch und der Zusammenhalt der Sportler entschädigen für die Qualen. Schwärmend wird den Bekannten und Verwandten von den 170 Kilometern berichtet.

Eine erste Erwähnung des Rennsteiglaufs gab es um 1330. Die Deutung des Namens ist nicht exakt gesichert. Er wird als „schmaler Lauf- und Reitweg" beschrieben. Der uralte Weg diente als Kurier- und Handelsroute und war der älteste, zugleich am meisten begangene Weitwanderweg in Deutschland. Selbst Thomas Mann beschreibt in „Doktor Faustus" von 1947 ausführlich den Höhenpfad. Er schwärmt von den Düften des Jasmins, vom milden, fruchtbaren Land und von der Romantik, die von den Fachwerkhäusern in den angrenzenden Dörfchen ausströmt. Für mich, den Herrn Reiseradler mit 25 Kilogramm Gepäck, ist der Pfad ungeeignet, eine Zumutung. Die von damals übrig gebliebenen 1300 Grenzsteine, die ich schiebend, schnaufend und fluchend passiere, bessern meine Laune nicht im Geringsten. Dass der unter Denkmalschutz stehende Weg ein Höhenweg ist, hatte ich vergessen. Zu Fuß mit einem Tagesrucksack, einer Brotzeit in einem Kneipchen, mag der Weg ein Traum sein. Mit meinem vollgepackten Drahtesel hingegen gestaltet er sich als Qual. Der Weg ist nass und glitschig. Hinzu kommt der unebene Boden. An vielen Stellen besteht er aus Schotter mit kraterähnlichen Einschlägen.

Drei Meter quäle ich mich nach oben, zwei falle ich zurück. Erst bewältige ich 12 Prozent Steigung, wenig später sind es nur noch 10 Prozent. Ein Unterschied ist nicht zu merken. Damit ich mich auf den kurzen Bergabfahrten ja nicht zu viel freue, regnet es. Das heißt, dass ich an diesen Stellen extrem vorsichtig manövrieren muss, um meiner Tour kein vorzeitiges Ende durch einen Sturz zu bereiten. Meine wie immer nicht jugendfreien Flüche sind bis nach Hause zu hören.

Den Gedanken, am Abend das Zelt aufzubauen, schlage ich mir schon am Mittag aus dem Kopf. Die Sehnsucht nach einer heißen Dusche lässt mich in Neuhaus am Rennsteig in einem Skihotel einchecken. Ich bin der einzige Gast – bei solch einem Mistwetter nicht schwer. Im Zimmer angekommen, stelle ich mir eine Frage: Warum sind Hotelbetten grundsätzlich mit einer Armada von Kissen bestückt? Ich benötige mehrere Minuten, ehe ich sie beseitigt habe und mich auf das Bett fallen lassen kann. Im nächsten Moment stürzt der soeben kunstvoll drapierte Haufen auf mich. Ich kann ihm nicht entkommen.

Am Abend – es ist langweilig – geht meine Fantasie auf Reisen. Wie haben die ersten Weltreisenden, die deutlich mehr leiden mussten als ich, das nur überstanden? Sei es Marco Polo, ein venezianischer Händler. Er reiste nicht, er bewegte sich fort. Über die Taklamakan-Wüste nach Kaschgar, um irgendwann in China zu landen. Sie schlugen sich nicht nur mit schlechtem Wetter herum, sondern kämpften auch gegen vermeintliche Geister. Ebenso litt Vasco da Gama, der bei desaströsen Wetterunbilden über das Kap der Guten Hoffnung segelte und Indien fand. Seine halbe Mannschaft starb an Skorbut, einem Vitamindefizit aufgrund der Mangelernährung. Bei denen war das Duschen dann nicht so vordringlich.

Zwischenstopp in Heldburg. Vor der Wiedervereinigung die südlichste Stadt der DDR. Was muss das Städtchen früher für eine Ausstrahlung gehabt haben. Das komplette Dorf besteht aus alten Fachwerkhäusern. Umrahmt ist es von einer Stadtmauer. Von ehemals 14 Türmen sind noch fünf erhalten. Leider fällt mittlerweile jedes zweite Haus auseinander. Wie überall fehlt auch hier das Geld. Der reiche Nachbar Bayern versucht zwar, finanziell zu helfen, dringlicher ist aber wohl, neues Leben zu etablieren. Es gibt zu wenig Arbeit. Wer in Lohn und Brot steht, fährt Hunderte Kilometer.

Ein Versuch seitens der Stadt, renovierungsbedürftige Häuser zu verschenken, scheiterte. Mit der damit verbundenen Verpflichtung, sie zu sanieren, waren die Menschen überfordert.

Unser Leipziger Held Herr Doktor Schneider, der auf Kosten der Banken halb Leipzig wieder in Schuss gebracht hat, möchte sich bitte dringend melden.

Gompertshausen! Von Anfang an stand der Besuch in meinem alten Grenzabschnitt auf dem Programm. Zwölf kostbare Monate meiner Lebenszeit vertrödelte ich vor Ort. „Entlassungskandidat 86/2“ stand auf dem Maßband – das Jahr des Dienstendes und die entsprechende Jahreshälfte. Das Gelöbnis auf die DDR schwuren wir gleich nach der Grundausbildung.

„Der DDR, meinem Vaterland, allzeit treu zu dienen und sie auf Befehl der Arbeiter-und-Bauern-Regierung gegen jeden Feind zu schützen.“ Die erste Strophe des Fahneneides wird noch im Altersheim abrufbar sein. Alles, was sie damals von uns hören wollten, rasselten wir herunter. Verheerender als in den ersten Monaten konnte es nicht mehr werden. Alle wollten ihre Ruhe. Nur die Zeit sollte schnell vergehen. Von anderthalb Jahren Dienst zur Sicherung der Erfolge der DDR, dem unermüdlichen Kampf gegen den Klassenfeind, absolvierte ich zwölf Monate in Gompertshausen.

Auf der früheren DDR-Karte ist im Süden eine kleine Ausbuchtung. In dieser liegt das Dörfchen. Es gab zwei Kneipen und eine Dorfschönheit. Letztere war in all den

Träumen von mehr als 100 Soldaten immerzu präsent. Sie inspirierte unsere Gedanken. Half vielen, die Nacht zu überstehen. Leider war sie die Tochter des Kommandeurs und damit unantastbar für uns alle.

Die alte Kaserne mit den Hundezwingern, die Garagen – all das existiert noch. Ein, zwei Tage putzen, und einem erneuten Einzug steht nichts im Wege. Ich parke mein Rad auffällig unauffällig direkt vor dem Tor. Ein Blick nach rechts und einer nach links, und mit Schwung geht es über den Zaun. Für den Fall, dass ein paar Herren in Uniform erscheinen, die mir akzeptable Fragen vortragen, frei nach dem Motto, was ich denn hier tue, habe ich ein paar Worte parat. In etwa: „Soldat Scholz meldet sich nach einem verlängerten Urlaub wohlbehalten zum Dienst zurück."

Die Waffenkammer im Keller ist verschlossen, der Speiseraum unverändert. Die Luke zur Essensausgabe sieht aus wie vor 30 Jahren. Mein damaliges Zimmer – für zwölf Betten ausgelegt – leer, aber erstaunlich sauber. Augenblicklich sind die Erinnerungen zugegen. Die vielen kleinen Spielchen. Das Scheuern der Gänge mit brennenden Kerzen auf der Bohnerkeule.

Ziemlich fies, die sogenannte Musikbox: Einer wurde in einen Spind eingeschlossen. Die Kameraden warfen Kleingeld durch den Schlitz und der Eingesperrte sang sich wieder frei.

Ein Highlight war der Anschnitt. Alle Entlassungskandidaten nutzten ihre Freizeit, um ein Maßband zu basteln. Figuren aller Couleur – Autos, Häuser, Züge, sehr beliebt: Särge – dienten als Hülle. Der Fantasie waren keine Grenzen gesetzt. Innen ein handelsübliches Schneidermaßband von einhundertfünfzig Zentimetern. Mein Maßbandschutz, ein Sarg aus Sperrholz, liegt jetzt zusammen mit dem goldenen Brief, dem letzten Brief vor der Entlassung in die Heimat, daheim in einer Kiste. Ein Festakt, die Zeremonie um den Anschnitt. Alle Kandidaten standen in Ausgehuniform parat. Alles, inklusive der Socken, sauberer als gewöhnlich. Sämtliche Entlassungskandidaten stellten sich im Gang auf einen Stuhl. Die Stuhlreihen waren exakt ausgerichtet. An dem Ende des Maßbandes wurde der Stahlhelm mit einem Clip befestigt. Die frischen, unverbrauchten Soldaten hatten die Ehre, den Anschnitt zu vollziehen. Ein Höllenlärm, wenn um die 30 Stahlhelme gleichzeitig auf den Betonfußboden krachten. Die Herren Offiziere waren in diesen Stunden Zuschauer. Duldeten kommentarlos das Spektakel. Solange der Alkohol – wo der wohl herkam? – keinen Soldaten außer Gefecht setzte. Die Rituale der Offiziere waren wesentlich intensiver, obendrein härter. Die Wartezeit darauf natürlich auch deutlich länger. Alkoholschmuggel war das mit Abstand am häufigsten begangene Delikt in der gesamten Armee.

Zur Postausgabe wurden sehnsüchtig die Pakete aus der Heimat erwartet. Der Inhalt: Süßigkeiten, ein paar Zeitungen, Zigaretten. Oft waren in den Paketen Gläser mit Früchten, inhaltsschwer aufgefüllt mit Wodka. Eine beliebte Variante, die ausgiebig genutzt wurde.

Weiterer Nachschub erfolgte über die Kradmelder, die außerhalb der Kaserne Dienst schoben. In den Packtaschen war genügend Platz, um etwas zu verstecken. Das Entscheidende war allerdings die Möglichkeit, im Dorfkonsum einzukaufen.

Ein lebendiges Spiel: Der Zug fährt nach Hause. Alle Entlassungskandidaten setzten sich im Speiseraum vor die Fenster. Wenn vorhanden und kein Vorgesetzter in der Nähe war, wurde in die Zivilkleidung geschlüpft. Die Frischlinge organisierten ein paar Zweige von Büschen. Dazu kam das Ofenrohr von der Gulaschkanone. Mit diesem Equipment ausgestattet, mussten wir jetzt immer wieder am Fenster vorbeirennen. Für die Soldaten im Speiseraum sollte so ein Blick aus dem fahrenden Zug suggeriert werden. Die Fantasie bei den Entlassungskandidaten sprudelte vor lauter Vorfreude fast über. Was für ein berauschendes Gefühl, in ein paar Wochen nach 18 langen Monaten endlich die Heimfahrt antreten zu können!

Auch eine Schießübung gemeinsam mit unserer Bruderarmee bleibt unvergessen. Zu Beginn ließ uns der deutsche Pedant im Kommandoton antreten: „Soldat Scholz zum Munitionsempfang bereit!" Pro Kopf wurden zwei mal 30 Schuss Munition ausgegeben, jede Kugel einzeln vorgezählt. An den Schießständen legte man

Zeltbahnen aus. Im Kreise der fremden Kameraden sollte die Gemütlichkeit nicht zu kurz kommen. Minuten später alterten unsere Offiziere um Jahre. Ihre Gesichtszüge froren ein, ihr Atem blieb stehen, als unsere russischen Kameraden eintrafen. Jedem von uns wurde ein Soldat zugeteilt. Ratlosigkeit, nein, Entsetzen. Die Soldaten hatten zusätzlich zu ihrer Waffe eine Kiste im Arm. Ohne ein Wort zu sagen, schütteten sie ungefähr 500 Schuss Munition auf den Boden. Für uns wurde es ein Schützenfest. Ungewollt ballerten wir so lange, bis alle Mumpeln aufgebraucht waren.

Am größten das Gejohle, wenn ein Leuchtspurgeschoss davonflog. Abschließend wurden alle deutschen Soldaten unter Gelächter nochmals ernsthaft über den Umgang mit scharfer Munition belehrt. Seitens der Offiziere gab es kein weiteres Wort zu dem Vorfall.

All die Schauergeschichten, die heute im Internet durch das Talkshow TV geistern, kann ich nicht bestätigen. Der Dienst wurde ernst genommen, der Rest war für alle ein Riesenspaß. Auch wenn ich 30 Mal am Fenster vorbeigerannt bin, wusste ich genau: In sechs Monaten sitze ich im Speiseraum am Fenster. Niemals wurde ein Kamerad in meinem Umfeld zu etwas gezwungen, und niemandem wurden jemals körperliche Schmerzen zugefügt. Wer sich dem Treiben verweigerte, wurde mit Ausnahme von ein, zwei verbalen Entgleisungen in Ruhe gelassen.

Der Grenzzaun – rostfrei, aus gutem (!) Stahl gefertigt und im kapitalistischen Schweden produziert – wurde inzwischen abgebaut. Eine beachtliche Anzahl Zaunfelder wechselte ohne zu bezahlen den Besitzer. Die ehemaligen KFZ-Sperrgräben wurden zugeschüttet, der Kontrollstreifen planiert, teilweise aufgeforstet. Der Wachturm ist wiederbesetzt, heute von einem Museumswärter. Zahlreiche Kilometer der früheren Plattenwege sind noch befahrbar. Mit dem Rad ist allerdings die Spur schwer zu halten. Nach ein paar Metern auf meinem alten Grenzabschnitt hole ich mir als Willkommensgruß den ersten und einzigen Platten auf der gesamten Reise.

Teilabschnitte sind jetzt sogar als Naturschutzgebiet ausgewiesen. Ich kann nur hoffen, dass es so bleibt. Nicht dass jemand auf die Idee kommt, irgendetwas darauf zu bauen. Auto- wie auch Möbelhäuser auf der grünen Wiese gibt es für meinen Geschmack schon genügend.

Am Abend gönne ich mir eine Belohnung. Die überstandenen Strapazen werden im Thermalbad gefeiert. Mein Ego wird schlagartig aufgepeppt, denn ich bin der Jüngste in der gesamten Anlage.

Mordlust in Würzburg

Erneut bin ich ein paar mittlere Hügel hinaufgestrampelt. Der Schweiß auf meinem Körper bildet mit dem Regen eine Einheit. Mein Erholungstag verpufft gleich im ersten Anstieg. Unterwegs treffe ich einen gleichgesinnten Fernradler. Er kommt aus England, reist quer durch Deutschland, immer schön an den Flussufern von Elbe und Donau entlang. Seine Ausrüstung ist absolut minimalistisch gehalten. Inklusive Essen und Getränken kommt er auf acht Kilogramm Gewicht. Einziger Luxus sind seine Schuhe. Neopren aus dem Wassersport, er friert zu schnell.

Viel zu lange hatte ich keine Panne mehr. Dann schlägt das miese Karma zu. Zum dritten Mal bricht die Feder am Rahmen. Glücklich war ich mit dem Rahmen nie. Welche Eingebung mich zu einem gefederten Rad gebracht hat, weiß ich bis heute nicht. Das nächste Rad wird individuell zusammengeschraubt, garantiert ohne Federung. Ich habe genügend Zeit, alle Varianten durchzuspielen. Fest steht: Der Rahmen wird getauscht, weg mit der Fehlerquelle! Das Fahrgefühl mit einem gefederten Rahmen ist beschissen. Eigentlich soll die Federung am Rad, gerade wenn es mit Gepäck beladen ist, ein angenehmeres Fahren ermöglichen. Doch das Gegenteil ist der Fall: Bei jedem Tritt am Berg bleibt das Gefühl, immer ein paar Zentimeter ins Leere zu treten. Und damit viel Energie zu verschwenden.

Bei Google bekomme ich vier Fahrradläden mit Werkstatt angezeigt. Wenn es nicht läuft, läuft es nicht. Zuerst eine Stadtrundfahrt durch Würzburg. Erst im vierten Geschäft erbarmt man sich meiner. Die Chefin, forsch und energisch auftretend, stellt sich als Glücksgriff heraus. Direkt und ehrlich teilt sie mir mit, dass ich mit solch minderwertigen Komponenten daheim um den See fahren könne, aber nicht auf eine halbe Weltumradlung. Die erlösenden Worte folgen sofort: „Egal, wir finden eine Lösung für Sie." Das Eis ist gebrochen. Ein einzelner Rahmen steht nicht zur Verfügung. In einem Nebenraum stehen aber mehrere alte Räder. Für 40 Euro erwartet mich ein Schnäppchen. Ich erstehe ein Gebrauchtrad, dessen Rahmen mit meinen Bauteilen kompatibel ist.

Nachdem ich eine Anzahlung hinterlegt habe, legen wir los. Drei Stunden lang bauen wir gemeinsam sämtliche Teile ab. Nebenbei möchte die Dame des Hauses ausführliche Informationen über alles Erlebte sowie die weiteren Ziele. Mit den neuen Felgen und Bremsen, die mein Rad in Erfurt erhalten hat, zuzüglich der anfallenden Umbaukosten wird der Weg nach Indien leider doch kostspieliger als geplant.

Ganz in der Nähe checke ich in einem Hostel mit Flussblick ein. Einen Tag Reserve plane ich gleich mit ein.

Würzburg ist idyllisch am Main gelegen. Die klimatischen sowie geologischen Bedingungen eignen sich besonders für den Anbau von Rotwein. Der Wein aus der Region wurde mir empfohlen. Mir bleibt genügend Zeit zum Verkosten. Vom guten Geschmack der veredelten Trauben lasse ich mich vor Ort ebenfalls überzeugen.

Beeindruckend ist der Blick über den Main von der Festung Marienberg aus. Die Festung liegt rund 100 Meter über dem Fluss und ist umgeben von zahlreichen Gärten. An den darunterliegenden Berghängen gedeihen die Weinreben.

Wenn die Sonne am Horizont verschwindet, das Weinglas gut gefüllt ist, schaut man auf die alte Mainbrücke. Versetzt sich in die Zeit, in der die Pferdefuhrwerke über die Brücke rumpelten. Auf ebendieser Brücke trifft man sich am besten gleich nach der Arbeit auf ein Schwätzchen. Auch für mich wird sie zum Anlaufpunkt. All die kleinen Weinstuben bieten den köstlichen Rebensaft an. Über dem dritten Glas Wein vergesse ich, dass zwei Tage später ein Haufen Geld für das geliebte Rad abzugeben ist. Nicht umsonst heißt es: Dein Geld ist nicht weg, es hat nur jemand anderes.

Was mich auf meiner Reise unangenehm begleitet, sind diverse Security-Firmen in Zusammenarbeit mit der Polizei. Nicht dass ich mein Essen aus verschiedenen Märkten schmuggle, mit fremden Handtaschen mein Budget aufbessere, nein, ganz gewiss nicht. Aber überall dort, wo viele Menschen aufeinandertreffen, sind die Herren anwesend. Sicherer fühle ich mich jedoch nicht im Geringsten. Im Gegenteil, aufgrund ihrer starken Präsenz schaue ich mich öfter verstohlen um und erwarte, dass gleich irgendetwas passiert.

Die zweite Nacht im Hostel. Zum wiederholten Male bin ich Stubenältester. Der Herbergsvater. Im Aufenthaltsraum sitzen zwei attraktive Mädels. Meine Sinne sind schlagartig auf Betriebstemperatur. Unauffällig setze ich mich schräg hinter die beiden auf einen freien Sessel. Dass deren Haar bei eineinhalb Meter Rastazöpfen bakteriell anfällig zu sein scheint, daran besteht kein Zweifel. Deren Läuse und Schuppen sind aber für mich mit meinem modischen Kurzhaarschnitt keine Gefahr.

In meinem Zimmer sind acht Betten belegt. Vier Jungs schnarchen, tröten lautstark vor sich hin. Erbarmungslos uns anderen gegenüber. Das weckt eindeutig Mordlust. Gedanklich spiele ich verschiedene Mordszenarien durch: Kissen auf das Gesicht drücken und am Morgen derart unbedarft agieren, als könne mich kein Wässerchen trüben. Oder mit dem Taschenmesser kurz und kraftvoll in ihr Herz stoßen. Weitere tausend Ideen fallen mir im Laufe der schlaflosen Nacht ein. Nur die späte Uhrzeit hält mich davon ab, meinen Anwalt anzurufen, um mit ihm zu besprechen, wie wir meine wie auch immer geartete Tat am besten als Notwehr darstellen können.

Damit ich in der dritten Nacht nicht doch noch in Versuchung gerate, trinke ich auf der Mainbrücke in zwei Stunden gleich drei Gläser Wein. Aufgrund des leichten Rauschzustandes schlafe ich selig leicht ein und schnarche nun ebenfalls.

Nach zwei Tagen Umbau meines Rades endlich die erste Proberunde. Glückshormone jubilieren in meinem Kopf. Mit dem silbernen Alurahmen sieht das Rad völlig anders aus als zuvor. Das Fahrgefühl ist besser als erträumt. Also ab ins Hostel, Wasserflaschen gefüllt, Gepäck verzurrt, und weiter geht es konstant Richtung Süden.

In Ochsenfurt bin ich erneut der Einzige mit einem Zelt. Die Dauercamper mustern mich skeptisch. Mein Zelt landet neben einem uralten klapprigen Wohnmobil. Umgehend lädt mich der Nachbar auf ein Bier ein. Gut gekühlt, die Technik im Wagen funktioniert.

Nach der obligatorischen Aufwärmphase entsteht ein faszinierender Kontakt zu einem leutseligen Exemplar Mensch. Es folgen die üblichen Fragen nach dem Woher und Wohin und was der jeweils andere macht. Nach außen hin wirkt der Mann unscheinbar. Sofort wird mir klar, dass er nicht in einer No-go-Area aufgewachsen ist. Bereits die sonore Stimme, aber auch seine ruhige, jedes Wort abwägende Art, weisen auf einen hohen Bildungsgrad hin. Er erzählt von seinem Leben als Großunternehmer. Zu Spitzenzeiten beschäftigte er mehr als 1000 Mitarbeiter.

Arbeit, Stress, immer mehr, immer weiter, keine Pausen. Darüber vergaß er, dass es wichtig ist, auf seinen Körper zu hören und ihm die nötigen Erholungsphasen zu ermöglichen. Ein Herzinfarkt und ein Burnout holten ihn auf den Boden zurück. Über ein Jahr kämpfte er, um wieder auf die Beine zu kommen. In all der Zeit, in der er Hilfe benötigte, wollte ihn seine Ehefrau unbedingt unterstützen. Damit er nicht auch noch dem Druck ausgesetzt war, sie sexuell zu befriedigen, begab sie sich in die Arme eines anderen. Der Klassiker aus Film und Fernsehen.

Als er wieder in der Lage war, sich um die Geschäfte zu kümmern, handelte er, wie ich finde, mit einer beeindruckenden Konsequenz. Alles wurde verkauft: die Firma, die noblen Karossen, das Haus im Heimatort. Einzig ein Holzhäuschen in den chilenischen Anden wollte er nicht hergeben. Sein gesamtes Leben stellte er auf den Kopf und zog mit einem klapprigen Wohnwagen durch Europa.

Nach dem dritten Bier flutscht mir die Frage nach der Finanzierung über die Lippen.

„Allein mit dem Geld für meine alte Firma komme ich zweihundert Jahre über die Runden“, sagt er.

„Okay“, ich grinse, „wenn ich meine Eisdiele verkaufe, kann ich drei, vier Monate bleiben.“

„Nimm dir noch ein Bier, geht auf mich, dann kannst du ein paar Tage verlängern.“

„Warum unbedingt auf einem Zeltplatz leben?“, will ich von ihm wissen.

„Um hier zu sitzen, mit angenehmen Zeitgeistern“, antwortet er augenzwinkernd. Ein wenig über das Leben zu philosophieren, dabei ein, zwei Bier zu trinken, das reicht ihm. In seinem alten Leben trank er Schampus für 1500 Euro die Flasche. Und genau dieses „alte Leben“ will er nicht mehr.

Der Abend wird noch besser. Zu unserer Runde gesellt sich ein alter Seemann. Mit seinem verlebten, faltigen, von Furchen gezeichneten Gesicht ist er offenbar nur knapp einer Hauptrolle in dem Film „Fluch der Karibik“ entkommen. Der Mann ist 82 Jahre alt. Dass einzig die älteren Herren auf mich stehen, sollte mir zu denken geben. Seine Geschichten aus der aktiven Seefahrt spielten in Madagaskar, am Panamakanal sowie in Cuba. Er erzählt nicht von Stürmen, von hohen Wellen, auch nicht vom Klabautermann. Alles dreht sich ausschließlich um schöne Frauen.

In den 60er Jahren lieferten sich die Damen einen erbitterten Konkurrenzkampf um die schmucken Seemänner in Uniform. In den ärmeren Ländern ist das Ziel der Schönheiten klar. Entweder siedeln sich die zauberhaften Matrosen vor Ort an und liefern ihre Heuer direkt bei ihnen ab, oder sie möchten, im Frachtraum geschmuggelt, gleich mit nach Deutschland kommen, um dort ein vermeintlich besseres Leben zu führen. Der Alte hat keine der beiden Varianten umgesetzt. Stattdessen muss er sich mit uns begnügen. Prost!

ALPENBIER

Es ist ein herrlicher Tag. Die Sonne wärmt, der Wind hält sich angenehm zurück. Ich bin angekommen in dem Land, in dem Bier ein Grundnahrungsmittel ist. Im Laufe des Tages stellt sich mir permanent die Frage, wo ich die Nacht verbringen werde. Nicht dass mich die Ungewissheit beunruhigt. Nein, vom ersten Tag an war klar, dass nicht alles vorher klar ist. Ob ich nun in einem Bett mit herrlich weißer, gestärkter Bettwäsche schlafe, wie früher bei Oma, oder harmonisch geordnet in Reih und Glied auf einem Zeltplatz. Spannend und zugleich aufregend ist es, wenn die Wahl auf einen Wald fällt, auf Lichtungen, oder wenn ich mich hinter Scheunen verstecke. Ob ich an solchen Tagen Angst vor Entdeckung durch irgendwelche Bauern oder vor eine Horde Wildschweine beziehungsweise einem brunftigen Hirsch habe, kann ich nicht genau sagen. Im Zweifel beides. Mit jeder weiteren Nacht im Busch rücken solche Gedanken immer mehr in den Hintergrund.

Wieder geht es bergauf. Mitten im Anstieg treffe ich auf Matthias. Er ist zu Fuß unterwegs. An einem Hüftgurt festgezurrt zieht er einen Anhänger hinter sich her. Ich schiebe, er zieht. Mit ihm muss ich schwatzen, zumal er den Eindruck macht, seine Kraft bereits auf dem Weg zum Ort, ob der Tauber, verloren zu haben.

Wir gönnen uns eine Pause, willkommene Abwechslung für uns. Meine Bananen und der Rest Wasser werden brüderlich geteilt. Die Freude über das Angebotene steht ihm ins Gesicht geschrieben.

Matthias ist 36 Jahre alt und seit 19 Tagen unterwegs. Ohne Geld. Der Alltagstrott war ihm zu stressig. So gelangte er zu dem Entschluss, komplett auszusteigen. Bis zuletzt wohnte er bei Mutti. Ihre Kochkünste sind nicht zu übersehen. Ich möchte von ihm wissen, wie das funktioniert, so ohne Geld. Mit geringen Mitteln auszukommen ist kein Problem, jedoch sind ohne einen Cent in der Tasche solche Touren nicht zu bewältigen.

Das Übernachten stellt für Matthias kein Problem dar. Ein kleines Zelt ist auf seinem Wagen verstaut. Was die Ernährung betrifft, ist es weitaus schwieriger. Er sammelt Brennnesseln und Kräuter für die Suppe, zurzeit üppig garniert mit wilden Heidelbeeren, Brombeeren und Erdbeeren. Alles Essbare wird im Wald, auf Wiesen und an Ackerrändern gesammelt. Kalorien hat er ausreichend gespeichert.

Meine Fragezeichen auf der Stirn sind dennoch deutlich zu lesen. „Ja“, gibt er zu, „ich bettle bei den Bauern in den Dörfern.“ Oftmals mit Erfolg. Er bekommt Eier, Salami und Obst. Gelegentlich gibt es sogar fertig geschmierte Schnittchen. In den größeren Städten sucht er sich ein Versteck. Mit Eintritt der Dunkelheit geht er containern. Ein Großteil aller Supermärkte wirft Nahrung weg, wenn das Mindesthaltbarkeitsdatum überschritten ist. Nachdem Matthias mehrere Zäune überwunden hat, winkt ihm häufig ein Festmahl. Das ist nicht erlaubt, klar. Mir stellt sich allerdings die Frage, warum, und wie ein solches „Vergehen" bestraft werden soll.

In Matthias' Fall steht die persönliche Versorgung im Vordergrund. Er protestiert mit seinem Vorgehen indirekt gegen den Irrsinn unserer Wegwerfgesellschaft. Immerhin hat er auf diese Weise jederzeit abwechslungsreiche Mahlzeiten auf seinem Tellerchen. Für mich wäre das nichts, denn es könnte passieren, dass ich zwar in den Container reinkomme, ohne fremde Hilfe aber nicht mehr heraus.

Zwei Stunden lang plaudern wir über unsere Zukunftspläne. Kompatibel sind sie nicht. Matthias will so lange unterwegs sein, bis er eine Frau kennenlernt, bei der er bleiben kann. Na prost Mahlzeit, viel Spaß! Dass das schwerer werden wird als jeder Anstieg im Schneesturm, behalte ich für mich. Es folgt ein herzlicher Abschied mit den allerbesten Wünschen.

Nach zehn Minuten Bergaufschnaufen treffe ich auf zwei Radler. Der Wert ihrer Räder mitsamt der Hightech-Ausrüstung könnte meine Reise um drei Jahre verlängern. Weder sind sie an einem Plausch interessiert noch besonders sympathisch. Mit sich selbst beschäftigt, fummeln sie an ihrer Technik: GPS, Smartphone, Navi. Per Bluetooth werden deren spärliche Daten direkt auf ihren

Laptop übertragen. Wahnsinnige 20 Kilometer fahren sie pro Tag. Mein höfliches Lächeln über diese enorme Leistung trägt nicht zur Stimmungsaufhellung bei.

Mir persönlich sind die pro Tag gefahrenen Kilometer egal. Ein paar mehr als das Pärchen strample ich dennoch. Die Navigations-App auf dem Smartphone nutze ich in den Städten. Ansonsten will ich fahren. Ich bin guter Hoffnung, dass in Kürze der Wind von hinten kommt, genieße die Landschaft mit all ihren Farben, den Gerüchen, beobachte die Leute, sauge die unendliche Vielfalt ein. Die kurzen zwischenmenschlichen Begegnungen, der Flirt mit der netten Bedienung im Biergarten, die winkende Oma am Gartenzaun. Erst das Gesamtpaket macht den Wert aus, der in solchen Radtouren steckt. Wer, um in den Tag zu starten, vier Stunden lang mit dem Aufladen und Einrichten aller mitgeführten Geräte beschäftigt ist, hat andere Vorstellungen vom Radeln.

Spätabends erreiche ich Rothenburg ob der Tauber. Nicht „an der Tauber“. Die Wortwahl hält den versteckten Hinweis parat, dass dieser Ort ohne Schweiß nicht zu erreichen ist.

Mitten in der Altstadt checke ich für viel zu viel Geld in einem schicken Hotel ein. Der Anblick der aus dem Mittelalter stammenden Altstadt mit ihrer begehbaren Stadtbefestigung verströmt ihren eigenen Charme. Sämtliche Gebäude sind ansehnlich restauriert. Beeindruckend, dass man sich mit neuen Gebäuden dezent zurückgehalten hat. Beim zweiten Wein – oder doch dem dritten? – spüre ich die Seelen der alten Steine. Oder bin ich leicht dehydriert, sodass es scheint, als ob sich die Mauern auf mich zubewegen? Egal, ich atme das Altstadtflair ein und stelle mir vor, in einer Ritterrüstung über die Straßen zu flanieren.

Das berühmte Weihnachtsmuseum von Käthe Wohlfahrt ist geschlossen, was mich als eingefleischten Weihnachtsmuffel nicht sonderlich stört. Ich will mit dem Kaufrausch, der in der Weihnachtszeit einsetzt, nichts zu tun haben. Mit Familie und Freunden gemütlich zu schlemmen und dabei Geschichten zu erzählen, das liegt mir eher. Hingegen der Zwang, Geschenke zu überreichen, die eh niemand braucht, liegt mir fern.

Am nächsten Morgen führen mich die Straßen nach Pappenheim. Mit einem Grinsen auf den Lippen halte ich gezielt Ausschau nach den viel gescholtenen Pappenheimer Tollpatschen.

Am Abend fahre ich ins Altmühltal, den Flusslauf im Blick, entlang der Streuobstwiesen, Ackerflächen und Auen.

Zum Abendmahl sitze ich mangels Platzes mit anderen an einem Stammtisch. Die Biere werden hier noch auf dem Bierdeckel angestrichen. Nach einer kurzen Aufwärmphase, dem üblichen Staunen und gleichzeitigem Kopfschütteln werde ich mit Fragen überhäuft:

„Mit dem Rad?“

„Durch Europa?“

„Später Indien?“

Es folgen zwei weitere Biere ohne Strich.

Und wieder bin ich der Erste auf dem Zeltplatz. Der Weltrekord rückt näher. Auf allen Zeltplätzen bis an den Bodensee baue ich als Erster in diesem Jahr das Zelt auf. Die paar Dauercamper in ihren schlossähnlichen Wohnwagen beäugen mich skeptisch. Wenigstens haben sie während der Zeit bis zum Saisonstart, zu dem die richtigen Kumpels eintreffen, Geschichten zu erzählen.

Auf römischen Pfaden im Königreich Bayern

Abgekämpft fahre ich in Ingolstadt zur Touristinformation und frage nach einem preiswerten Zimmer. Zwischen 15 und 30 Euro möchte ich investieren. Mein Anliegen löst bei der Dame eine stumme Kopfbewegung von rechts nach links aus. „Wie viel muss ich denn ausgeben, um in eurer schönen Stadt schlafen zu können?"

Der Kopf bleibt stehen und spricht: „Alle Hotelbetten sind belegt."

„Alle?"

„Ja, alle. Selbst wenn Sie 400 Euro pro Nacht ausgeben wollen – die Stadt ist ausgebucht. Derzeit findet hier ein Kongress statt. Viele Teilnehmer mussten bereits nach München ausweichen, und denen wäre jeder Preis recht gewesen."

Ich bin kein Freund von Selfies, aber dieses Mal wäre mein Gesichtsausdruck eins wert.

Nach kurzem Überlegen komme ich auf meiner Reise zum zweiten Male in den Genuss einer Zugfahrt. Kurzerhand verfrachte ich das Rad in den mir zugewiesenen Waggon und sehe dem Besuch einer guten Freundin in München entgegen.

Als der Zug am Zielbahnhof hält, muss ich mir kurz die Augen reiben. Bin ich eingeschlafen? In Istanbul gelandet? Nein, wie überall auf der Welt sammeln sich rund um die Bahnhöfe all jene, die ihren Lebensunterhalt mit krummen Geschäften, Gaunereien oder Drogenhandel bestreiten. Wenn man von seinem Nickerchen im Zug erwacht und sogleich in dunkle Junkie-Augen blickt – egal warum sie in diesen Status gerutscht sind –, fühle ich mich unwohl. Diese Augen lügen nicht. Besagter Handel läuft nicht mehr in dunklen Kellerecken ab und ist derzeit besser organisiert als die Deutsche Bahn.

Vom Bahnhof aus startet meine Stadtrundfahrt durch München, an deren Ende mich Diana mit weit geöffneten Armen empfängt. Heimat ist an manchen Tagen genau dort, wo ich mich wohlfühle. Das ist heute bei Diana. Seit zehn Jahren lebt sie mit ihren beiden Jungs mitten in München. In unserer gemeinsamen Heimatstadt war Veränderung notwendig. Ein Zurück steht momentan nicht zur Debatte.

Wir lernten uns über Thomas und Janko kennen. Mit den beiden führte mich gleich die erste Reise nach Indien und Nepal. Ende der 80er radelten wir noch um die Müritz, 1991 führte es uns nach Neu-Delhi, Kathmandu und zum Annapurna Circuit. Traumziele, von denen wir zuvor nicht gewusst hatten, dass es sie überhaupt gibt. Einblicke in eine exotische Welt, unvergessen.

Thomas hat es im Laufe der Zeit bis zum Doktor der Medizin gebracht, hat ein Haus gebaut, geheiratet, zwei

Kinder bekommen, eine Praxis übernommen. Aus dem Kreislauf von Arbeit, Familie sowie wirtschaftlichem Druck konnte er sich nicht befreien. Eines Morgens, im Alter von erst 38 Jahren, wachte er nicht mehr auf. Ein Schock für alle. Viele seiner Freunde gerieten aus dem Rhythmus. Unzählige Stunden stellten sie sich die Frage nach dem Warum. Was hat Thomas falsch gemacht? Kann es uns ebenso ergehen?

Bei zwei Gläschen Wein lassen Diana und ich den Abend ausklingen. Schon jetzt freuen wir uns auf ein Wiedersehen.

Am Ammersee lege ich zwei Urlaubstage ein. Schmerzen im Knie und ein leichter Muskelkater bieten einen willkommenen Anlass. Das Wetter spielt mit. Bier gilt hier als Grundnahrungsmittel. Schon um die Mittagszeit gönnen sich die Eingeborenen zwei halbe Liter. Mein schlechtes Gewissen meldet ein Veto an. Alkohol bereits am Mittag? Um auf keinen Fall in Bayern negativ aufzufallen, passe ich mich widerstrebend den Gegebenheiten an.

Beim Plausch am Mittagstisch komme ich ins Gespräch. „Um den See mit dem Radel ist okay, aber so weit? Da schmerzt doch nur der Hintern." Ich lege mir Erklärungen zurecht. Dass es Mut braucht, Ausdauer, Wissbegierde, dass es Freiheit bedeutet. Meine Antwort wird jedoch nicht mehr wahrgenommen. Das Interesse an mir war bereits nach der Fragestellung erloschen. Warum, frage ich mich. Offenbar passe ich nicht in deren

Weltbild vom Eigenheim, vom Mercedes, vom jährlich wiederkehrenden Urlaub am Gardasee.

Im Nachbarzelt schlafen zwei jugendliche Holländer. Sie sind mit Rennrädern unterwegs. Ihr Gepäck ist übersichtlicher als meins. Jeden Tag fahren sie zwischen 140 und 180 Kilometer. Da kann ich beim besten Willen nicht mithalten. Nein, ich bin nicht zu alt, führe lediglich zu viel Gepäck mit mir. Ich ernte vielsagende Blicke.

Am nächsten Morgen starten wir zumindest gemeinsam über die Via Claudia. Die alte Römerstraße wurde schon vor unserer Zeitrechnung genutzt. Eine Verbindung vom süddeutschen Raum über die Alpen bis nach Norditalien. Die römische Reichspost bot jedem für einen Obolus den Transport von Schriftstücken und Ähnlichem bereits damals an. Im Laufe der Jahrhunderte entwickelte sich eine formidable Infrastruktur.

Für uns drei geht es zum Abschied in ein altes Wirtshaus, das den passenden Namen „Zur Post" trägt. Und wieder gibt es schon am Mittag ein Bier. Ein überzeugender Anlass, um in das altehrwürdige Haus einzukehren, ist nicht nur die Trennung von den Jungs. Explizit erwähnenswert ist das Überschreiten der 3000 Kilometer auf meinem Tacho. Letztendlich fällt mir das Mittagsbierchen von Tag zu Tag leichter.

Die nächste Nacht verbringe ich am Alpsee. Der Panoramablick ist ein Augenschmaus, allerdings ist der Zeltplatz der bisher ungastlichste und hässlichste auf der ganzen Tour. Aufs Neue schleppe ich mich über steile Rampen. Wenn meine Erinnerung mich nicht trügt, wollte ich doch alles meiden, was bergauf geht.

Ein jeder hat bekanntlich zwei Teufelchen in sich wohnen. Der Gute flüstert dir lobend ins Ohr beziehungsweise nutzt dein Spiegelbild, indem er zu dir spricht und dich zu weiteren Taten motiviert. Sein Gegner, der böse Teufel, sitzt mitten im Hirn und versucht mit allen Mitteln dagegenzuhalten. An manchen Tagen hat er überzeugende Argumente parat, wie zum Beispiel: „Du bist schon vier Kilometer bergauf gefahren. Und nun schau dort, das nächste Wirtshaus. Das Bier will getrunken werden. Außerdem schmerzen deine Beine."

Bei mir siegt der gute Teufel. Ich höre ihn sagen: „Fahr! Du bist doch kein Waschlappen! Du willst bis nach Indien. Über den Himalaya. Was werden die Rikschafahrer von dir denken? Jeden Tag kutschieren sie fette Europäer durch die Gassen. Dabei übersteigt das Gewicht mancher Zeitgenossen bei Weitem deines – samt Gepäck und Rad."

Der gute Teufel siegt, bis ich Konstanz erreicht habe. Zwei Tage im Hostel habe ich mir verdient. Am Ende werden es drei. Mein Rad bekommt eine neue Kette und liebevolle Pflege.

Am Tag der Ankunft fahre ich gleich über drei Länder. Nicht schwer, sollte aber erwähnt werden. Konstanz entstand zu Zeiten der Kelten. Die Siedlung wuchs am Rande der alten Römerstraße zu einer ansehnlichen Ortschaft heran. Im Dreißigjährigen Krieg versuchten sogar die Schweden, sie zu erobern, jedoch ohne Erfolg.

Verkleidet als „Stino-Touri" nutze ich die vielen Angebote der Fährunternehmen, schippere bis Friedrichshafen, beglücke die Insel Mainau mit einem Besuch. Begünstigt durch das Klima am Bodensee wachsen auf der Insel verschiedenste mediterrane, subtropische, teilweise tropische Pflanzen. Sämtliche Eintrittsgelder, daneben die Einnahmen aus der Gastronomie und dem Merchandising, kommen dem Erhalt der Insel zugute. Großartig finde ich die Riesenmammutbäume. Sie würden in meinem Garten ein hervorragendes Bild abgeben. Einen beeindruckenden Ausblick auf den See und die Alpen habe ich von der Frühlingsallee. Wieder passe ich mich den Gegebenheiten an: Mit einem Weinglas in der Hand fühlt es sich an wie Urlaub.

Der ehemalige Besitzer der Insel, Lennart Bernadotte, ist mir bekannt. Sein Film über die Abenteuer Thor Heyerdahls, der mit seinem selbst gebauten Floß Kon-Tiki 1951 von Lima aus den Pazifik überquerte, wurde mit zwei Oscars prämiert. Ein Bildband über die Abenteuer Heyerdahls lag früher immer bei meinen Eltern im Bücherregal. Obwohl ich Wasser noch nie leiden konnte, blätterte ich als Kind staunend durch alle Seiten – und war beeindruckt! Vermutlich wurde bei mir schon damals die Lust am Reisen und dem Entdecken fremder Länder geweckt.

Folgender Satz stammt aus Herrn Bernadottes Mund: „Sie ist eine kokette kleine Dame, diese Mainau, die stets und ständig große Aufmerksamkeit fordert, noch mehr Liebe und vor allem unaufhörlich neue Kleider." Wenn man dem Satz noch die Worte „und Schuhe" anhängt, könnte er auch von einer seiner Damen gesprochen haben.

Über den Tellerrand

Am Morgen kann sich das Wetter nicht entscheiden: Dauerregen oder doch Wolkenlücken? Erst mal frühstücke ich, und siehe da, die Wolken teilen sich in einzelne schicke Blumenkohlröschen.

Seit Wochen radle ich von Ort zu Ort. Angekommen in dem einen, denke ich bereits an den nächsten. Irgendwie, so scheint es mir, verlangt der Mensch beständig nach etwas Neuem. Warum dieses Gefühl so präsent ist, weiß ich nicht zu erklären. In den zahlreichen Büchern, die ich vor dem Start verschlungen habe, überlas ich offenbar einen wichtigen Satz von Antoine de Saint-Exupéry. „Wer glücklich reisen will, reise mit leichtem Gepäck." Zum Glück konnte ich das unterwegs korrigieren.

Mein größter Vorteil ist, ich reise langsam. Ich muss nicht gegen die Uhr fahren. Ich habe keinen Druck, muss nicht unter allen Umständen alles sehen. Es besteht keine Notwendigkeit zu hetzen, denn mir steht ausreichend Zeit zur Verfügung. Gemächlich, fast schon lässig, radle ich durch die Städte und Dörfchen. Ich sammle, sauge die Momente ein. Entdecke die Schönheit, genieße sie.

Tourist, ich bin Tourist. Niemand möchte so bezeichnet werden, der Name ist negativ behaftet. Es sind immer die anderen. Da sitzt man zufällig in einer Kneipe, die im Loneley Planet erwähnt wird, und meint: Ich bin doch ganz anders als jene, die das Lokal mit dem Buch in der Hand betreten. Teilweise zerstören wir leider das, was wir suchen, weil wir es finden. Es ist unmöglich, dem Selbsthass zu entkommen. So ein klein wenig unterscheide ich mich dann doch hoffentlich vom „Normalo-Tourist".

Ich versuche zu erzählen – jetzt in diesem Moment gerade wieder, als ich meine Empfindungen notiere. Aus meinem Mund, mit meinem Dialekt, den man nicht lesen kann, der aber allen Freunden und Bekannten vertraut ist. Gefallen muss es auf jeden Fall der Mutti. Meine erlebten Bilder, daneben die Geschichten lebendig werden lassen. Es ist mein subjektives Seherlebnis.

Warum ich allein unterwegs bin, werde ich oft gefragt. Mein Freundeskreis ist groß. Der richtige Begleiter fürs Kino, zum Skifahren und zur Brautschau ist schnell gefunden. Jemanden dafür zu begeistern, mich zwölf Monate am Stück zu begleiten, Tag und Nacht, das ist schwierig. Der eine zu dick, der Nächste Langschläfer, wiederum der Nächste zu laut oder zu träge. Ein anderer schnarcht so laut, dass 100 Meter Sicherheitsabstand zwischen den Zelten liegen müssten. In der gewohnten Umgebung sind sie alle lieb gewonnene Freunde. Ein Jahr gemeinsam? Nein, da habe ich mit mir genug zu tun. Individuelle Erkenntnisse gibt es als Nebenprodukt obendrauf.

Viel benötigt man für ein Vorhaben wie meines nicht. Zeit, Mobilität, Willensstärke, Entschlusskraft, den Hunger nach Erlebnissen, ebenso wie Risikobereitschaft. All das ermutigt mich, motiviert mich zum Schreiben. Ich verarbeite Freud und Leid, verspüre Freude beim Tippen. Wenn ich irgendwann ein Buch in Händen halten sollte, das ich selbst geschrieben habe, na was für ein geiles Gefühl wird das denn?!

Am Ende verschenke ich von 50 gedruckten Exemplaren 49, egal. Für den Fall, dass ein paar angespornte Leute es kaufen, weil sie nicht mehr reisen können beziehungsweise um Tipps zu erhalten, erhalte ich viele, viele Euro für die nächste Reise.

Nicht jeder verfügt über die Mittel, um in die Antarktis, in die Sahara oder zum Mount Everest zu reisen. Mit dem Zug, dem Rad, vielmehr nur mit dem Rucksack loszuziehen, ist für jeden auch mit wenig Geld realisierbar, um einmal mit eigenen Augen über den vielmals beschriebenen Tellerrand zu sehen, das Besondere zu fühlen, sich an dem Erlebten zu erfreuen, aber auch um die Strapazen einer solchen Reise zu erleiden und womöglich die Welt zu verfluchen. Irgendwo habe ich gelesen: „Wir reisen, nicht, um dem Leben zu entfliehen, sondern damit uns das Leben nicht entflieht." Das sollte ich mir auf ein Shirt drucken lassen.

Am Ende der Reise wird alles „Erfahrung" genannt. Ich erzähle im Bekanntenkreis ausschließlich von

Spektakulärem. Schmücke faszinierend hässlich aus, wer im Urlaub – wie leider viel zu viele – zwingend sein Bierchen braucht. Möglichst das deutsche. Dazu das ernüchternde TV-Programm. Wer sich am Morgen ausschließlich mit dem Bus vom Denkmal zur Kirche bewegt. Menschen wie die beschriebenen sind daheim komfortabler aufgehoben. Das birgt den Vorteil, dass ihr Bier immer kalt ist.

Auf meiner Reise vor Jahren durch Vietnam, Laos und Kambodscha lernte ich eine Familie kennen. Über mehrere Jahre reisten die Eltern mit ihren vier Kleinkindern durch die Welt. Nichts für jedermann, klar. So etwas ist problematisch, aber machbar, wenn auch mit einschneidenden Entbehrungen.

Möglicherweise sind irgendwann ein paar Leute nicht mehr so erfinderisch mit Ausreden, warum Reisen momentan nicht möglich sei.

Dass Kinder offener, herzlicher mit fremden Menschen umgehen, lernen sie nicht in der Schule, unter Zwang. Sie praktizieren es täglich auf der Straße. Die im Unterricht erlernten Differential- und Integral-Rechenwege nützen im echten Leben nicht viel. Nützlicher sind die Sprachen, unterwegs spielerisch gelernt.

In verschiedene Kinofantasien einzutauchen ist für mich ein Hauptmotiv fürs Reisen. 5000 Euro stehen mir für das erste halbe Jahr zur Verfügung. Für alles: Essen, Schlafen, Trinken, Spaß haben. Auf jeden Fall ist die

Summe ausreichend. Bei mehr Disziplin würde ich mit deutlich weniger auskommen. Mit passablen Mitteln auf dem Konto würde ich gern an so manchem Ort mehr ausgeben.

Reisen reduziert alles auf das Notwendigste, macht bescheiden. Alles, was ringsherum passiert, will ich aufsaugen, aufnehmen, um später davon zu zehren.

Bonjour Frankreich

Die ersten Wochen meiner Reise liegen hinter mir. Zeitweise wäre für mich das Kreuzen im Wind mit einem Boot die bessere Art der Fortbewegung gewesen. Vielleicht sollte ich generell die Region wechseln. Es gibt Fleckchen auf der Erde, in denen es seit Jahren nicht geregnet hat. Mit meinen grünen Regenklamotten werde ich für einen direkten Abgesandten von Petrus – wahlweise Thor, Iskur oder Hadad – gehalten. Mir zu Ehren baut man einen Tempel, obendrein bekomme ich noch ein paar Mädchen.

Der EU-Grenzübertritt nach Frankreich verläuft unspektakulär. Ich radle trödelnd am blauen Schild vorbei. So begrüßt mich Frankreich mit leeren Straßen und Shirt-Temperaturen. Seit einer Woche regnet es nicht mehr. Die Sonne hat mich entdeckt und schickt ihre Strahlen direkt zu mir herunter. Selbst der unfaire Geselle Wind gönnt mir etwas Ruhe. Vielleicht hat er ja endlich begriffen, dass ich mit einem Fahrrad unterwegs bin und nicht mit einem Segelboot.

Gegenwärtig fahre ich durch zauberhafte Landschaften. Die winzigen Dörfchen sind verkehrsberuhigt, und das ohne Demonstrationen von Grünen oder das Einwirken des ADFC. Einwohner gibt es hier kaum noch.

Die Infrastruktur wurde vernachlässigt und Arbeit gibt es in homöopathischen Dosen. Einzig ein paar Omas halten die Vorgärten in Ordnung. Die Jugend ist weg, ihre Zukunftsaussichten sind mau. Egal ob ich am frühen Morgen, über Mittag oder am Abend radle, ich verpasse nichts, die Straßen sind leer. Manche Orte ähneln Friedhöfen. Tote Steine, dazwischen gelegentlich ein Blümchen.

Kleine Lichtblicke gibt es dann doch. Vom Wind getragen, umweht mich ein Geruch. Ich lege einen Stopp ein, peile mit meinem Näschen die Richtung. Von wo genau stammt der unwiderstehliche, mir bekannte, doch gerade nicht greifbare Duft? Was ist es, das meine Sinne verrückt macht? Erleuchtung naht. Es ist eine Mischung aus Kaffee, Waffeln und frischem, warmem Brot.

Mitten in einem 100-Seelen-Dörfchen befindet sich eine Patisserie. Nur um den Radfahrer anzulocken, haben sie einen Ventilator installiert, direkt vom Backofen auf die Straße. Das Manöver ist geglückt, der Geruch hat gesiegt. Zwei Tische auf dem Bordstein laden zum Verweilen ein. Ich darf ausprobieren, ob auch der Geschmack überzeugt. An diesem Tag bleibe ich der einzige Gast.

Bis zur nächstgrößeren Stadt Nancy habe ich noch gut 40 Kilometer vor mir. Tiefenentspannt komme ich dort an. Eine Pension ist schnell gefunden. Für mich mit 38 Euro am oberen Limit, für Frankreich eher ein Schnäppchen.

Dass nicht nur das Wetter mich auf südliche Gefilde einstimmt, zeigt sich auch in meinem Zimmer. Wer wie ich schnell munter ist und binnen einer Sekunde das Licht einschaltet, der sieht alle flüchtenden Kakerlaken. Auf jeden Fall besser als Bettwanzen. Die fühlt man irgendwann nur noch.

Das Schöne überwiegt. Bei herrlichen Temperaturen locken rund um den ehemaligen Herzogspalast zahlreiche Freisitze. Der Ausblick auf die Basilika Saint-Epvre lädt mich genauso zum Verweilen ein wie der Amphitrite-Brunnen. Das gesamte Ensemble rund um den Place Stanislas wird von der UNESCO in der Liste des Weltkulturerbes aufgeführt.

Sicherlich saßen die Herren vom Kulturerbe-Komitee genau wie ich auf einem Freisitz und konnten es nicht fassen, was man alles einem König – Ludwig XV. von Frankreich – zu Ehren auf die Beine stellt. Vergleichen, was mit heutigen technischen Mitteln alles möglich wäre, darf man nicht. Eher erbärmlich, wenn man die Betonkeksrollen sieht. In einhundert Jahren sitzt sicher niemand mehr staunend und mit offenem Mund davor.

Bin ich tatsächlich aufgebrochen, um mich schon am Nachmittag mit köstlichem Wein zu betrinken? Nein. Ohne Frage, ein halber Liter Roséwein, in einer hübschen Karaffe serviert, verkürzt mein Leben um 0,0001 Sekunden. Die Lebensqualität, sofern es bei der einen Karaffe bleibt, erhöht sich allerdings um 100 Prozent. Die

Belohnungsglückshormone sprießen. An allen Tischen ringsherum nur lachende, glückselige Gesichter.

Nach einer Weinschorle mit Ausblick muss ich, damit ich in den nächsten Wochen auch noch etwas zu essen kaufen kann, an einen Stehimbiss wechseln. Süßkartoffelpommes mit Dip, das muss reichen. Für das bescheidene Fast Food wechseln 12 Euro den Besitzer.

Paris, die Stadt der Liebe, der Kunst, der Mode und der Haute Cuisine. Eiffelturm, Notre Dame, Louvre und das Seine-Ufer, noch nie war ich dort, jetzt locken mich zahlreiche Werbeprospekte, also plane ich meinen weiteren Weg mit einem Zwischenstopp in Paris. Mein Unterbewusstsein meldet es sofort: In der Stadt muss der eine oder andere Euro mehr dran glauben. Dass bis dahin bereits jetzt Magerkost angesagt ist, wird mir am Morgen in einem Supermarkt deutlich. Zwei Mal kontrolliere ich jeden Artikel auf dem Kassenbon, doch leider stimmen die Zahlen mit der eingepackten Menge überein. Meine tapfer gepaukten Französischvokabeln zaubern für eine tausendstel Sekunde ein Lächeln auf das Gesicht der hübschen Kassiererin.

In Gedanken schreibe ich einen Brief an meine Mutti. Ähnlich wie an den Tagen beim Ehrendienste zum Wohle unseres Volkes: „Willst du deinen Jungen retten, schicke ihm Geld und Zigaretten, über eine Wurst zum Verzehr freut er sich umso mehr.“

Meine Augen sind immer noch geblendet von den wohlbeleibten Erfurterinnen. Bisher sehe ich in

Frankreich ausschließlich schlanke Menschen. Wer mit geöffneten Augen durch die Gegend läuft und vergleicht, sieht die Mehrheit der Franzosen ohne Hüftpolster – und erst recht ohne Bierbauch. In den nächsten beiden Monaten, in denen ich durch Frankreich reise, werden mir die extrem Figurbewussten auffallen. Es ist nicht wissenschaftlich belegt, spiegelt aber mein Empfinden wider. Bis auf eine Ausnahme: Gerard Depardieu. Er liebt das genussvolle Leben. Auf den Geschmack gekommen ist er wahrscheinlich in seiner Rolle als Obelix.

Persönlich sehe ich darin einen Zusammenhang.

Der Durchschnittsfranzose bricht am Zwanzigsten eines jeden Monats in Tränen aus. Noch viel zu viel Monat für die wenigen Euro.

Über die Jahre gesammelte eigene Erfahrung von daheim. Einfach mal den Einkaufskorb nach Lust und Laune zu füllen ist fast unmöglich. Die Auslagen der Geschäfte sind bis zum Rand gefüllt. Alles, was der Feinschmecker gerne isst. Ich schleiche durch die Reihen, die Lesebrille griffbereit. Ein preislicher Fehltritt verursacht körperliche Schmerzen. Die Läden sind schwach frequentiert. Mehrmals drehe ich mich um und halte Ausschau nach weiteren Einkäufern. Ich fange an zu fantasieren, überlege, ob sie mich mit versteckter Kamera filmen. Meine Mimik während des Lesens der Preisschilder wird später von einer fünfköpfigen Jury ausgewertet.

Am nächsten Morgen werfe ich einen Blick aus dem Fenster meiner Schlafstatt. So offensichtlich habe ich Dealern noch nie bei der Arbeit zuschauen können. Völlig ungeniert wechselt da draußen die Ware von Hand zu Hand. Schade, dass ich für Drogen nicht empfänglich bin, denn hier erwartet den Gast das Paradies vor dem Hotelbett. Mit Argusaugen und einem mulmigen Gefühl sehe ich zu, dass ich aus der Gegend verschwinde.

Am Abend strande ich in Saint-Mihiel auf einem einsamen Zeltplatz. Es gibt keine Versorgung und es ist auch nicht viel zu sehen. Meine kleine Freude des Tages bereitet mir mein Klappstuhl. Von Anfang an schleppe ich ihn mit mir rum, nun kann ich ihn genießen. Den E-Book-Reader geschnappt, die Füße ausgestreckt, konsumiere ich den Rotwein mangels anderer Optionen vollkommen kulturlos direkt aus der Flasche.

Auch über mein Fahrrad freue ich mich. Nach zahllosen Reparaturen funktioniert es endlich, wie ich es mir wünsche.

Nach einem kurzen Tagesabschnitt lande ich in Verdun. Die geschichtsträchtige Stadt empfängt mich mit Regen. Warum nicht, habe ich doch zuvor volle vier Tage am Stück den Sommer gespürt. Nach dem Einchecken in einem räudigen Hotel starte ich mit dem Geschichtsunterricht. Die Erinnerung an den Ersten Weltkrieg ist hier und heute noch beängstigend lebendig. In der Zitadelle lasse ich mich zu einer Führung hinreißen. Das Leben an der Kampflinie nebst den Schlachtfeldern wird eindrucksvoll, fast plastisch dargestellt. Alle zehn Sekunden danke ich Gott für mein spätes Geburtsjahr.

Die Schlacht ging als eine der grausamsten in die Geschichte ein. Die Deutschen begannen mit einem Angriff auf die Stadt Verdun. 300 Tage dauerte die Schlacht, ohne dass sich jemand von der Stelle rührte. Mehr als 300.000 Tote sind zu beklagen, eine genaue Zahl konnte nie ermittelt werden. Die monatelangen Kämpfe wurden zum Symbol für die Ergebnislosigkeit eines Stellungskrieges.

Die gesamte Stadt gilt heute als Mahnmal gegen den Krieg. Sie dient der Erinnerung und ist gleichzeitig ein Symbol für die Aussöhnung zwischen den Deutschen und den Franzosen.

Eine krasse Hinterlassenschaft ist das Schlachtfeld. 50 Millionen Granaten explodierten vor Ort. Wer diese Summe vertrauensvoll ermittelt hat, steht nirgends geschrieben. Noch heute werden menschliche Knochen zusammen mit diversen Metallutensilien gefunden.

Giftgas, die fieseste aller Kriegswaffen, verursachte auch bei der unbeteiligten Zivilbevölkerung bleibende Schäden. Hinweisschilder erinnern eindringlich daran, dass man auf dem Gelände nicht spielen darf, erst recht nicht essen und trinken. Im Umfeld fahre ich an zahllosen Friedhöfen vorüber, auf denen mir anhand von

Tausenden von Kreuzen bewusst wird, welch Irrsinn ein solcher Krieg anrichtet.

Dass einige Jungs immer noch Krieg spielen wollen, belegen die zahlreichen Rekrutierungsbüros der Fremdenlegion. Fenster an Fenster mit der Armee de Terre werben sie um den Nachwuchs. Nur durch geschicktes Agieren kann ich den Häschern entfliehen. Mein biblisches Alter reicht nicht als Abschreckung.

Ich füttere meine Navigations-App mit der Stadt der Träume. Paris. 217 Kilometer reine Fahrradstrecke. Ich radle entspannt durch die Dörfer. Streckenweise sind sie menschenleer, öde. Zahlreiche Fenster sind zugeklebt mit Werbung, teilweise vernagelt. Es sind ausgestorbene Ortschaften, in denen nur die Salontür fehlt, die vom Wind hin und her bewegt wird. Und „12 Uhr mittags" tritt Gary Cooper vor die Tür, um sich mit dem Gangster Frank Miller zu duellieren. Schade, hier sieht es zum Teil ähnlich trostlos aus wie in Mecklenburg. Mitten in Frankreich, 200 Kilometer von einer der größten Metropolen der Welt entfernt.

Eine geöffnete Boulangerie versorgt mich und eine Handvoll Einwohner mit frischen, warmen Baguettes. Eine Stange kostet, egal wo sie angeboten wird, 90 Cent. Für das bessere, leider nicht haltbarere „Traditional" sind 1,10 Euro fällig. In Kombination mit Käse und Salami sind meine Mahlzeiten zwar nicht besonders abwechslungsreich, mit warmem Baguette aber unübertroffen lecker.

Mehrmals überprüfe ich die auf dem Navi angegebene Richtung. Aus den Straßen wird ein Feldweg. Langsam ändert dieser seine Form, die Breite und gleichzeitig die Tiefe. Der Übergang vom Schlagloch zur Panzerübungsstrecke ist fließend. Nach ein paar Kilometern starte ich das Navi nochmals und stelle fest: Ich bin auf dem richtigen Weg.

Mein Status wechselt von „ärgerlich“ auf „wütend“. Ich fluche über die Anbieter. Wer kennzeichnet solche Routen als Radweg? Na klar, die sitzen in einem Callcenter in Burkina Faso, tippen Koordinaten in einen Rechner und kennen Fahrräder nur aus dem Fernsehen, weil sie einmal im Jahr die Tour de France verfolgen. Ich schreibe in mein Tagebuch: „Unbedingt Anbieter der Navi-App zur Spritztour einladen. Wegbeschreibung ist bei der NASA einzuholen. Sie ist identisch mit der Teststrecke für das Apollo Mondauto. Ich lasse sie zwanzig Kilometer strampeln, damit sie nachvollziehen können, wie sich Realität anfühlt.“

Am Abend baue ich neben einem Hochstand für Jäger mein Zelt auf. Gespeist wird mit Aussicht, einem perfekten Rundumblick. Dazu gibt es die Flasche Rotwein, die tapfer den Mondweg überstanden hat. Besänftigt verkrieche ich mich im Zelt. In Europa ist es fast überall verboten, in freier Natur zu campen. Allerdings muss mich erst einmal jemand finden. Was soll mir auch passieren? Eine Festnahme durch die Polizei? Hervorragend! Kostenloses warmes Essen und Getränke würden auf mich warten. Dazu ein trockener Schlafplatz. Im Laufe des Tages dürfte ich nach eingehender Prüfung meiner Persönlichkeit sicher wieder gehen. Wer ein paar Regeln beachtet, bekommt selten Ärger.

Weder ein Bauernhof noch ein Gehöft oder Privatgrundstück befinden sich in meiner unmittelbaren Nähe. Der Platz, den ich mir ausgesucht habe, liegt ein gutes Stück von der Straße entfernt.

Die Stellfläche für sein Zelt wählt man am besten bei Tageslicht, und mit den ersten Sonnenstrahlen verschwindet man wieder. Zwei Mal am selben Ort zu nächtigen ist zu vermeiden. Kleine Bachläufe laufen bei Regen schnell mal über, folglich sollte man sie schön weit weg plätschern lassen. Feuer nur entzünden, wenn zwingend notwendig. Kein Kaffee am Morgen, keine Beschädigungen an der Natur. Dass jeder seinen Müll wieder mitnimmt, ist selbstverständlich. Wild campen, im Wald schlafen, das Symbol für Freiheit und Abenteuer, ohne dafür Geld ausgeben zu müssen.

Mittlerweile ist schon Juni. Seit vier Monaten lebe ich in den Tag hinein. Zeitweise bin ich mir nicht einmal darüber im Klaren, ob gerade Montag ist oder doch schon Donnerstag. Für mich stehen keinerlei Verpflichtungen oder Termine auf der Tagesordnung, deshalb sind Tag und Uhrzeit zweitrangig. Ich genieße das Gammelleben. Dazu begleitet mich zurzeit die Sonne von 5.47 Uhr bis 21.39 Uhr. Nachts übernimmt der Mond, und bei atmosphärischen Störungen erscheint vielleicht eine Waldfee.

Meine größte Sorge bei all den Nächten im Wald: Wissen die Wildschweine, die Hirsche und die Dachse, dass ich wehrlos bin? Dass ich vor ihnen mehr Angst habe als sie vor mir? Meine Bedenken zerstreut und löst der Rotwein. Mit leicht wohligem Gefühl krieche ich in den Schlafsack, schlummere friedlich ein. Der Stock, der neben dem Zelteingang platziert ist, bleibt unberührt. Ach ja, und mein Taschenmesser habe ich zur moralischen Unterstützung ausgeklappt.

Etappensieg auf der Champs-Élysées

Durch nicht enden wollende Vorstadtstraßen rolle ich Paris entgegen. Die meisten Ausländer leben bei uns in Deutschland, ohne wirklich anwesend zu sein. In Paris ist das Gefühl noch präsenter. Bei der Fahrt durch die Außenbezirke bin ich merklich angespannt. Fühle mich beobachtet, aber nicht beachtet.

Als ich damit begann, meine Reise zu planen, schloss ich Paris zunächst aus. Im Laufe der Zeit freundete ich mich mit dem Gedanken, durch Paris zu spazieren, immer mehr an. Leipzig wird oft als „Klein Paris“ beschrieben. Da komme ich nicht umhin, den großen Bruder kennenzulernen. Flugs zücke ich das Mobiltelefon und miete auf der Seite von AIRBNB eine Einraumwohnung.

Die Lage ist außergewöhnlich gut. Eine Minute Fußweg bis zum Notre Dame. Für die Nacht sind 79 Euro fällig. Ich gebe die Adresse ins Navi ein und drängle mich durch den Großstadtverkehr. Am besten, man fährt einem einheimischen Radfahrer hinterher, der sein Leben ebenso wunderbar findet wie man selbst. Er beachtet rote Ampeln, schnippelt nicht über drei Spuren. Darüber hinaus akzeptiert er, dass im Zweifelsfall der Bus stärker ist.

In einer Seitenstraße von einer Seitenstraße finde ich die angegebene Adresse. Immer dunkler wird mein Weg, wohl fühle ich mich gerade nicht. Mit drei verschiedenen Türcodes ausgestattet schlängle ich mich durch zwei Hinterhöfe zum Zimmer. Wider Erwarten öffnen sich alle Türschlösser. Ich stehe in einer Wohnung, die etwa doppelt so groß ist wie mein Zelt, dazu kommt das Bad. Dass die Dusche nur nach vorheriger Desinfektion und mit Sandalen zu betreten ist, schreckt mich nicht ab, es hinterlässt jedoch einen faden Beigeschmack. Schmutzig, speckig, verklebt und verlottert trifft es wohl am besten. Auf jeden Fall ein Beweggrund, mein Fahrrad direkt neben dem Bett zu parken.

Ein erster Streifzug lässt mich schließlich vor Freude jubeln. Was für eine Stadt! Ein Flair, eine Ausstrahlung, nicht enden wollende Lebendigkeit.

Todmüde sitze ich am Abend in einer Pizzeria. Am Nachbartisch unterhalten sich entspannt drei Deutsche. Wenn man allein am Tisch sitzt, führt man nicht zwingend Selbstgespräche, für gewöhnlich ist man still. So kann ich dem Treiben am Nachbartisch folgen. Es ist die Stimme eines der Männer, die mich veranlasst, pausenlos die Ohren zu spitzen. Nicht der Inhalt des Gespräches, einzig die Stimme. Nach einer gefühlten Ewigkeit und Kramen in allen Hirnregionen kommt die Erleuchtung: Robert de Niro sitzt an meinem Nachbartisch. Also die echte Synchronstimme.

Am nächsten Tag pilgere ich zu Fuß zum Eiffelturm. Wer mit offenen Augen und aktivierten Sinnen durch eine unbekannte Stadt geht und sich verläuft, erhält einen viel intensiveren und lebendigeren Eindruck als von der oberen Plattform eines Sightseeing-Busses.

Auf geht es zum Ticketschalter. Sofort wird mir bewusst: Geld sparen ist hier schwer. Ich kaufe das billigste Ticket fürs Fußvolk. Man kommt damit für sieben Euro bis in die erste Etage, muss allerdings Treppen steigen. Für das Fahren mit dem Fahrstuhl bis an die Spitze wären 25 Euro fällig. Mein Vorteil: Ich bin jung, sportlich, nein, knackig und sprinte die Treppen hinauf. In einem Buch habe ich gelesen, der Blick auf die roten Dächer sei charakteristisch für Paris. Entweder wurde das Buch vor 200 Jahren geschrieben oder der Autor hat seine künstlerische Freiheit voll ausgelotet. Der Rundumblick zeigt unzählige Dächer, Rot ist allerdings nicht dabei, ausnahmslos schimmerndes Graublau. Solche Kleinigkeiten trüben meine Freude keineswegs. Die Aussicht entzückt, ist betörend.

Anschließend unternehme ich die für alle Touristen obligatorische Fahrt mit dem Boot über die Seine. Meine Augen erleben eine erfrischend andere Perspektive auf die faszinierende Stadt. Schon von außen zeigt das Musée d´Orsay seine imposante Architektur. Wie geil muss die Zeit gewesen sein, als noch Züge in den ehemaligen Bahnhof einfuhren. Später besuche ich das Museum, betrachte mit großen Augen Bilder von Monet und Renoir.

In St. Germain spielen nicht nur Weltklassefußballer, auch die älteste Kirche von Paris zieht die Touristenblicke auf sich.

Als ich vor der Glaskonstruktion des Louvre stehe, fällt mir nicht zuerst die Ausstellung oder die Schönheit des Gesamtkomplexes ein. Nein, ich fragte mich, wo denn die Schauspieler sind. Wo sind Tom Hanks und Liam Neeson, vor allem seine Tochter? Ich bin auch nur 96 Stunden in Paris.

Auf der Suche nach den Filmhelden schweift mein Blick auf die Öffnungszeiten. Um Wartezeiten zu vermeiden, werden ab 7.00 Uhr Sonderöffnungszeiten angeboten. Das ist wie für mich gemacht. Am nächsten Morgen marschiere ich nach einer Minute Wartezeit und dem Berappen von 15 Euro Eintritt – das preiswerteste Ticket in Paris – einen halben Tag lang durch den Louvre.

Am Abend sitze ich bei perfektem Shirtwetter am Ufer der Seine und lasse die Seele baumeln. Wieder sind Filmszenen in meinem Kopf abrufbar. Ich stelle mir vor, hier mit Franka Potente zu sitzen. Ach ja, sie zieht die Gesellschaft von Matt Damon vor. Klar, mit dem Star aus den Bourne-Filmen kommt nicht eine Sekunde Langweile auf.

In einer solchen Großstadt allein unterwegs zu sein, bedeutet Einsamkeit. Seit Wochen sitze ich auf dem Fahrrad. Die Einsamkeit, die beim Reisen in der Fremde jederzeit eintreten kann, obwohl man meint, auf sie gefasst zu sein, erreicht einen am heftigsten in einer Großstadt.

Ich muss immer noch lernen, dass man sich in der Einsamkeit auch geborgen fühlen kann. Es bedeutet Freiheit. Man nimmt um sich herum alles viel intensiver wahr und schärft seine Sinne.

Warum fühlt man sich eigentlich einsam? Fehlt die vertraute Umgebung? Oder ist es die Angst vor der Fremde? Vermisst man seine Familie? Oder die liebgewonnenen Freunde daheim? Man merkt, dass man bei allem auf sich selbst angewiesen ist, und muss aus eigener Kraft von seiner Substanz zehren.

Ich vertraue auf meine sieben Sinne. Auf meine Vernunft. Eine Portion Lebenserfahrung, auf die ich zurückgreifen kann, kommt noch hinzu. Bisher konnte ich alle Freuden genießen, Probleme umschiffen, ja meistern.

Mein Essen heute ist reiner Touristennepp. Beschissene Qualität. Nein, gar keine Qualität, eher Sättigungsbeilage und vor allem viel zu teuer. Der Paris-Aufschlag scheint bei 800 Prozent zu liegen. Passend dazu gebärden sich die Kellner sichtbar lustlos. Als ehemaliger Gastronom erkenne ich die lasch und träge agierenden Kellner auf 30 Meter Entfernung. Ich lächle in mich hinein und denke: In ein paar Stunden, vielleicht Tagen, bin ich weg. Ihr müsst noch 20, 30 Jahre hier arbeiten. Mit diesen Gedanken im Hinterkopf – ja, okay, moralisch nicht tadellos – lässt es sich sehr gut leben.

Auffällig ist die polizeiliche Präsenz, die den vielen Anschlägen in der Vergangenheit geschuldet ist. Ein

Sicherheitsgefühl verspüre ich trotz ihrer Anwesenheit nicht. Im Gegenteil. Ich ertappe mich dabei, dass ich mich andauernd umdrehe und schaue, ob hinter meinem Rücken etwas geschieht. Oder ich blicke in dieselbe Richtung, in der die Blicke der Polizisten verweilen. Eine hundertprozentige Sicherheit gibt es nirgends. Nur Mut und Vertrauen helfen weiter.

Nach einem teuren schlechten Essen – ja wirklich, selbst bei „Iss Wurst bei Horst" habe ich leckerer gegessen – entscheide ich, dass ich für alle folgenden Mahlzeiten auf arabisches Fast Food umsteige.

Enttäuschend sind für mich die Ausstellungen im Pompidou. Der Anblick von außen ist gewöhnungsbedürftig. Zweifelsfrei stand die alte Ölraffinerie in Leuna bei Leipzig Modell. Das Gebäude versprüht unverkennbar einen eigenen Charme. Das Auge pendelt zwischen den verschiedenfarbigen Röhren hin und her. Jede Farbe ist einem Zweck zugeordnet. Die tragenden Säulen und die Belüftung sind weiß gestrichen. Rot alle Treppen und Rolltreppen. Passend wurde die Farbe Blau für die Klimaanlage gewählt. Die Wasserrohre erstrahlen in leuchtendem Grün. Durch das äußere Anbringen der Stützkonstruktion entstehen innen deutlich größere, nutzbare Flächen.

Alle finden den Pompidou toll. Also schlucke ich den Eintrittspreis für ein Kombiticket einfach runter.

Mit der aktuellen Fotoausstellung habe ich Pech. Walker Evans, ein großer amerikanischer Künstler der

Dokumentarfotografie, hat die verschiedenen Epochen seiner Heimat auf Schwarz-Weiß-Fotos festgehalten. In wuchtigen Bilderrahmen stecken nicht einmal briefmarkengroße Fotos. Selbst mit ordentlicher Ausleuchtung und Lesebrille auf der Nase lassen sich die dargestellten Objekte kaum erkennen.

Imposant für mich das Flair auf dem Innenhof: Künstler, Studenten, Gaukler, Touristen und Lebenskünstler vertrödeln auf angenehme Weise ihre Zeit. Schnell kommt man ins Gespräch, beobachtet das Geschehen. Eine akzeptable Entschädigung angesichts der kläglichen Ausstellung.

Ich wandle weiter auf den Touristenpfaden zum größten Friedhof von Paris. *Le Cimetière du Père-Lachaise.* Nicht nur der Name ist beeindruckend, auch die Liste der Beerdigten. Ein Pilgerort für Fans berühmter Dichter, Musiker, Schauspieler und Unternehmer. Hier liegen Maria Callas, Edith Piaf, Jim Morrison und viele andere zur ewigen Ruhe gebettet. Mehr als vier Stunden schlendere ich über den parkähnlichen Friedhof. Alle Grabstätten sind tadellos gepflegt. Die Menge frischer Blumen auf den Gräbern der Berühmtheiten ist imponierend.

Ich bevorzuge das Leben vor dem Tod.

Beim Bummeln steigt mir der betörende Duft vorbeischlendernder Frauen in die Nase. Ich werde daran erinnert … ah, ja, da war doch noch etwas … fest in meiner DNA verankert … Inspiriert von dem Duft, statte ich am Abend dem Moulin Rouge einen Besuch ab. Wenigstens die Augen füttern! Dass ich mir den Champagner aus dem hauseigenen Keller nur leisten kann, wenn ich anschließend nach Leipzig laufe, ist an den außen angeschlagenen Preisen deutlich erkennbar. Für die preiswerteste Karte des Cabarets sind zudem 113 Euro zu entrichten. Trotzdem: Ran an die Kasse, man lebt ja nur einmal! Die hübschen, lebendigen Tänzerinnen sind mir allemal lieber als die Grabsteine vom Vormittag.

Der erste Dämpfer erwischt mich bereits vor dem Kassenschalter. „Business Casual". Das bezeichnet den Dresscode. Keine Jeans, keine Turnschuhe, geschweige denn kurze Hosen. Dass ich mit viel zu viel Gepäck gestartet bin, ist bekannt, aber einen Anzug führe ich nicht mit. „Bonjour, je voudrais une carte pour demain soir, s'il vous plait." Dass ich den Satz auswendig gelernt habe, wird nicht honoriert. Die Antwort lautet kurz und knapp. „Pour ce soir, le mois prochain, j'ai toujours un siège libre." Ausverkauft! Ein paar Restkarten gibt es noch für September. Flugs überschlage ich die Kosten für meinen Aufenthalt. Da ich weder eine Jacht noch ein Haus zu veräußern habe und meine Goldreserven bereits versetzt sind, lehne ich dankend ab. Übrig bleibt auf jeden Fall ein Grund, Paris nochmals zu besuchen.

Die Laune lass ich mir durch kleine Unpässlichkeiten nicht vermiesen. Mit dem Vergnügungsviertel Pigalle wartet der Abend regelrecht auf solche Gesellen wie mich. Zwei dicke – nein, fette –, langsam schleichende, schwabbelige Touristen laufen vor mir. Vermutlich mit demselben Ziel. So wandle ich durch Pigalle, über dieselben Straßen wie schon Vincent van Gogh und Pablo Picasso vor langer, langer Zeit.

Als Ersatz für den missglückten Besuch im Cabaret statte ich dem Erotikmuseum einen Besuch ab. Es geht um sanften, von Spielzeug begleiteten Sex sowie das Spielchen zwischen Dominanz und Devotsein. Alle streben nach diesen natürlichen und hochgeschätzten Minuten der Wollust.

Außerhalb werde ich dann auffällig oft von frivol bekleideten Damen angesprochen. Sie locken mich mit Unterleibsaktivitäten aller Couleur. Bei diesem Angebot müsste ich erst ein gewisses Alkohollevel erreichen, doch das würde mir am nächsten Morgen Kopfschmerzen bereiten. Die Schönheiten sind allesamt in die Jahre gekommen, ihre Leibesfülle ist in sichtbaren Ringen mitgewachsen. Wahlweise wollen sie mit mir in eine benachbarte Bar gehen beziehungsweise gleich mit zu mir aufs Zimmer. In die Dreckbude kann ich doch keine Dame mitnehmen! Zudem würden die Zahlen, die mir ins Ohr gehaucht werden, den Urlaub erheblich verkürzen. Nicht umsonst singen viele Künstler von Pigalle, der Mausefalle in Paris.

Nicht nur Armstrong, Zabel, Jan Ullrich und aktuell Chris Froome sind mit ihren Rädern die Champs-Élysées rauf- und runtergefahren. Auch ich reihe mich ein, um den Erfolg zu genießen. Das Kopfsteinpflaster ist für einen Radler wie mich alles andere als optimal, zumal ich nicht nur auf die Löcher achtgeben muss. Alle ortsansässigen Autofahrer besitzen wohl eine Rallye-Lizenz. Erschwerend kommen die Touristen im Mietwagen hinzu. Sie eiern den Boulevard entlang und werden vom Leipziger Radler überholt.

Schon nach 300 Metern muss ich alle Register meiner Fahrkünste ziehen. Rücksichtslos agierende Einheimische zwingen mich auf den Fußweg. Wie bei uns denken die Herren mit ihren PS-strotzenden Karossen, dass sie automatisch mehr Rechte im Straßenverkehr genießen. Trotz aller Widrigkeiten genieße ich die Fahrt um den Arc de Triomphe. Ein erhabenes Gefühl. Demzufolge fahre ich gleich zwei Mal herum.

Der Élysée-Palast ist ein architektonisches Meisterstück. Eine Besichtigung wird mir verwehrt. Lediglich zum Tag des offenen Denkmals wird dem „Normalo" ein Blick auf die glanzvollen Innereien genehmigt. Der phänomenale Garten darf in homöopathischen Dosen besichtigt werden.

Nur wenige Meter entfernt treffe ich auf *die* Einkaufsstraße. Sie ist für all jene, denen der Umgang mit Geld nicht mühevoll beigebracht werden muss. In einem Reiseführer steht: „Die Rue du Faubourg Saint-Honoré ist eine der weltweit wichtigsten Einkaufsstraßen." Darüber, ob eine Einkaufsmeile für die acht Milliarden Menschen auf der Erde mit normalem Einkommen weltbedeutend, wichtig ist, möchte ich meine Zweifel anmelden.

Im Kaufhaus Lafayette wird dafür gesorgt, dass die Augen der Passanten ebenso glänzen wie bei der Geschenkübergabe zu Weihnachten. Alle namhaften Marken präsentieren ihre Waren. Das Hindurchschlendern tut mir nicht weh. Wer sich in Konsumtempeln gut aufgehoben fühlt, hat pures Vergnügen daran, hier seine Zeit zu vertrödeln.

Seit Jahrhunderten reisen die Menschen nach Paris. Auch ich bin fasziniert von der Ausstrahlung der Stadt. Beim nächsten Besuch nehme ich weibliche Begleitung mit und genieße das Flair der Stadt. Ach, ins Lafayette werden mich meine Füße dann sicher ein weiteres Mal tragen müssen.

Borna bei Leipzig am Atlantik

Auf einigen Straßen herrscht Krieg. Kampf um einen schmalen Streifen Asphalt. Meine Konkurrenz besteht nicht aus Rennradlern mit stahlharten Waden, nein, es sind alte, klapprige Autos und Wohnmobile, aus deren Fenstern mir die Kinder ihren Stinkefinger präsentieren. Wir sehen uns!

Zwischendurch frage ich mich, weshalb ich denn auf dem Rad sitze. Wäre es nicht besser, mein Geld in ein Reihenhäuschen mit Garten zu stecken? Abgesichert mit zwei Lebensversicherungen. Den 1000 Euro teuren Weber Grill im Garten. Im Wohnzimmer den 100-Zoll-Fernseher mit 250 Programmen. Der Kreislauf namens Routine tötet dieses Modell bei vielen schon nach kürzester Zeit. Nein, für mich bedeutet so etwas Sterben bei lebendigem Leib. Ich weiß nicht mehr genau, was mir im jugendlichen Alter an Zukunftsmodellen vorschwebte. Auf dem Sofa sitzen, Fernsehen glotzen, Trödel ansammeln – auf keinen Fall! Fahrradfahren stand immer ganz oben.

Bisher suche ich vergeblich *den* Franzosen. Die USA haben ihren qualmenden Marlboro-Mann. Frankreich ist gespeichert mit dem coolen, vor Lebensfreude sprühenden, Gauloises rauchenden Menschen mit der Schiebermütze, der gemütlich an einem Bistrotisch in einem leicht melancholischen Ton mit den Damen flirtet – die Gauloises-Schachtel selbstverständlich noch im coolen Softpack.

Nach den fahrradfreien Tagen dauert es einige Zeit, bis man (Mann) wieder im Rhythmus ist. Auf dem Weg zum Atlantik sind abermals kleine Berge zu überwinden. Die Anstiege sind kurz und giftig. An jeder Steigung entfleucht mir ein Todesröcheln. Zu den Anstrengungen bergauf gesellen sich Schmerzen am Allerwertesten. Der Übeltäter: eine wundgescheuerte Stelle. Am Arsch merkt man dann, wo der Körper aufhört und Dinge anfangen.

Herr Helfgen, der erste Weltradler, hatte damals ein Hausrezept. Unter die Hose ziehe man seidene Damenschlüpfer mit Beinansatz. Die Seide verhindert, ähnlich wie eine beschichtete Kompresse, das Festkleben der Wunde. Diese Option habe ich jedoch bereits vor dem Start abgewählt. In Hamburg wollte ich zur Sicherheit einen solchen Damenslip erwerben, was aber ja bekanntlich gründlich danebenging.

Eine Wund- und Heilsalbe mit bekanntem Namen erzielt eine deutliche Linderung meiner Schmerzen. Bei einem Kaffee blättere ich durch die Beipackzettel der mitgeschleppten Medikamente. Die erwähnten Nebenwirkungen lassen sogleich die Salbe aus meiner Hand gleiten. „Krankhafte Hochstimmung“ wird angegeben! Wie geil ist das denn! Vor den nächsten Pässen creme ich doppelt, und in Kombination mit Red Bull fahre ich 12 Prozent Steigung im Tour-de-France-Tempo.

Seit ich Deutschland verlassen habe, scheint mich der Wettergott zu lieben. Über dem Zeltdach funkeln die Sterne. Das Licht des Mondes berührt Sträucher und Bäume, taucht mein Zelt in ein fahles Licht. Wunderschöner Schmalz, das Feeling, wenn man meint, dem Himmel ganz nah zu sein, ihn anfassen zu können. In dem Augenblick glaubt man an eine Verbindung zwischen Universum und Mensch. Jedenfalls wünscht man sich das.

Einen kurzen Zwischenstopp lege ich in Louviers ein. Es ist eine Kleinstadt, eher ein größeres Dorf. Im krassen Gegensatz dazu präsentiert sich die Kirche. Sie überragt alles. Die vielen kleinen Türmchen, Tausende filigrane Verzierungen, detailgetreue Abbildungen. Eine ganze Stunde schaue ich auf das Bauwerk und sehe doch nur einen Bruchteil.

Oberhalb von La Roche-Guyon thront auf einem Kalksteinfels eine Burg aus dem Mittelalter. Strategisch wurde sie schon immer vom Militär benutzt. Im Zweiten Weltkrieg hatte Erwin Rommel hier sein Hauptquartier mit einem fabelhaften Blick über die Seine. Leider wurde bei der Befreiung durch die Alliierten nicht gerade zimperlich mit dem Kulturgut umgegangen. Die Schäden sind heute noch deutlich sichtbar.

Burg heißt wie immer oben. Wieder einmal gilt es, bergauf zu strampeln. Nach 9 Prozent Steigung habe ich mir einen Snack wohlweislich verdient. Strategisch günstig für all jene, die die Steigung erfolgreich erklommen haben, gibt es vor der Burg ein kleines Lokal. Guter Dinge setze ich mich an einen freien Tisch direkt auf dem Fußweg.

Die Augen des Wirts ruhen ungläubig auf meinem Rad. Wieder glänze ich beim Bestellen mit meinen zwanzig auswendig gelernten französischen Vokabeln.

„Ah, du kommst aus Deutschland! Wir können uns auf Deutsch unterhalten. Woher kommst du genau?"

„Ich komme aus Leipzig."

„Das Leipzig bei Borna? Mit dem Fahrrad? Die ganze Strecke?"

„Ja, Borna bei Leipzig, das ist meine Heimat."

Aus höflichen Floskeln entwickelt sich eine Unterhaltung. Munter plappert der Mann drauflos. Seine Schwester ist mit einem Deutschen verheiratet, die in Borna lebt und in einem Friseursalon arbeitet. Ich berichte von meiner Reise und erkläre beiläufig, dass ich in Borna geboren bin.

Ungläubiges Staunen. „Nein, das glaube ich nicht."

„Doch, steht sogar in meinem Pass!" Umständlich krame ich in meiner Tasche, um meinem Gesprächspartner mit einem wissenden Lächeln das Dokument unter die Nase zu halten. Sofort versucht er, mit seiner Schwester zu telefonieren. Leider erfolglos. Trotzdem entwickelt sich der Nachmittag nicht zu meinem Nachteil. Die Getränke auf meinem Tisch vermehren sich rasant, ohne dass später auf der Rechnung ein Hinweis darauf zu finden wäre.

Auf solche Begegnungen habe ich im Vorfeld gehofft. Kein Reiseführer wird hier geschrieben, sondern ein Fahrtenbuch, gefüllt mit Erinnerungen, Gedanken, Zweifeln, Wutanfällen und ebensolch wunderbaren Begegnungen. Leider habe ich vergessen, von uns zwei Hübschen ein Erinnerungsfoto zu knipsen.

Als Nächstes erreiche ich Honfleur. Die Stadt liegt direkt an der Seinemündung. Im ersten Moment bin ich geplättet von dem extrem hohen Verkehrsaufkommen. Die Einfahrt ins Stadtzentrum gleicht einem Parcours auf einem Übungsplatz.

Es ist wie eine Zeitreise. Beim Überqueren der letzten Ampel muss ich wohl ins 16. Jahrhundert zurückgebeamt worden sein. Das Städtchen überzeugt. Jahrelang vergessen, hat sich der Ort seit dem 17. Jahrhundert mit den schmalen Häusern friedlich verträumt zu einem Magnet entwickelt.

Beim Blick auf die Reste der Befestigungsanlage versetzt man sich augenblicklich in eine Kulisse aus „Fluch der Karibik“. Am Kai, mit Blick auf die alten Lagerhäuser, stehen die Maler mit ihren Staffeleien wie im 19.

Jahrhundert. Sie stellen sich vor, wie sich ihre großen Vorbilder inspirieren ließen. Wer später daheim nachliest, wer denn alles seine Eingebungen auf die Leinwand kleckste, wird blass. Von Monet über Renoir bis hin zu Cezanne saßen zahlreiche Künstler vor dieser Kulisse. Bei einem ordentlichen Wein entstand hier ein dicker Wurzelzweig des Impressionismus.

Ein Meisterwerk ist die Kirche Sainte Catherine. Sie wurde im 15. Jahrhundert von Schiffszimmerleuten komplett aus Holz erbaut. Die bemalten Glasfenster gelten mittlerweile als Kunstwerk.

In der Touristinformation erfahre ich ungefragt weitere Details. Knapp 8000 Einwohner leben hier. Hinzu kommen mindestens 2000 Besucher pro Tag. Durch die Blume wird mir so mitgeteilt, dass ein Bett hier nicht zu haben sei. Ironisch lächelnd werde ich aufgefordert, mein Glück außerhalb der Stadt zu versuchen. Es sollte wohl wieder ein Glückstreffer werden.

Der nächste Zeltplatz ist 15 Kilometer entfernt. Ich überlege kurz. In Anbetracht der attraktiven Innenstadt lohnt sich der Weg. Ich richte mich auf zwei Tage ein. Nach circa zwei Kilometern entdecke ich am Straßenrand ein kleines verwittertes Schild. „Chambre libre". Das Pauken der Vokabeln macht sich bezahlt. Hier wartet ein Bett auf mich!

Ein älterer Herr schickt erst einmal seinen Hund zum Abchecken. Ich bestehe den Test. Das Haus liegt mit rund 2000 Quadratmeter Garten direkt am Wasser – eine Perle. Nach einem kurzen Warm-up stehen ein Aperitif sowie ein Espresso für mich bereit. Herr Michel ist 93 Jahre alt, schlank und wirkt topfit. Er strotzt vor Kraft. Ehrfürchtig begebe ich mich in seinen Bann. Unsere Verständigung ist zeitweise schwierig. Bis zu dem Moment, in dem ich seinen WLAN-Code in mein Handy tippte und der Google Translator heiß läuft.

Ich bin cool, gebe mich unbefangen. Der Alte verkörpert Weisheit, gepaart mit Ironie. Von Anfang an haben wir beide das Gefühl, dass wir uns etwas zu erzählen haben.

Ständig treffe ich nur ältere Männer. Sie geben mir mehr als ich ihnen. Junge Mädchen zu beherbergen wäre ihm sicher auch lieber. Aber in seinem Alter muss man nehmen, was man (Mann) bekommt. Sein Wohnzimmer ist ein wahrer Kriegsschauplatz. Überall hängen Fotos von Soldaten, Flugzeugen, Panzern. Diverses Kriegsspielzeug dekoriert die Wände, hängt von der Decke. Eine Vitrine ist voll mit Orden und Zeitungsartikeln. Mit 14 Jahren schleppte er für die Alliierten Munition. Ich lediglich Kohlen. Den D-Day erlebte er live mit. Noch heute ist er bei den alljährlichen Gedenkfeiern aktiv dabei.

Nach dem Zweiten Weltkrieg blieb er bei der Armee. Die Fremdenlegion wurde seine Familie. Von Algerien aus setzte man ihn zuerst am Suezkanal ein, später musste er seinen Arsch in Vietnam hinhalten. Das Häuschen erwarb er in den 50er Jahren preiswert vom gesparten Sold. Dass es heute einen siebenstelligen Wert aufweist, ist ihm egal. Nach der Armeezeit arbeitete er in Paris als Kellner. Locker erzählt er mir, wie dort die Touristen beschissen wurden. Seine Landsleute erhielten immer eine andere Qualität auf ihren Tellern. Mit einem Schmunzeln im Gesicht bestätige ich: Es ist heute noch genauso.

Seine einzige Tochter lebt in den USA und besucht ihn zwei Mal im Jahr. Sein ganzer Stolz ist sein Enkel. Zwei Meter Körperlänge und ein angeborenes Talent für Basketball sorgen dafür, dass er als Profi in der NBA Basketball-Liga seine Brötchen verdient. Nach einer Flasche Cidre aus eigener Herstellung begebe ich mich, nicht ohne noch einmal einen Blick übers Wasser schweifen zu lassen, ins Bett.

Die Marmelade zum Petit Dejeuner am nächsten Morgen stammt aus der Küche meines Gastgebers. Ich darf mir sogar ein Glas einpacken. Die Verabschiedung erfolgt militärisch kurz.

Drei strahlend blaue Tage lang gondle ich immer in Küstennähe entlang. Die Wege verlaufen fast alle parallel zum Meer. Ich rieche und atme das salzgeschwängerte Luftgemisch. Während einer Pause nutze ich einen mutigen Moment meinerseits und gehe bis zu den Knien ins Wasser. Meine Leidenschaft ist aber nun mal das Fahrrad. Mit Surfbrett wäre wohl kein Halten mehr gewesen. Der

Sonnenuntergang hat Posterqualität. Die Temperaturen sind endlich konstant im Kurze-Hosen-Bereich. Einzig den Rotwein habe ich vergessen zu kaufen.

Nach erfolgreichem Überqueren der Pyrenäen ist es an der Zeit, mal wieder einen Anruf zu tätigen. Diesmal mit dem Organisationskomitee der Tour de France, von Insidern ja auch „Tour der Leiden" genannt. Die aktuelle Tour kann sofort beendet werden. Der einzige und wahre Sieger bin ich. Ich habe mit 25 Kilogramm Gepäck erfolgreich die Berge überquert. Die ersten Gipfel bezwang ich in Thüringen, dann folgten die Alpen. Später mit über 2000 Metern Höhe die Pyrenäen. Ich schwelge im Erfolg. Ich lebe noch. Die Radprofis der Tour de France schlafen in Himmelbetten. Sie bekommen unterwegs Cola gereicht, haben einen persönlichen Masseur. Vergessen in ihrem Höhenrausch, dass bereits meine Lenkertasche so viel wiegt wie das komplette Rad der Herren Berufssportler. „Demzufolge schicken Sie bitte das gelbe Siegertrikot wie auch das gepunktete Bergtrikot an meine Heimatadresse. Weiterhin vergessen Sie bitte nicht, die Siegerprämie fristgerecht zu überweisen."

Die nächste Ruhepause lege ich auf einem idyllischen Zeltplatz direkt in den Dünen ein. Nicht nur optisch werden alle Erwartungen erfüllt. Das am Abend beim Platzwart bestellte Baguette wird am Morgen, noch warm, an meinem Zelteingang abgelegt.

Meine Hormone freuen sich über die nackten Damen am Strand. Die Freude über ihre entblößten Brüste währt jedoch nur kurz. Vorwiegend ziehen Damen blank, die meinen Fremdschämreflex auslösen. In Stolas oder leichten Ganzkörperumhängen wären ihre unvorteilhaften Körperabmessungen besser aufgehoben.

Das Nachtleben in dem Dorf gleich gegenüber dem Zeltplatz will von mir erforscht werden. Los geht's schmuck ausstaffiert, soweit es beim Zeltleben möglich ist. Die Dorfdisco sieht aus wie alle, die in den Achtzigern stehen geblieben sind. Sofort wird mein Körper geflutet. Heiß, kalt, die viel zitierten Schmetterlinge im Bauch. Ich merke schlagartig, dass ich hormonell nicht gefestigt bin.

An der Seite stehen lange Tischreihen, alle mit weißen Tischdecken dekoriert. Auf jedem Tisch eine Vase mit Kunstblume. Die Zeitreise hat begonnen. Einzig der Veranstaltungsbeginn hat sich um Stunden nach hinten verlagert. Die besten Plätze sind belegt. Kerle, wahre Hirsche, viele so breit wie hoch, mutieren in ihrer Freizeit zum Teilzeit-Tarzan. Alle halten ein großes Bierglas in der Hand, diverse leere Schnapsgläser bezeugen einen Promillewert im oberen Bereich. Die Mädels, bis auf die Dorfschönheit, sind alle nicht mehr in Idealmaßen unterwegs. Ich stehe an der Bar und schaue den Frauenverstehern amüsiert bei der Arbeit zu. Es geht, wie überall, um das Ausloten des eigenen Marktwerts. Mann checkt ab, ob die Chemie fusionieren kann. Wenn eine Osmose nicht zustande kommt, bleiben die Bewerber allein. Die Stimmung ist gut. Vereinzelte Lieder kann selbst der steife Deutsche mitwippen. Die Rüpel an den Tischen fangen an mitzusingen. Falsch, zu tief, zu hoch, unverständlich. Textsicher bin ich im Französischen nicht. Was diese Herren anzubieten haben, ist nur volltrunken zu ertragen. Das Augenrollen verschiedener Angetrauter bestätigt mich. Ich beschränke mich aufs Zuschauen.

Nach zwei Bieren freue ich mich auf mein Zelt. Gerne hätte ich zur Feier des Tages noch ein, zwei mehr getrunken. Aus Erfahrung weiß ich unterdessen, wie nervenaufreibend es ist, nachts auf dem Zeltplatz pinkeln zu müssen.

Ich verpasse nichts, die Welt ist näher beisammen als vermutet. Gleiche Typen, gleiches Ziel. Die Band Keimzeit hat es gesungen: „Dessen ungeachtet hat sie es doch dann mit dem Schönsten getrieben." Wer in seiner Heimat keine Frau mit nach Hause bekommt, hat auch im Ausland schlechte Karten. Was macht man an Tagen wie diesen? Die Stimmung ist nicht gerade am Siedepunkt. Man (Mann) setzt sich ans Meer, schaut in die Weite, genießt die grenzenlose Sicht und hält eine träumerische Zwiesprache mit dem Meer. Das Beschissene an Klischees ist, dass sie oftmals nicht erfüllt werden. Manchmal auch im positiven Sinn.

Die gute alte Alleestraße vermittelt Geborgenheit, spendet frische Luft und öffnet neue Blickwinkel.

Kleider machen Leute. Das Schild vermittelt deutlich, herzlich willkommen

Eine Ausstellung von Yoko Ono. Teile deine Träume. Wünsche werden in die Welt getragen

Der Grenzweg zwischen zwei ehemaligen Welten

Mahnung an alle die an Europa zweifeln.

Nach den Römern halte auch ich hier eine Rast

Endlich mal wieder ein Zimmer mit Bad, inklusive Alpenpanorama

Helden verschiedener Generationen

Erholung vor den ersten Hügelchen

Der Tourist vor dem beeindruckenden Le Mont-Saint Michel

Steil hinauf auf Gottes Pfaden

An Jeder Hauswand wird der Tradition zelebriert

Der im Sternzeichen Stier geborene ist bereit zum Kampf mit dem echten Stier

Nackter Protest gegen, das Töten der Stiere

Nicht Ahnend das ich Tage später echtes Blut von Füßen wasche

Als Rodeo nur auf der Plastik tauglich

Das geschriebene Wort mal anders präsentiert

Im Schneidersitz wird der Radler von den Abgesandten Gottes freundlich begrüßt

Indien: Dem Smog hoffnungslos ausgeliefert

Die Macht des Glaubens zwingt alle in die Knie

Im Einklang mit den Elementen kurz vorm Eintritt in das erhoffte Nirvana

Der Chai Tee ist Balsam für alle Seelen

Ein vor Indischen Charme sprühendes Hotel für eine Nacht

Das Ergebnis wenn im gesamten Land die STVO ignoriert wird

Katzenwäsche am Morgen

Hier sind nicht nur die Mädels scharf

Indische Straßensperre der anderen Art

Gut geschützt vor der Sonne und den Eltern

Handarbeit, für billige Ware im reichen Europa

Unbekümmert all der Sorgen ringsherum

Am Abend nur den kühlenden Wind reinlassen

Buchweizen-Crêpes in Bagnoles-de-l'Orne

Ein perfekter Tag. Der Himmel präsentiert sich azurblau. Wer genau hat eigentlich die Farben festgelegt? Die Luft bietet optimale Temperaturen – so stellt man sich das Radlerparadies vor.

Eine langjährige Schulfreundin meiner Tochter, Pauline, deren Mutter aus Bagnoles-de-l'Orne stammt, ist ein Jahr vor ihrem Abi zurück nach Frankreich gezogen. Ihre Einladung, sie zu besuchen, war für mich eine willkommene Abwechslung. Pauline wohnt mit ihrer Mutter und ihrer Oma in einem ehemaligen Fünf-Sterne-Hotel. Ein Riesenkomplex im Art-Déco-Stil, der in viele kleine Eigentumswohnungen umgebaut wurde.

Seit dem 19. Jahrhundert ist Bagnoles-de-l'Orne ein historischer Badeort. Ideal, um die Seele baumeln zu lassen und in ein therapeutisches Bad zu steigen. Allein meinen Hintern zu entlasten, steigert das Wohlbefinden. Für ausgelaugte Gäste ist alles vorhanden: ein See zum Träumen, alte Kirchen, 7000 Hektar Wald. Zur passenden Jahreszeit wird sogar eine Pilzsafari angeboten. Am Abend stürmen die älteren Kurgäste zur Entspannung ins Casino. Dort lassen sie die Puppen tanzen. Wenn es am Roulettetisch schlecht läuft, bleibt halt für die Erben nichts übrig. Der beste Calvados aus der Region, egal ob aus Apfel oder Birne, hilft spät am Abend über den finanziellen Verlust hinweg.

Herzlich willkommen. Noch bevor ich mein verschwitztes Shirt tauschen kann, stehen ein Aperitif sowie Eierkuchen mit hausgemachter Marmelade vor meiner Nase. Zwei Stunden lang darf ich meine drei Gastgeberinnen mit meinem Erlebten beglücken. Und schon steht die nächste Mahlzeit an. Den Rest des Aperitifs noch in der Hand, bekomme ich von der Oma erst einmal eine Einweisung in französische Trinkgewohnheiten. Der Wein wird auf die jeweilige Mahlzeit abgestimmt. Die leichten Weiß- und Roséweine gibt es zur Mittagszeit, dazwischen den Aperitif, und mit jeder späteren Stunde wird auch der Wein schwerer, im Gleichklang mit der Zunge.

Des Weiteren werde ich über verschiedenste Käsesorten informiert. Genau wie beim Wein gibt es klare Regeln, welcher Käse wann verzehrt wird. Auch vor Frankreich macht die Weizen- und Glutenunverträglichkeit keinen Halt. So sind die Crêpes auf dem Tisch aus Buchweizen gebacken. Immer wieder wird über das Essen sinniert, die Kunst der Zubereitung, den Genuss. Ein, zwei Kilogramm legen sich in diesen Tagen genüsslich um meine Hüften. Spätestens in den Pyrenäen werde ich diese Tatsache verfluchen.

Zauberhafte Tage verbringe ich bei den dreien. Lange Spaziergänge, Kultur und Ruhe runden die gemeinsamen Stunden ab. Meine Wäsche bekomme ich sogar gebügelt zurück. Unter dem Dach des ehemaligen Hotels befinden sich die damals von den Bediensteten bewohnten Kammern. Fast alle Mieter verfügen über ein solches Kämmerchen mit einem Bett, einem Tisch und einer Waschgelegenheit. Perfekt für Besucher wie mich! Ein Rückzugsraum, um sich vom Alkohol zu erholen. Aus dem kleinen Dachfenster hat man einen wundervollen Blick über den See bis zum Thermalbad und dem Casino.

Ausgestattet mit Essen für die nächsten Tage und ein paar nützlichen Tipps, verabschiede ich mich von meinen drei Gastgeberinnen. Von hier aus bedanke ich mich noch einmal herzlich für die schöne Zeit.

Die nun folgenden 25 Kilometer radle ich durch ein endloses Waldgebiet. Einzig ein einsamer Reiter begegnet mir. Der Weg ist während der letzten Kilometer auch deutlich besser für den Paarhufer geeignet als für mich und mein Rad.

Mein nächstes Ziel ist Mont Saint-Michel. Fast jeder hat die beeindruckenden Bilder von dem Klosterberg schon gesehen, war sogar vielleicht bereits dort. Zwei Kilometer zuvor nimmt das Bauwerk vor meinen Augen langsam Gestalt an. Wird immer größer, imposanter, raubt mir fast die Luft zum Atmen. Kein Foto oder Video kann diesen Eindruck vermitteln. Majestätisch, ja erhaben, thront das Benediktinerkloster über der Insel.

Der Zeltplatz gleichen Namens ist rappelvoll. Ein Vorgeschmack dessen, was mich am nächsten Morgen erwartet. Schniefend laufen die Touristen über den Steg, der zur Insel führt. Der Vorteil meines Transportmittels liegt klar auf der Hand. Ich fahre direkt vor das Tor und darf unter bewundernden Blicken das bepackte Rad neben dem dort postierten Polizisten abstellen. Die Bewachung mit Maschinenpistole im Anschlag halte ich für übertrieben.

Mittelalterliche Architektur prägt die Insel. Über allem schwebt das auf ihr erbaute Benediktinerkloster. Rund 55.000 Quadratmeter umfasst das gesamte Areal.

Im Jahr 708 gegründet, lebte die Insel von den Pilgern, die, warum auch immer, nach Erlösung oder Vergebung ihrer Sünden suchten. Heutzutage pilgern die Touristen in die Cafés und Hotels. Früher wurden von den Pilgern Steine mitgeschleppt und symbolisch abgelegt. Gegenwärtig werden ausschließlich Euro hiergelassen, und davon nicht zu knapp. Für einen Kaffee aus einer Nespresso-Kapsel sollte ich 5,50 Euro löhnen.

Der Nepp geht weiter. Im Reiseführer werden Salzlammkoteletts als einheimische Delikatesse angepriesen. Schon optisch entsprechen sie nicht meiner Vorstellung von einem leckeren Essen. Mein Argument, dass ich bei den Preisen später hungern müsse, wird ignoriert.

Zwischen den Menschenmassen finden sich auch echte Pilger. Sie sind auf Frankreichs Jakobsweg unterwegs und werden von den etwa ein Dutzend Benediktinermönchen freudig empfangen. In der Stiftskirche des Mont Saint-Michel liegen 1000 Jahre alte Reliquien. Sie stammen angeblich vom Erzengel Michael. Für die meisten Pilger das Hauptmotiv, hierherzukommen. Der Klosterkomplex mit den Museen ist das Eintrittsgeld wert. Liebevoll drapiert erscheinen mir die Ausstellungsstücke zum Teil derart überzeugend, dass ich beispielsweise am liebsten sofort in eine der Ritterrüstungen schlüpfen würde.

Buen camino

Der Legende nach gilt der Pfad bereits bei den Kelten als Initiationsweg. Kraftadern wie auch Energiebahnen sollen sich bis nach Finisterre ziehen. Zu jener Zeit das Ende der Welt. Na, da hoffe ich mal auf überspringende Energie. Meine Reise ist noch lang. Freundlicherweise vergibt die Kirche entlang des Pilgerweges alle Sünden. Spontan fallen mir partout keine ein. Vor allem keine wollüstigen. Alles hat Spaß gemacht.

Saint-Jean-Pied-de-Port heißt für mich das letzte Städtchen auf französischem Boden. Für viele Pilger startet hier die erste Etappe des Jakobsweges. Ins Deutsche übersetzt heißt der Ort „Heiliger Johann am Fuße des Passes“. Der Name ist Programm. Somit besteht die erste Prüfung für mich im Bergauffahren. Durchschnittlich sieben Prozent Steigung auf mehr als 14 Kilometern. Die Weisheit „Besitze nur so viel, wie du tragen kannst“ erhält hier einen Sinn. Die Berge – und es warten noch viele auf mich – zu erklimmen, bedeutet vollkommene Hingabe. Es ist eine Art der Fortbewegung, die Schmerzen verursacht und obendrein für desaströse Laune sorgt. Wie hoch die Quote an Abbrechern liegt, die gleich am ersten Tag ihre Pilgerträume begraben müssen, steht in keinem Buch geschrieben. Mir begegnen gleich drei, die gemeinsam von einem Taxi irgendwo am Pass eingesammelt wurden. Zwei von ihnen haben sich den Knöchel verstaucht, der Dritte hatte schon mit seinen eigenen Pfunden zu viel zu tragen. Später sitzen wir zusammen beim Bier. Alle lachen. So hat den dreien sogar der gescheiterte Start noch etwas Freude gebracht. Selbstverständlich wollen sie es nächstes Jahr erneut versuchen.

Das Navi zeigt 78 Kilometer bis nach Pamplona. Es verschweigt mir höflich, dass nach dem Ibaneta-Pass weitere Pässe folgen, die es zu erklimmen gilt. Hoffnung schöpfe ich darin, dass vor 1300 Jahren schon Karl der Große während des Feldzugs nach Spanien dieses Hügelchen erfolgreich überwand und Pamplona eroberte.

Das Gleiche habe auch ich vor. Allerdings möchte ich zum Stierkampf, dem Fest zu Ehren von San Fermín. Die Stadt lebt vom Geschäft mit den Wallfahrern. Es wimmelt nur so von Pilgern. Alle Alters- und Gewichtsklassen sind vertreten. Die Auslagen in den Geschäften sind voll mit eventuell benötigten Utensilien. Enttäuschend für mich ist das überall beworbene Pilgermenü „Pommes mit Fleisch“. Michelin-Sterne gibt es dafür nicht.

Die Hitze der Stadt macht jeden annähernd klaren Gedanken unmöglich. Was also tun? Wie wäre es mit einem Bier? Der halbe Liter für 8,90 Euro! Mit einem qualvollen Lächeln beobachte ich die Leute beim Flanieren, Gaukler bei der Arbeit, Taschendiebe beim Auskundschaften, das turtelnde Pärchen. Den Menschen einfach hinterherzuschauen, und all das, ohne die Welt verbessern zu wollen, rettet mir den Tag.

Mit dem ersten Stempel in meinem Pilgerpass weiß jetzt auch offiziell der Papst, dass ich auf Reisen bin. Sorgsam wird vermerkt, dass ich mit dem Fahrrad pilgere. Wahrscheinlich sorgt das für Punktabzug. Für den Fall, dass es tatsächlich einen Schöpfer gibt, wird dieser restlos davon begeistert sein, dass auch ich jetzt seinen Weg beschreite.

Endlich bin ich oben! Das Fluchen hat ein Ende. Mein Blick schweift über die Berge. In der Nähe plätschert ein Bach. Sofort werden Heimatgefühle wach. Kühe, Bauernhöfe – das reinste Landidyll. Kein Groschenroman könnte das besser beschreiben. Für mich als Stadtmensch sieht so die heile Welt aus.

Von nun an geht es bergab. Eigentlich ein Segen. Allerdings werden meine Bremsklötze zu qualmenden Stummeln. Zu viel Gepäck ist schuld. Vielleicht ist auch mein BMI außer Kontrolle.

Der Jakobsweg ist dazu gedacht, Buße zu tun. Meine Buße wiegt schwer, ist doch mein Rad deutlich umfangreicher bepackt als ein Wanderrucksack. Ich muss wieder schieben. Wenn jede Schweißperle jeweils eine Sünde löscht, kann ich mich bis zu meinem Lebensende danebenbenehmen.

Das heute ausgewählte Refugio hält nicht, was es von außen verspricht. Der Schlafsaal, die Duschen und die

Toiletten werden wohl nur zum Saisonstart gereinigt. Einzige Ausnahme ist die Küchenecke. Dort wedelt der Lappen einmal im Monat.

Muss man gemeinsam mit anderen Pilgern übernachten? Erfahrungen austauschen? Obwohl ein erster – mit Vorurteilen behafteter – Blick reicht, um festzustellen, dass man nicht kompatibel ist. Es wird Nacht und kann nur besser werden …

Da ich unterwegs viel gutes Karma gesammelt habe, verbrauche ich jetzt etwas davon. Es geht nämlich wieder bergauf. Steil bergauf. Ich schiebe abermals und schicke tausend nicht jugendfreie Flüche gen Himmel. Nachdem die Wut verraucht ist, genieße ich die Vorteile, mit dem Rad unterwegs zu sein.

Diverse Pilger würden nach den ersten anstrengenden Tagen Haus und Hof verkaufen, die Last der hoffnungslos überfüllten Rucksäcke nur zu gerne abgeben. Viele sind nach 20 bis 25 Kilometern auf dem Camino nicht mehr in der Lage, das Refugio bei Nichtgefallen noch zu wechseln. Bei einigen Pilgern frage ich mich ernsthaft, was für eine Schuld sie wohl auf sich geladen haben. Eine Rolex am Arm – natürlich nicht die billige Stahlversion. Eine Komplettausrüstung im Gegenwert eines Kleinwagens am Leib. Sie alle schlafen am Ende des Tages mit 30 anderen im kostenlosen Schlafsaal und schnarchen mit den Kakerlaken um die Wette.

Ich bin gewiss nicht kontaktscheu. Zugegeben, hier fällt es mir schwer, jemanden für ein Gespräch zu finden. Einfach ein wenig von den Sorgen erzählen. Small Talk halten. Ein paar Dinge an Unbeteiligte, Unbefangene loszuwerden, das klappt nicht. Konkret bedrückt mich zwar nur mein wundgescheuerter Arsch, aber ein wenig Mitleid ist schließlich wie frische Salbe. Zum Glück muss ich mich nicht jeden Tag aufs Neue motivieren. Jeder Tag ist ein neuer Tag. Und für alle Fälle habe ich noch meinen positiven Karmastand auf Abruf.

Pamplona: Kampf mit dem Stier

Den Weg zum einzigen Refugio erspare ich mir, zudem nur eine Nacht erlaubt ist. Ich möchte fünf Tage bleiben, um mit den Stieren zu kämpfen. Also schlafe ich in der Universität in einem Studentenzimmer und bin guter Dinge, eine Schlafstatt erwischt zu haben, in der zuvor ein künftiger Nobelpreisträger geschlafen hat.

Die Stadt rüstet sich, macht sich schick. Alles zu Ehren von San Fermín. Das Fest findet seit dem 16. Jahrhundert statt. Bekannt geworden, geprägt und von Hemingway verewigt. Enicerro, der Stierlauf, ist zweifellos der Höhepunkt. Ursprünglich entstanden aus den mittelalterlichen Jahrmärkten, wo die Viehhirten ihre Tiere durch die Stadt trieben. Das Stiertreiben durch die Altstadtgassen mit dem allabendlichen Ritual um das Töten eines Stieres zieht jedes Jahr Tausende Besucher an. Auch ich reihe mich in freudiger Erwartung mit ein.

Die Arbeiter werkeln an den Absperrungen. Für die Absperrbalken werden Löcher ausgehoben. Sie sind durchnummeriert, haben einen festen Platz in der Reihe. Von der Gasse aus, in der ich gerade sitze, reicht der Zaun schon fast bis zur Stierkampfarena. Noch komme ich problemlos durch die Lücken. Auch die Arena kann man betreten. Sie ist rund angelegt. Leer sieht hier alles ziemlich öde aus. In diesem Moment habe ich keine Vorstellung davon, was am Abend, wenn alle Sitzplätze belegt sein werden, passieren wird. Zeitweise wird mir der Atem stocken, regelrecht die Luft wegbleiben. Mein Adrenalin wird hervorragende Arbeit leisten. Um nicht als Unwissender, als Außenseiter aufzufallen, suche ich einen Trachtenladen auf. Zwei Stunden später erscheine auch ich in der rot-weißen Grundausstattung.

Im Café Iruna trinke ich einen Espresso. Im Stehen – das ist günstiger. Später wechsle ich doch auf einen Stuhl. Vom Gefühl her genau der, auf dem einst Hemingway saß. Die Zeilen, vom Maestro inspiriert, fließen nur so ins Tagebuch. Die Korbstühle unter den kühlen Arkaden stehen in Reih und Glied, bieten einen fantastischen Blick über den gesamten Platz.

Klar wird das Café touristisch ausgeschlachtet. Viele stecken nur den Kopf rein, suchen Hemingway und verschwinden wieder. Die Atmosphäre, die damals geherrscht haben muss, ist noch immer in homöopathischen Dosen zu spüren. Wer eintaucht und nichts außer einem Drink erwartet, kann verstehen, warum Hemingway hier Tage, ja Wochen verbracht hat.

Zwei, drei Stunden später – der Hintern schmerzt wieder – lockt mich die Kathedrale. Ihr Äußeres ist eher unspektakulär, innen ist sie kühl und aufgeräumt.

Augenblicklich benebeln mich Weihrauchschwaden und versetzen mich in Hochstimmung. In der gesamten Stadt herrscht eine unbeschreiblich festliche Stimmung. Alle sind irgendwie aufgeregt, dabei aber nicht überdreht.

Mein nächster Weg führt direkt zu den Korrals, dem Gehege der Stiere. Unzählige Menschen hatten die gleiche Idee wie ich. Die gewieften Organisatoren verkaufen sogar das Abladen der Stiere vom Lkw als Spektakel. Zusammen mit den Ochsen werden die Stiere in die Wartezone gebracht. Es heißt, die sanften Ochsen wirken beruhigend auf die wilden Stiere. Sie besänftigen sie und halten sie davon ab, ihre Hörner an den Mauern zu zerstören oder sich gegenseitig aufzuschlitzen.

Alle wollen die Stiere sehen. Für ein kleines Eintrittsgeld kann man durch die Stallanlage flanieren. Als Städter kenne ich die Tiere nur aus dem Fernsehen beziehungsweise als Filet in der Auslage beim Fleischer. Keine zehn Meter von mir entfernt steht ein Stier mit erhobenem Kopf und starrt in meine Richtung. Instinktiv trete ich einen Schritt zurück.

Beim Anblick der 600-Kilo-Kolosse denke ich nur an das eine: Hoffentlich halten die Balken der Absperrung. Was für ein enormer Muskelberg! Jede Muskelfaser am Nacken ist von Weitem zu erkennen. Ob er wohl ahnt, was ihm heute noch blüht?

Der nächste Weg führt mich zum Tourismusbüro. In vier Sprachen und Großbuchstaben ist angeschlagen: „Alle

Veranstaltungen ausverkauft." Vom Imbiss gestärkt und vom Rest Adrenalin aufgeputscht begebe ich mich auf die Suche nach Schwarzmarktverkäufern. Ich möchte eine Balkonkarte sowie eine für die Arena. Es dauert nicht lange, da werde ich angesprochen. Welche Sprache ich spreche – Russisch, Englisch, Französisch, Deutsch? Ich wähle die vierte, das klappt am besten.

„Was brauchst du?"

„Gerne eine Balkonkarte und eine für die Arena am Abend."

Jetzt schlägt die Stunde des Verkäufers. Mit Händen und Füßen sowie einem Sprachenkauderwelsch bekomme ich die Balkonkategorien erklärt: Die erste Etage ist für 300 Euro zu haben, die zweite für 250, die dritte schlägt mit 150 Euro zu Buche. Das günstigste Angebot sei die fünfte Etage für 80 Euro. Schließlich für die Arena seien 150 Euro fällig. An meiner gekräuselten Stirn erkennt der gewiefte Händler, welche Option für mich in Frage kommt. „Ich bin 6000 Kilometer bis hierher gefahren. Ich möchte bitte einmal Balkon, dritte Etage, und eine Karte für den Abend in der Arena."

Als Nächstes erklärt er mir ausführlich, wie man überhaupt auf den Balkon kommt. Um 4.00 Uhr werden die Gassen abgesperrt. Spätestens eine Viertelstunde vorher muss man vor dem Hauseingang stehen. Im Treppenhaus wird dann gewartet. Erst ab 7.00 Uhr darf der Balkon betreten werden. Es sind alles Privatwohnungen. Wie man sich als Gast verhält – Alkohol ist tabu –, sollte jedem klar sein. Für sagenhafte 60 Euro kreieren die Wohnungsinhaber ein echtes spanisches Frühstück.

„Ah, noch mal langsam, bitte … Okay, okay, es bleibt dabei, ich nehme eine Balkonkarte in der dritten Etage und eine für den Abend."

An dem schelmischen Grinsen des Verkäufers erkenne ich, dass das noch nicht alles war. Sicher erwartet mich jetzt die Zahlung einer Provision. Weit gefehlt: „Eine Balkonkarte habe ich für das Jahr 2019. Kannst auch zwei haben. Für die Arena gibt es nur ein Bundle für zwei Veranstaltungen mit einem kleinen Aufpreis."

Ich entscheide mich, erst einmal laut zu lachen. Er stimmt mit ein. Und nun?

Die Tränen getrocknet, übergebe ich ihm 300 Euro für die beiden Abendkarten in der Arena. Ich stecke seine Visitenkarte ein und verspreche, mich wegen der Balkonkarten im Oktober zu melden. Erfreut über seine vermeintlich sichere Beute, schreibt er gleich seine Kontonummer auf die Karte.

Irgendwo in der Mitte sitze ich schließlich, sauge das Spektakel ein und genieße. Die kurzen Phasen des Atemstillstands überstehe ich ohne Schäden. Für mich sind die Abende jeden Cent wert.

Am Nachmittag vernehme ich deutlichen Lärm. Ich laufe zur Quelle und finde mich mitten in einer Protestaktion wieder. Hunderte Männer und Frauen demonstrieren vor dem Rathaus. Bis auf ihre Schlübbis sind alle nackt. Mit roter Farbe am ganzen Körper symbolisieren sie, wie grausam die Stiere hingerichtet werden. Inmitten der Protestierenden vernehme ich deutlich meine Muttersprache. Meine Landsleute haben sich unter die mit roter Farbe besudelten Halbnackten gemischt und protestieren mit ihren bildlich dargestellten Blutorgien nicht nur gegen das Töten der Stiere. Auch die Gefährdung der Toreros ebenso wie die der Zuschauer steht auf ihrer Agenda. Tierschutz in allen Ehren. Allerdings kommen wir aus einem Land mit galaktischer industrieller Fleischverarbeitung. Ich kenne die genauen Zahlen nicht, bin jedoch überzeugt, dass in jeder Sekunde der Massentierhaltung mehr Tiere elend verrecken als hier alljährlich die Stiere.

Es ist Sonntagmittag, Punkt 12.00 Uhr. Was für ein grandioses Spektakel. Nach dem Start der Rakete explodiert der Platz förmlich. Die schönen roten Halstücher fliegen in die Luft, gemischt mit literweise Sangria. Zum Glück hat meine rot-weiße Komplettausstattung – weiße Hose, weißes Shirt, rotes Halsband und roter Schal – gerade mal zehn Euro gekostet. Die Leute haben sich natürlich schon vorher über die gesamte Stadt verteilt und sich bereits warmgetrunken. Dementsprechend kocht auf dem Rathausplatz die Stimmung. Ich sehe zu, dass ich vom Rand aus so viel wie möglich sehen kann, ohne komplett unter einer Sangria-Dusche zu versinken. Waschen muss ich heute Abend trotzdem, denn ich benötige die Klamotten die ganze Woche.

Für den steifen Deutschen ist es beeindruckend, dass hier fast alle singend, tanzend und textsicher in kleinen Gruppen durch die Straßen ziehen. Begleitet wird ihr Gesang von Trommeln, Pfeifen, Flöten und Kastagnetten.

Um zu überleben und weiterhin zu genießen, schlüpfe ich in einen letzten freien Hauseingang. Voller Ekstase wippe ich mit dem Fuß im Takt. Sieben volle Tage und Nächte soll das Schauspiel dauern. Für drei Tage hatte ich zunächst meine Unterkunft reserviert. Mit viel Mühe und zwei extra bunt bedrucken Scheinen – mit orangefarbenen Elementen aus der Renaissance – im Pass ist es mir gelungen, den Aufenthalt auf fünf Tage zu verlängern.

Mit einem Bier und einem Kaffee sitze ich ungefähr 200 Meter vor dem Eingang zur Arena auf dem Absperrzaun. Genau genommen sind es zwei Zäune. Der vordere wird für die Läufer freigehalten. Für den Fall, dass der Stier zu nahe kommt, können sie sich auf diesen Zaun retten. Gelegentlich springt auch mal ein Stier darüber hinweg. Mein Rettungsweg fällt mir hoffentlich rechtzeitig ein.

Für Morgenmuffel und Frühaufsteher ist der Stierlauf nicht geeignet. Wer nicht spätestens um 4.30 Uhr – Start ist 8.00 Uhr – auf dem Zaun sitzt, sieht nur Rücken. Und wer Getränkenachschub benötigt beziehungsweise pinkeln geht, ist seinen Platz los.

Pünktlich um 8.00 Uhr gibt die erste Rakete den Startschuss. Die Stiere und rund 200 teilnehmende Läufer beginnen die Hatz durch die Gassen. Mit dem Signalschuss erscheinen unter höllischem Gejohle die Zuschauer auf den Balkonen. Dicht an dicht rennen die schnaubenden Stiere und Menschen durch die Gassen. Beide Spezies von der Angst getrieben. Unter rabiatem Ellenbogeneinsatz geht es vorwärts. Auf vielen Gesichtern ist der Respekt oder besser die Angst vor den Tieren zu lesen. Hoffentlich erwischt es mich nicht – wenn schon, dann lieber meinen Nachbarn!

An der Hektik ist zu erkennen, wo sich die Tiere gerade befinden. Am Zaun wird es enger, es wird gedrängelt, geschubst und geschoben. Immer mehr Zuschauer drängen an die spärlichen Lücken der Zäune. Die ersten Stiere sind noch etwa 30 Meter von mir entfernt. Durch eine klitzekleine Lücke sehe ich den Kopf eines der Stiere unentwegt mit dem Kopf von rechts nach links schlagen. Schon erscheint der zweite und der dritte. Letzterer springt über den vor ihm ausgerutschten Stier. Mein Puls überschlägt sich. Nach zweieinhalb Minuten knallt die zweite Rakete. Das heißt, alle Tiere sind in der Arena angekommen. Ruhiger werde ich deshalb nicht. Für morgen beschließe ich, den Kampf um einen besseren Sitzplatz eine halbe Stunde früher aufzunehmen.

Mit zitternden Knien suche ich mir eine Kneipe, um zu frühstücken. Eine Stärkung habe ich bitter nötig. Auf vier Monitoren laufen die Filmsequenzen des heutigen Rennens rauf und runter. Zwei Leichtverletzte werden in Nahaufnahme gezeigt, bevor sie im Rettungswagen verschwinden. Der Moderator fragt, ob sie noch einmal mitlaufen wollen. „Na selbstverständlich“, sagt der eine, „ich habe mir doch nur den Arm geprellt.“

Alle, die nach der Stierhatz todmüde ins Bett gefallen sind, kommen mittags wieder zum Vorschein. Genau wie ich strömen sie ins Café Iruna. Aussichtslos, alle Tische belegt. Die First-Class-Reihen unter den Arkaden werden erst am Ende vom San Fermín wieder frei. Was soll's, am Stehimbiss kann ich für das gleiche Geld drei Mal essen.

In der Arena

Der Torero steht vor dem röchelnden Stier. Man könnte denken, sie reden miteinander. Letzte tröstende Worte? Erzählt er ihm vom siebten Tierhimmel? Oder macht er ihm Mut? Stachelt ihn noch mal an? Der Stier, nach Luft pumpend, fällt im selben Augenblick auf die Knie. Zwei Sekunden später versetzt der Torero ihm den Gnadenstoß. Die Menge auf den Rängen tobt, will mehr. Ich habe Mühe, alles mitzubekommen. Zu viel passiert gleichzeitig. Ich weiß nicht so recht, wo ich zuerst hinschauen soll. Würdevoll, mit erhobenem Haupt übergibt der Torero die Muleta, ein rotes Tuch, auf das der Stier reagiert, seinem Assistenten. Jede seiner Bewegungen ist fließend und wirkt majestätisch.

Der nächste Stier ist 80 Kilogramm schwerer als der erste. Dank moderner Technik läuft ein LED-Leuchtband mit den Namen der Stiere, ihrer Herkunft und dem Gewicht. Der jetzt Hereinstürmende hat Wut im Bauch. Braust sofort in Richtung Torero. Dieser bleibt äußerlich cool und schwenkt erst in der letzten Sekunde mit einem schwungvollen Schritt zur Seite. Im selben Augenblick steckt sein Degen im Nacken des Stieres. Jetzt tobt und brüllt das gesamte Publikum in der Arena – mit Ausnahme von mir und den anderen Touris, die von dem

Ablauf keine Ahnung haben. Der Präsident sitzt mit weiteren Großkopferten auf einem erkerähnlichen Balkon und gibt Zeichen, die ich nicht verstehe. Daraufhin werden in der gesamten Arena Taschentücher geschwenkt. Auf keinen Fall, um die Tränen über den Tod des Tieres zu trocknen. Ich habe natürlich kein Taschentuch, bin eher damit beschäftigt, das Gesehene zu verarbeiten. Ich bete, dass heute Nacht im Traum nicht 580 Kilogramm lebendige Fleischberge auf mich zustürmen.

Jetzt erscheinen drei bunt geschmückte Pferde. Der tote Stier wird an den Hörnern angebunden und von den Pferden eine komplette Runde durch die Arena gezogen. Der Matador hat den Stier als tapfer kämpfend eingestuft und erweist ihm mit einer Ehrenrunde seine Hochachtung.

Stierkampf ist auch für mich anstrengend. Das Zuschauen macht müde. Ich gönne mir ein Bier und lese in einer Broschüre alles über den Ablauf. Versuche die Regeln zu verstehen, um für den nächsten Tag besser aufgestellt zu sein. Taschentücher muss ich auch noch organisieren.

Am zweiten Abend in der Arena versuche ich mich auf den Stier zu konzentrieren. Verfolge jede seiner Bewegungen. Gut vorbereitet bekomme ich wesentlich mehr Details mit. Allerdings ist es nur ein Bruchteil dessen, was das Fachpublikum lautstark quittiert. Das Startzeichen zum Kampf kommt aus der Loge des Präsidenten. Ein

Kopfnicken zeigt es an. Feierlich, alle im Gleichschritt, reiten die Picadores – Reiter mit geschmückten Lanzen und Gehilfen des Matadors – ein. Gleich dahinter die Matadores. Vor der Loge verneigen sie sich ehrerbietend. All die Details werde ich zu Hause noch einmal nachlesen und bei meiner augenblicklichen Euphorie gleich ein Hotel für das nächste Jahr buchen.

Der Stier rennt ein. Aus dem Gemurmel im Publikum wird ein lautes Raunen. Noch ist der Stier im vollen Besitz seiner Kräfte und Kampfeslust. Selbst beim tapfersten Torero überwiegt der Respekt und er hält gebührenden Abstand. Langsam wie im Film setzt sich das Geschehen fort. Der Picador sticht seine Pica in den Stiernacken. Sofort schießt eine Blutfontäne nach oben. Mit jedem Herzschlag folgt eine weitere. Wer nicht beim ersten Versuch sicher trifft, wird gnadenlos ausgepfiffen. Der Kampf ist unfair. Der Torero kämpft unverletzt und der Stier bekommt von einem weiteren Picador die nächsten zwei Spieße in den Rücken. Dann folgt ein seltenes Schauspiel: Ein Stier bleibt mit seinem Horn in einer Holzbalustrade stecken. Das Horn bricht ab. Die Jury begnadigt das Tier. Unter Applaus verschwindet der verletzte Stier in den Katakomben.

Ohne die nötige Konzentration trifft auch mal ein Stierhorn den Torero. Alle paar Jahre nimmt somit ein Stier Rache für seine toten Kollegen. Über 30 Toreros erlagen im letzten Jahrhundert ihren Verletzungen.

Beeindruckend, wie majestätisch ruhig die Toreros um die wutschnaubenden, mehrere Hundert Kilo schweren Kolosse herumtänzeln. Mit fließenden Bewegungen versuchen sie die Stiere müde zu machen. Das aus dem Nacken sprudelnde Blut sorgt für eine weitere Schwächung. Die kundigen Zuschauermassen applaudieren bei allen gelungenen harmonischen Bewegungen des Toreros. In meinen Augen tanzt er sich einen Korkenzieher ins Kreuz. Das Feeling, die echte Leidenschaft, sprüht aus jeder Bewegung. Das Publikum reagiert mit stehenden Ovationen oder eben mit einem gellenden Pfeifkonzert. Einige Aktionen erreichen einen Lärmpegel, wie er auf einem AC/DC-Konzert üblich ist. Ein gewisser Nervenkitzel erfasst wohl alle Zuschauer. Als ob das Risiko, das der Torero trägt, auf die Zuschauer übertragen wird. Ich jedenfalls fühle mich gerade als Mini-Torero.

Nach dem Stierkampf – ein gerechter Kampf war es nicht wirklich – schwappe ich im Gewühl der Menschenmassen zurück in die Altstadtgassen. Alle befinden sich in Hochstimmung. Aufgeputscht, euphorisch begeistert. Die Massen ziehen singend und tanzend in die Bars.

Zartbesaitete und Tierliebhaber sollten diese Art von Veranstaltung meiden. Dass die Stiere, die morgens durch die Altstadtgassen gehetzt werden, am Abend ihr Leben lassen, wusste ich. Dass allerdings auch Pferde – zwar von einem Schutzpanzer aus Holz oder Bambus umhüllt – eingesetzt werden, ließ mich doch erst einmal zusammenzucken. Keines der Pferde wurde übrigens in diesem Jahr verletzt.

Für sehr viele Menschen wird der Stierkampf ein grausames, Lebewesen verachtendes Schauspiel bleiben. Natürlich sollte man sich die Frage stellen, ob im 21. Jahrhundert das Quälen von Lebewesen das Bewahren von Tradition und Kulturgut rechtfertigt. Für mich war es beeindruckend, ja, ein Highlight meiner Reise.

Auf dem Weg der Jakobsmuschel

Mit einem äußerst zufriedenen Gesichtsausdruck verlasse ich Pamplona. Nach vier Kilometern weicht der Erholungseffekt aus meinem Körper. Es ist wieder heiß, staubig, wird anstrengend. Der Weg besteht aus losen Schottersteinen. Ich überschlage schnell den Inhalt meiner Packtaschen nach Überflüssigem. Nichts mehr, was ich entbehren könnte. Ich warte auf Gottes Hilfe. „Keine Zeit, muss mich um andere kümmern, aber ich schicke dir zwei echte Menschen." Diese erscheinen tatsächlich. Deutlich erkennbar quäle ich mich. Ein Schritt hoch, ein halber zurück. Die beiden fackeln nicht lange. Der Mann nimmt den Rucksack seiner Freundin. Sie packt kommentarlos meinen Gepäckträger und schiebt. Ich komme nicht dazu, ein Wort des Dankes zu murmeln oder „Danke, ich schaffe das schon!" zu plappern. Nach circa 500 Metern tauschen die beiden und er schiebt kräftig mit. Zwei Kilometer – scheiß Anstieg – überwunden mit zwei angenehmen Zeitgenossen.

Oben angekommen tauschen wir das übliche Woher, Wohin. Ich muss erklären, weshalb ich auf dem Jakobsweg so viel Gepäck mitschleppe. Was sich in einer Minute aufklären lässt. Die Freude steht den beiden ins Gesicht geschrieben: Sie haben nicht irgendeinem Dummbatz mit deutlich zu viel Gepäck geholfen, sondern einem Helden, der bereits 6000 Kilometer hinter sich gebracht und weitere 10.000 vor sich hat.

Die Jakobsmuschel gilt als Erkennungszeichen. Auf dem gesamten Pilgerpfad weist sie als Symbol den Weg. Versteckt zwischen Bäumen, Zäunen und Straßenschildern, benötigt man teilweise detektivisches Grundwissen, um dem Pfad folgen zu können.

Als man den Leichnam des Heiligen Jakobus per Schiff nach Spanien überführen wollte, wurde ihnen ein Reiter entgegengeschickt. Beim Anblick des Toten wurde nicht dem Reiter schlecht, sondern dem Pferd. Das Pferd warf seinen Reiter ab. Direkt ins Meer. Posthum griff der heilige Jakobus ins Geschehen ein. Über und über mit Muscheln behangen, entstieg der Reiter den Fluten. So erfüllte er doch noch seinen Auftrag.

Jakobus brachte später den Leichnam in die Kathedrale von Santiago de Compostela. Fortan gilt die Muschel als Schutzsymbol. So entstand der Jakobsweg. Die den Weg weisende Muschel bietet dem Pilger Schutz. Wer bis an das Ende der Welt – Kap Finisterre – pilgert, kann sich später am Strand auf die Suche nach einer persönlichen Schutzmuschel begeben. Selbstverständlich besteht an jedem Ort auf dem Jakobsweg auch die Möglichkeit, sich für Geld eine eigene Muschel zuzulegen. Dass Bedarf besteht, belegen die Umsatzzahlen der mittlerweile entstandenen Souvenirindustrie. Die Aura, die ein solches Symbol ausstrahlt, ist mutmaßlich an mir vorbeigegangen. Warum beschreiten so viele diesen Weg? Nehmen Strapazen in Kauf. Plagen sich mit zu viel Gepäck. Nächtigen im Dreck mit unfairen Gesellen. Die Blasen an den geschundenen Füßen sind das kleinste Übel. Was ist der Grund? Wollen die Pilger alle erleuchtet werden? Sie müssen vermutlich das totale Gegenteil erlebt haben. Die Verfinsterung. Spielen wirklich religiöse Gründe eine Rolle? Versuchen sie, Krankheiten zu besiegen beziehungsweise dafür zu danken, dass sie eine überstanden haben? Die Pilger wollen sich bewusst intensiver mit ihrem Leben auseinandersetzen. Haben eine bedeutende Veränderung erlebt oder streben eine an. Sie möchten ihr Leben umgestalten. Allein sich dessen bewusst zu werden, macht den Rucksack etwas leichter.

Keiner von denen, die mir begegnet sind, zweifelt an der Kraft dieses Weges. Dass dies schwere Schritte sind, belegen die Zahlen. Gerade einmal 15 Prozent halten bis zum Ende durch.

Ich erfülle mir auf meiner Reise sehr egoistisch die eigenen Wünsche, bereite mir selbst eine Freude. Dabei halte ich mich an Oskar Wilde: „Sei du selbst, alle anderen sind schon vergeben.“ Unterwegs treffe ich auf einzelne Pilger oder kleine Grüppchen. Mir fällt auf, dass die Älteren wesentlich vitaler und flotter unterwegs sind als ihre jüngeren Weggenossen. Ich zähle mich einfach mal dazu.

Was mich die ganzen Monate schon begleitet, setzt sich hier fort. Die Wohlbeleibten sind in der Überzahl. Egal, bis Santiago verschwindet eine beachtliche Zahl an Kilos. Besonders auffällig: Der Wert der Ausrüstung, die sie am Leib tragen, liegt annähernd bei einem Jahreseinkommen – wenn ich meines zugrunde lege. Schneller oder ausdauernder sind sie deshalb keinesfalls.

Chinesische Pilger sind von all den anderen gut zu unterscheiden. Ein Riesenhut, Handschuhe und alles verhüllende lange Hosen. Zuletzt wird noch ein Tuch um Hut und Gesicht geschlungen. Das Ganze bei 39 Grad im Schatten.

Zahlreiche Pilger bevorzugen den Partnerlook. Das vereinfacht die Waschzeremonie am Abend deutlich. Auch betrügen viele auf dem Weg ihren Gott, indem sie ihr Gepäck, die symbolische Last, von den Herbergsbetreibern zur nächsten Unterkunft transportieren lassen. Nicht uneigennützig, wenn die Zielherberge Tante Hilde gehört.

Während der zahlreichen Verschnaufpausen ergeben sich kleine Gespräche. Zuerst geht es immer um körperliches Leid. Der Rücken, die Schulter und die Blasen an den Füßen. Dauert die Pause länger, kommen die persönlichen Wehwehchen zum Vorschein.

Manche Pilger wirken dem realen Leben nicht besonders zugewandt. Sie sind total mit sich beschäftigt. Viele nicken im einen Moment ein „Hallo", um sich zu einem späteren Zeitpunkt dessen ungeachtet abzuwenden. Es sind genau die Pilger, denen ein Gespräch deutlich mehr helfen würde als die körperliche Belastung. Da ist man bereit, dem Gegenüber Aufmerksamkeit zu schenken, und wird abgewiesen.

Wenn sich niemand mit mir unterhält – und ich bin schon länger allein unterwegs –, spricht morgens mein Spiegelbild mit mir: Mach dir keine Sorgen, alles okay. Vorteilhafter als einige Gespräche unterwegs, die echte Energiekiller sind.

Es folgt eine Erscheinung. Zwei überaus attraktive Damen, auch noch meinem Alter entsprechend, wandern vor mir. Ich hoffe auf ein paar belebende Augenblicke. Weit gefehlt. Die Abfuhr erfolgt mit den ersten Worten. Mein Kommentar darf hier nicht gedruckt werden.

Ein klein wenig wird das Rätsel am Abend aufgelöst. Wir übernachten im selben Refugio. Vier, nein sechs Männer. Keiner der anderen ist so attraktiv wie ich, sie sind aber eher da. Die Herren bedrängen die beiden Hübschen regelrecht. Jeder von ihnen denkt, er kommt diese Nacht zum Zug. Damit erklärt sich die schroffe Abfuhr von selbst. Ein oder zwei der Herren haben sich vermutlich auf den Weg gemacht, um ihre frisch gescheiterte

Beziehung zu verarbeiten. Bietet sich allerdings die Gelegenheit, geht es gleich wieder ran ans Fleisch. Wenn mich auf meiner weiteren Reise vier Damen bedrängen sollten, lass ich mir etwas Schlaues einfallen. Eine reicht völlig!

An einigen Tagen – nicht nur auf diesem Weg – rede ich mir selbst gut zu: „Mensch, der Kerl hat Courage, einfach den Mut, mit dem Rad um den halben Globus zu radeln." Eigenlob ist nicht gern gesehen. Trotzdem muss ich mich ja motivieren, im Geiste belobigen, und dem guten Teufelchen einen ausgeben.

Die Zeit allein im Zelt fülle ich mit Tagebuchschreiben. So erlebe ich einige Situationen gleich noch einmal.

Auch dachte ich, die Pilger seien entspannt. Hätten Großes vor. Suchten sich selbst, und Gott solle dabei helfen. Hingegen habe ich bei vielen einen ganz anderen Eindruck gewonnen: Wer es schon daheim nicht gebacken bekommt, dem ist mit professioneller Hilfe mehr gedient. Der Weg ist körperlich anstrengend, und 30 Leute in einem Schlafsaal tragen nicht unbedingt zur Entspannung bei. Der Frust sitzt tief. Die Leute sind weder besinnlich noch ansatzweise nett. Es gibt Hoffnung. Vereinzelte Abende im Refugio werden nach der zweiten Flasche Rotwein so entspannt und lustig, dass so manche Sorgen sich erst am nächsten Tag in Form von Kopfschmerzen zurückmelden.

Heute nutze ich eine der überall angebotenen Massagen. Und ich muss leiden. Die Dame hat eine sadistische Ader. Nachdem ich erklärt habe, dass meine Füße okay, nur Schulter, Rücken und Oberschenkel etwas pflegebedürftig seien, legt sie los. Mit schmerzverzerrtem Gesicht lege ich mir Überlebensstrategien zurecht. Noch wichtiger ist, wie ich unerkannt den Raum verlassen kann. Mein Gestöhne könnte von Außenstehenden falsch interpretiert werden.

Unterwegs kombiniere ich Strategien, um meinen guten Karmastand unermüdlich aufzufüllen. Wenn schon wiedergeboren werden, dann richtig. Als Maharadscha! Ich denke so an 40 bis 50 Angestellte sowie mehrere Elefanten, die mein Gepäck schleppen. Ganz wichtig: eigene Köche. Für jedes Gericht den passenden Meisterkoch. Nicht unwichtig: die Haremsdamen. Sie gehören sowieso zu einem Palast, es müssen ja nicht gleich 50 sein. So viele schafft auch der potenteste Maharadscha nicht.

Wieder einmal stehe ich vor einem staubigen rötlichen Abzweig. Die Stelle erinnert mich an „Ali Baba und die 40 Räuber“ auf der Flucht durch Kurdistan. Ich wähle den kaum auszumachenden Weg nach rechts, der mich konsequent bergauf führt. So schiebe ich mein Rad langsamer, als sich die fußlahmen Pilger fortbewegen. Mein Gefährt wiegt inklusive Gepäck, Wasser und ein paar Keksen satte 45 Kilogramm. Eine Scheißquälerei. Ach, ich vergaß, es ist eine Prüfung, oder doch eine kleine Strafe? Nein. Schlagartig fällt mir ein, Urlaub bietet ja keinesfalls Garantie auf Erholung. Dementsprechend wird weitergeschoben. Ähnlich wie in Indien auf Buddhas Pfaden sind hier alle auf dem Weg zur Erleuchtung. Dem Müll entlang des Weges nach zu urteilen, sollte Gott schnellstens ein Machtwort herunterschicken. Wenn ihr euch nicht grün erleuchten lasst, verkünde ich, ist mit der Erde lange vor dem vorherbestimmen Ende Schluss.

Ich erreiche das Alto de San Antón, das legendäre Tal der Steinmännchen. Das berühmte Eisenkreuz, das Cruz de Ferro, steht in rund 1500 Metern Höhe. Manch einer schleppt einen extra dafür bunt bemalten Stein hierher. Oder man legt persönliche Gegenstände ab als Symbol, dass man bereit ist für eine Änderung.

Symbolisch wirft man seine Sorgen ab. Warum? Jeder hat sein eigenes Ziel, verbindet damit bedeutungsvoll all seine Wünsche und Träume, will Besserung im Leben. Jedes überflüssige Gramm Gewicht habe ich schon zu Beginn der Tour abgeworfen. Genau genommen nach den ersten Bergen. Demzufolge habe ich keinen Stein zum Ablegen zur Hand. Was nun? Eifrig beschreibe ich einen kleinen Zettel mit allem, was mich bewegt. Ob das von oben anerkannt wird? Ich werde es herausfinden.

Mein derzeitiges Problem: Seit drei Wochen kracht die Sonne unerbittlich auf mein Haupt. Nichts, was mir auch nur den geringsten Windschatten spendet. Vor drei

Monaten beim Start noch herbeigesehnt, wären jetzt ein paar Grad weniger willkommen. Für ein paar kühlende Regentropfen spendiere ich in der Kirche zwei Kerzen.

Auf dem weiteren Weg nach oben komme ich an die Rolandsquelle. Ritter Roland – keine Ahnung, welche Rolle, der gespielt hat – sitzt ganz oben auf dem Berg. Die Quelle streikt, gibt keinen Tropfen von dem kostbaren Wasser her. Enttäuscht und ohne Erfrischung transpiriere ich vor mich hin. Und jetzt kommt Gott ins Spiel. Nach zehn Minuten Abfahrt öffnet sich der Himmel und schickt Regentropfen.

Genau solche Situationen muss ich erleben. Muss sie aufschreiben. Nichts ist langweiliger, als später daheim Fotos von ewigen Sonnenuntergängen, dem Strand und der Bestückung jedes einzelnen Buffets zu zeigen. Es ist die Sehnsucht nach dem anderen, nach Aufregenderem als dem Alltag. Immer wieder kommt mir in den Sinn, dass ich mein Leben zeitweise damit vergeude, mich für Geld und Status abzukämpfen. Mehr Dinge zu kaufen, als ich wirklich benötige. Jeden Tag merke ich mehr, dass Essen, Trinken sowie ein Platz zum Schlafen vollkommen ausreichen. Wenn zum Wein oder Bier noch weibliche Gesellschaft dazustößt, nennt man das wohl Glückseligkeit. Okay, sie sollte mit im Zelt schlafen. Nackt.

Schon bald geht es wieder bergauf. Ein 900 Meter hoher Tafelberg ist zu bewältigen. Meine Motivation vermisse ich schmerzlich. Ich bin guter Hoffnung, dass es ihr gut geht, dort, wo sie sich jetzt befindet. An der Flanke liegt das Örtchen Castrojeriz mit einer sehenswerten Burgruine. Der Weg führt durch mittelalterliche, zum Teil winzige Dörfchen. In einigen Häusern stehen die Omas am Gartentor. Sie sehen genauso alt aus wie die Häuser. Von einem gemeinsamen Europa haben sie vielleicht mal in der Zeitung gelesen. Ihre Sorgen drehen sich um das eigene Wohlergehen.

Holprig geht es weiter über eine grob gepflasterte alte Römerstraße. Ein trockener heißer Wind faucht mir entgegen. Mir bleibt nichts anderes übrig, als mir ein – na gut, zwei – Bier zu genehmigen. Ich setze mich in den Schatten und lausche dem Gesang der Vögel. Das klingt ähnlich wie das mezzosoprane Fauchen der Speichen, wenn sich bei zügiger Fahrt der Wind darin verfängt. Ja, auch Radfahrer können romantisch sein!

In León gönne ich meinem Körper mal wieder eine Auszeit. Nicht dass er denkt, die Qualen gehen ewig weiter, und fängt noch an zu streiken. Die Hauptstadt von Kastilien ist überschaubar. Sie kommt leicht, lebendig, ja, einladend daher. Der sandsteinfarbene Parador ist beeindruckend. Die Architektur ist im Vergleich zu unseren heutigen Keksrollen detailversessen und einfallsreich. Auch die Kathedrale auf der Plaza de la Regla überzeugt. Ein solider, gelungener Abend bei reichlichen Tapas und Alkohol. Untermalt von lauter, energiegeladener spanischer Musik sitze ich in einer Bar. Ich verstehe kaum etwas, beobachte aber umso intensiver die feurigen Spanierinnen und fühle mich pudelwohl. Später, während ich mich auf dem Weg zu meiner Unterkunft befinde, tanzen plötzlich zahlreiche Einheimische einen spanischen Volkstanz. So ähnlich habe ich es in Pamplona schon gesehen. Mit einem beschwingt-beschwipsten Feeling begebe ich mich ins Bett.

Über ausgetrocknete gelbe Äcker rolle ich am Morgen weiter. Der Weg rumpelt, als ob er früher ein Bachbett war. Rechts stehen ein paar abbruchreife Hütten. Die Umgebung ist öde. Alles ist trocken. Selbst die Kakteen fühlen sich hier nicht wohl. Manchmal sind die Gedanken völlig irre. Passen weder zur Umgebung noch haben sie ein Motiv. Ist der Wäscheständer vom Balkon geräumt? Das eBay-Paket versandt? Haustürschlüssel gut versteckt? Und das 5000 Kilometer von daheim entfernt.

In France Badon lädt mich eine grell-bunte Bude zur Pause ein. Der Betreiber lächelt mich freundlich an und erklärt mir später ausführlich, dass unten im Dorf bei jedem Pilger, der vorbeiläuft, eine Glocke geläutet wird. So wird sein Kommen angezeigt. Nur ich mit meinem Rad war schneller als der Schall. Daher war ich bei ihm so schnell oben, dass er sich gar nicht auf mich vorbereiten konnte.

Teilweise sind die Landschaften atemberaubend. Wild, grün, außergewöhnlich. Verschiedenes Getier lässt sich beobachten. Wieder bin ich in einem Bergdorf wie aus dem Märchenland. Wenn jetzt ein Einhorn daherkommt, glaube ich auch an Gott.

In diesem Ort steht ein kleines beeindruckendes Denkmal. Das Fahrrad eines deutschen Pilgers ist als Monument verewigt. Leider sehr traurig. Er ist hier vor Ort tödlich verunglückt. Immer wieder sieht man unterwegs mit Blumen verzierte Kreuze. Teilweise sind sogar Namen eingraviert. Auch ein Pilgerfriedhof existiert. Ein Weshalb? Warum? Man erfährt es nicht. Erschöpfung, Infarkt, vielleicht ein Autounfall.

Manch Pilger sieht mittlerweile so mitgenommen aus, dass ich als gelernter Rettungssanitäter mit vielen Jahren Berufserfahrung alle meine erlernten Abläufe schon mal im Kopf abrufe. Am Abend helfe ich beim Verbinden einer doch beeindruckenden offenen Blase und rede dem Mann gut zu. „Es ist nicht mehr weit bis zur Erlösung." Eilig korrigiere ich meinen Fauxpas: „... bis nach Santiago de Compostela." Im Automaten der Herberge gibt es für einen Euro Bier. Ich spendiere ihm eins und er verspricht durchzuhalten.

Entlang des Camino gibt es unzählige Apotheken. Ich bin mir sicher, dass diese den weltweit höchsten Verbrauch an Pflastern, Binden und Salben vorzuweisen haben.

In der Nacht wache ich auf. Der einzigartige Geruch von zwölf verschiedenen Käsemauken sollte eigentlich für einen komatösen Schlaf sorgen. Weit gefehlt. Erschwerend kommt hinzu, dass die Ersten um halb vier aufstehen. Da nützt auch kein „Buen camino". Rücksichtslos wird gelärmt. Der eine bleibt am Bettgestell hängen. Der Nächste ruft durch den Saal: „Uschi, hast du meine Zahnbürste?" Flüstern ist ein Fremdwort. In Gedanken schreibe ich einen Zettel für die nächste Unterkunft: „Vor 6.00 Uhr am Morgen zu duschen verringert Ihre Potenz um 99 Prozent." Gerne opfere ich Punkte von meinem gesammelten guten Karma.

Auf einer Internetseite mit Erfahrungsberichten steht geschrieben, dass jeder auf dem Jakobsweg unterwegs irgendwann heult. Das passiert mir jetzt mindestens zum zehnten Mal. Ich habe eine Fliege im Auge! Ebenso war zu lesen: „Um Gott zu begegnen, muss man eine Einladung an ihn aussprechen." Das versteh ich dann auch wieder nicht, wenn er doch allgegenwärtig ist.

Manche pfeifen aus dem letzten Loch, andere murmeln das Vaterunser oder sprechen es leicht moderner mittels einiger Mantras herunter. Ich schiebe! Ungefähr 100 Kilometer vor Santiago führt ein gnadenlos steiler Pfad über die Berge. Ich schiebe stundenlang. Verfluche wieder einmal mich und meine Umwelt. 11 Kilometer weiter lese ich in einer Herberge, dass es der längste und steilste Anstieg auf dem gesamten Camino ist. Prima, welch ein Vorgeschmack, der Himalaya wartet ja auch noch auf mich. Selbstgespräche zur Motivation und Singen sind momentan undenkbar. Ich muss Atem sparen.

Kurz vor Santiago de Compostela geht es zur letzten Prüfung. Bergauf! Heute sehe ich es mal als willkommene Abwechslung. Neidvoll schaue ich von oben auf die Landebahn des Flughafens. Wie einfach es doch für mich sein könnte. Und die Landebahn ist eben. Bevor ich in das Pilgergetümmel auf den Platz vor der Kathedrale eintauche, suche ich mir ein Hotel. Einzelzimmer. Stille. Nur mein eigener Geruch. Wie geil ist das denn!

Duftmarken

Meist bieten die Refugios mehrere Räume mit zahlreichen Betten. Es sind die altbekannten Doppelstockbetten aus ehemaligen Jugendherbergen aus dem vorigen Jahrhundert. Der Zustand lässt darauf schließen, dass zur Wende 1990 alle Bestände nach Spanien verkauft wurden.

Es gibt einige Regeln zu beachten: Einlass ist erst ab 16.00 Uhr. Der Radler darf ab 20.00 Uhr rein. Damit wird sichergestellt, dass kein Wanderer zu Fuß noch ein, zwei weitere Refugios ansteuern muss, um eine Schlafstatt zu finden. Die meisten Wanderer sind sichtbar erschöpfter als der Radler. Meine Sünden halten sich in Grenzen. Das Gepäck trägt das Rad. Auch darf man – es sei denn, man ist krank – immer nur eine Nacht bleiben. Der Vorteil liegt trotz allem beim Radler. Ist ein Refugio belegt oder es wirkt schon von außen schmuddelig, fahre ich ohne Mühe vier, fünf Kilometer bis zum nächsten. Der Wanderer möchte oder kann in einem solchen Fall nicht mehr weiter.

Beim Eintreten sieht man nicht gleich alle Mitbewohner. Ein vager Geruch von Toilette überlagert den Duft des Essens. Das ändert sich später. Entweder man hört oder riecht die unsichtbaren Mitbewohner. Erschwerend kommt hinzu, dass es laut und stickig ist. Die Luft ändert ihre Konsistenz. Sämtliche Fenster werden vom Licht der Straßenlaternen wunderbar ausgeleuchtet. Es wird geschnarcht, gefaselt, Zwiesprache – mit wem auch immer – gehalten.

Zwei Mal bekomme ich eins der letzten Betten. Wo? Natürlich unten. Ich liege direkt an der Tür zur Dusche und Toilette. Um diese Räume zu betreten, benötigt man Gummistiefel und Mut. Aus dem ärmlichen Duschkopf rieselt nur ein spirelliförmiges Strählchen. Nicht weiter erwähnenswert. Beachtenswert dagegen ist mein Tanz darunter. Um eine Berührung mit dem Duschvorhang und dem Pilzgeflecht an der Wand zu entgehen, nutze ich einstudierte Tangoschritte. Einiges gewohnt, stört mich der mit fremden Körperhaaren verunreinigte Fußboden nicht sonderlich. Ich stelle mir allerdings die Frage: Ist es Kopfhaar? Oder das jenseits des Unterbauches?

Mein Bett ist luxuriös bestückt. Ich verfüge über eine Decke! Um albtraumfrei zu schlafen, erspare ich mir die Frage, wie viele vor mir schon mit der Decke gekuschelt haben. Trotz des unerwarteten Luxus nutze ich lieber mein Einmallaken und den Schlafsack, der immer griffbereit in der Packtasche liegt.

Bei 30 Personen im Raum finden sich stets Gefährten, die bevorzugt nachts die Toilette aufsuchen. So wird für einen ständigen Austausch der Toilettenluft mit den Ausdünstungen im Schlafsaal gesorgt.

Gute Erziehung, verlass mich bitte nicht! Bei 30 schnarchenden und röchelnden Gesellen im Raum steigt die Lust auf Massenmord minütlich.

Ein wunderschönes Bild geben die Schuhregale ab. In einer Reihe stehen 40 Paar Wanderschuhe. Die Einlegesohlen hängen heraus, die Zungen sind so weit wie möglich aufgeklappt. Ihr Geruch in Verbindung mit dem diverser Salben und Arzneien, um die Wunden zu versorgen, ist einmalig und in jeder Unterkunft andersartig. Verschiedenste Nuancen liegen in der Luft. Der Fußpilz zieht in unterschiedlichen Facetten seine Spur durch die Räume. In einem Gästebuch lese ich, allem Anschein nach aus persönlicher Erfahrung: „Die Nacht in dieser Fußpilzsammelstation war der Horror."

Wer schläft also in einem Refugio? Zunächst die Geizhälse und Schnäppchenjäger. Die Nacht ist fast immer kostenlos. Beim Frühstück lässt sich ebenso sparen, denn es existiert nur eine Kasse des Vertrauens. Ich bevorzuge den Mittelweg. Zwei bis drei Nächte schlafe ich in einem Refugio, um dann wieder im Zelt die Annehmlichkeiten der Einsamkeit zu genießen. In größeren Städten schlafe ich luxuriös. Eigene Dusche, Minibar! Frische Bettwäsche, meist auch ein Wäscheservice. Natürlich gibt es auch die schönen Abende. In einigen Refugios wird am Abend gemeinsam gekocht. Meist stehen Spaghetti auf dem Speiseplan. Dazu werden einzigartige Soßen selbst kreiert. Außerdem fließt immer reichlich Wein durch die staubigen Kehlen. Der Alkohol hebt die Stimmung von Stunde zu Stunde. Und für den Fall, dass die Soße misslingt, setzt nach dem dritten Glas Wein das Vergessen darüber ein.

Des Weiteren sind da noch die schmucken jungen Damen. Meist auf Selbstfindungstrip. Rennen auf dem Weg zur Dusche nackt an meinem Bett vorbei. Schwupps, nach Monaten der Enthaltsamkeit ist mein Blut in Amors Zauberstab versackt. Ich brauche eine Viertelstunde, um wieder „kaltes Blut" zu bekommen.

Wer mag, kann sich für einen Obolus an bereitgestellten Frühstückscerealien bedienen. Nach einem Blick über das Angebot steht fest, dass es einen industriell verarbeiteten Anreiz für Magenkrebs bietet. Einzig die Marmelade erscheint mir wegen Größe der darin enthaltenen Fruchtstückchen handgemacht.

In einer Herberge liegt ein Gästebuch aus. Der Eintrag einer 25-jährigen Deutschen lässt mich rebellieren. „Vertraue Gott, das ist das einzig Wahre, was er von dir will." Ich führe einen inneren Monolog und gelange zu dem Schluss, dass es besser ist, wenn ich mir selbst vertraue, dazu meinen Freunden, damit bin ich auf der sicheren Seite.

Santiago de Compostela

Die letzte Prüfung steht bevor. Es geht noch einmal circa 15 Kilometer bergauf. Einmal noch um den Berg herumschlängeln. Ich fühle mich wie bei einem Duathlon. Abwechselnd bergauf schieben, es folgen kurze Abschnitte bergab. Von Weitem sehe ich eine Autobahn. Sie führt hinunter in die Stadt. Kurz vor dem Ziel möchte ich allerdings eine Verhaftung wegen Verkehrsgefährdung vermeiden.

Die Vorfreude weicht der Ernüchterung. Santiago de Compostela. Göttlich der Name. Er lässt mich auf eine Aura hoffen. Ähnlich wie in Varanasi, der Heiligen Stadt Indiens, die eine Magie versprüht, dass einem der Atem stockt. Das sichtbar Spirituelle, bestehend aus Vergangenheit, Gegenwart und Zukunft. In Santiago de Compostela werde ich jedoch auf ganzer Linie enttäuscht. Es fehlt jegliches Feeling. Null Ausstrahlung. Eine gigantische Tourismusindustrie ist in vollem Gange. Das Geld, das unterwegs an der Unterkunft gespart wurde, fliegt hier nur so zu den Händlern. In meinem Kopf existierte bisher die Vorstellung, diese Stadt schwebe regelrecht, getragen von den glücklichen Pilgern. Stattdessen wurde hier eine Geldmaschinerie in Gang gesetzt, die nur von den Universal Studios in Los Angeles getoppt wird. Auch ohne meinen Glauben an Gott habe ich auf eine tragende Aura gehofft. An diesem Ort finde ich sie nicht. Trotzdem zufrieden, diesen Weg beschritten zu haben, stehe ich jetzt hier vor Ort. Entweder man mag die Stadt, die man gerade besucht, oder eben nicht. Die Ankunft in Santiago empfindet jeder anders. Die Mehrheit der Pilger ist froh, keinen Meter mehr laufen zu müssen. Der Weg zur Kneipe zählt natürlich nicht. Weitere planen bereits den nächsten Trip. Andere schmeißen in Gedanken daheim schon mal alles um beziehungsweise den Mann oder die Frau raus.

Wer seine Sinne schärft und ohne bestimmtes Ziel durch die Altstadt schlendert, findet auch hier noch detailverspielte Gässchen und Oasen der Ruhe. In einer kleinen Kneipe bei Rotwein und Tapas finde ich meine Ruheoase.

Nach ausreichendem Schlaf und einer optimalen Versorgung meiner Wunden sehe ich alles lockerer. Mein Rad bedarf keiner umfassenden Erneuerung. Schrauben nachziehen und ein paar Tropfen Öl genügen. Auf zur irdischen Vertretung Gottes!

Die Schlange vor der Pilgerbehörde ist ewig lang. Hilft nichts, ich habe unzählige Stempel im Pilgerpass, möchte die Pilgerurkunde als Souvenir. Aus einer Unterhaltung unterwegs weiß ich, dass viele Spanier sich ebenfalls um das Dokument bemühen. Bei einer zukünftigen Bewerbung für einen Job wird dieses mit abgegeben, um zu zeigen, dass man schwierige Aufgaben gemeistert hat.

Vielen ist die Erleichterung, endlich am Ziel zu sein, anzusehen. Die zahlreichen nackten Füße, nur mit Pflastern zusammengehalten, sprechen Bände. Was für ein Bild!

Die zurückgelegten Kilometer werden abgefragt. „Na, genau weiß ich es nicht", antworte ich des Öfteren. „Um die 6700 Kilometer bin ich jetzt unterwegs." Mienen fassungslosen Unglaubens rund um meinen Schalter. Ehrfürchtig tritt am Nachbarschalter ein Pärchen einen Schritt zurück. Da kleine Sünden nicht allzu schwer wiegen und ich den Ruhm genießen möchte, verschweige ich das Fahrrad.

In der gesamten Stadt herrscht ein touristischer Kaufrausch. Ein omnipräsenter Verkauf von Klimbim. Auch ich erliege für einen Moment dem Shoppingwahn und erstehe einen Armreif mit dem Muschelsymbol.

Um die kleine Sünde, dass ich der Frau am Schalter das Fahrrad verschwiegen habe, wieder reinzuwaschen, besuche ich einen Gottesdienst. Ich verstehe nichts, denn es wird Spanisch gesprochen, und zwar in einem Tempo, bei dem selbst die Sprintstars Schwierigkeiten offenbaren.

In den heiligen Räumen reicht dann ein Handyklingeln, um die vorher schweigend meditierenden Menschen abrupt in das wahre, echte Leben zurückzurufen.

Vor der Tür werde ich von den Zeugen Jehovas abgefangen. Vollgequatscht. „Vor Gott sind wir alle gleich!" Geht's noch? Erstens habe ich Unmengen an gutem

Karma gesammelt, zweitens bin ich noch immer allein für mein Tun und Handeln verantwortlich.

Jehovas Außendienstmitarbeiter hören nicht auf, belagern mich. Ich verschwinde.

Ich stecke meinen Kopf in eine kleine Kapelle, die sich in einer Seitenstraße befindet. Gottes Pförtner wollen drei Euro Eintritt von mir. Ihr habt sie ja wohl nicht mehr alle! Über 2000 Jahre zieht die Kirche den Leuten das Geld aus der Tasche. Nimmt auch gerne das vorletzte Hemd. Sie hat unermesslichen Reichtum angesammelt. Gebäude, Grundstücke, die heute Milliarden wert sind. Ich verweigere meinen Obolus und opfere kostenlose, positive Karmapunkte.

Die gesparten Euro setze ich kurze Zeit später in eine Mahlzeit und Alkohol um. Hier gibt es eine Vielzahl an Kneipen. Leider haben sich alle darauf spezialisiert, möglichst viele Touristen in rekordverdächtiger Zeit zu versorgen. Der kulinarische Anspruch hält sich somit in Grenzen.

Für viele Pilger ist hier die Reise zu Ende. Dem Herrn bin ich nicht begegnet. Unterwegs habe ich gelernt, dass man das, was man tut, mit ganzem Herzen, seiner Intuition und Kraft verwirklichen soll. Und nach bescheidenen Tagen – 12 Prozent bergauf im Regen – folgen die besseren. Was man daraus lernt und mitnimmt, liegt an jedem selbst.

Ich fahre weiter bis zum Cap Finisterre. Allein die 80 Kilometer Weg entschädigen für die vielen Staubkörner, die ich unterwegs schlucke. Das Ende der Welt zeigt sich von seiner besten Seite. Gibt alles. Waldwege von hervorragender Qualität lassen die Speichen summen.

Die Anzahl der Pilger ist sichtbar geschrumpft. Nach dem Trubel in Santiago verspricht diese Tatsache Erholung. Am Abend, auf den Klippen vor dem Leuchtturm sitzend, lasse ich meine letzten Wochen Revue passieren. Ich blicke auf das ehemalige Ende der Welt, vom Horizont fällt das Wasser herab. Die Erde ist doch eine Scheibe …

Aus Gewichtsgründen spare ich mir die Suche nach Muscheln und werfe einen letzten Blick auf den Null-Kilometer-Stein. Jetzt tritt auch bei mir ein klein wenig Stolz zutage.

Die Tradition besagt, dass man am Leuchtturm einen Teil seiner Sachen verbrennen soll, um damit einen neuen Lebensabschnitt zu markieren. Mein Abschnitt ist noch nicht zu Ende. Indien, ich komme!

Über allem steht die Kuh

Von Finisterre aus fliege ich für 14 Tage nach Hause. Ich habe Sehnsucht nach meiner Tochter und den nahestehenden Freunden. Ich besuche die Mutti und erkläre ihr, dass alles in Ordnung ist. Ich bin gesund. Das Geld für den Trip hat sich zwar deutlich reduziert, ist aber noch nicht komplett aufgebraucht.

Zu Hause auf meinem Sofa fühle ich mich wohl, gleichzeitig eingeschlossen. Nichts wie raus, zurück in die weite Welt. Aufbruch nach meinem Kurzurlaub zum zweiten Teil. Mein Flieger startet in Berlin. Die geplante Route soll mich von Indien über Myanmare bis nach Bangkok führen. Ich fahre mit dem überall präsenten FlixBus. Grün, groß, sauber, dazu pünktlich. Der polnische Fahrer mit seinem Gehilfen ist nicht unhöflich, aber nachts um eins nicht bereit, die Lippen für ein freundliches „Guten Morgen" zu öffnen. Gleich nach Antritt der Fahrt eine deutliche Ansage an alle. Originalton: „Wer raucht, Schmutz macht oder flüssiges Essen zu sich nimmt, muss sofort raus, verlassen sofort." Ähnliches berichtete schon Andreas Altmann über die Fahrt mit Greyhound-Bussen in Australien. Was FlixBus deutlich toppt. Wieder Originalton: „In Berlin wir wechseln Bus, neuer Bus geht WLAN, ist besser."

Mister Security-Man. Schmal wie ein Hühnchen. Plärrt als Nächster alle an. „Der Bus ist sauber, bleibt frisch." Morgens um 4.15 Uhr verstehe ich die reduzierte Anzahl der Worte. Kann mitfühlen. Auf die Frage einer älteren Dame: „Können Sie mir beim Einladen meines Koffers bitte helfen?", folgt: „Nicht umsonst sind nur 20 Kilogramm erlaubt." Sofort sammle ich gutes Karma. Ich helfe. Und nach circa acht Sekunden ist der Koffer im Bus.

Am Flughafencheck steht ein vor Klischee strotzendes russisches Pärchen direkt vor mir. Er, ein Schrank, dessen Maße Richtung Sumo expandieren. Sie, der Männertraum aus dem Pirelli-Kalender. Zwei Mal durfte die Dame um die Schleuse tanzen. Somit konnte ein jeder ihre überzeugenden Argumente an der Vorderseite betrachten. Die Rückseite zeigt sich ebenfalls rund und straff. Damit der Kontrolleur auch bei mir einen kurzen Blick riskieren kann, werde ich von ihm gleich zwei Mal gedreht und abgetastet. Das alles selbstverständlich nur, um die Flugsicherheit aufrechtzuerhalten.

Das Applaudieren beim Landen löst bei mir Unverständnis aus. Weshalb eigentlich? Weil man den Flug überlebt hat? Vorfreude auf den Pauschalurlaub im Betonbunker? Oder ganz simpel wegen der Erlösung, der Ryanair-Verkaufsveranstaltung heil entkommen zu sein?

Der Arsch brennt von innen – „Welcome to India"

Auf nach Indien, dort, wo der Spirit, die Gurus, Schöpfergeister und Götter sind. Älter als die Erde. Es gibt Tausende davon. Was mir als Ungläubigem die Chance gibt, auch einen Gott zu finden, der zu mir passt, mich liebt und auf mich aufpasst.

Ich bin wie immer guter Dinge. Auch dass mein Gepäck samt Rad wohlbehalten in Delhi ankommt. Obwohl man sein Gepäck ja nicht abgibt, sondern aufgibt … Ein Dank an Emirates Airline. Gepäck vollzählig. Vor allem der Karton, gefüllt mit dem heiligen Rad. Den auf mich zustürmenden 200 Rikschafahrern entfliehe ich gekonnt. Die Aufmerksamkeit, die mir entgegengebracht wird, erreicht allerdings ihren Höhepunkt, als ich meinen Transportkarton zerschneide. Zum Vorschein kommen verschiedene Einzelteile. Der Rahmen, das Vorder- und das Hinterrad, zahlreiche Kleinteile und noch zwei prall gefüllte Packtaschen. Innerhalb von zehn Minuten entsteht ein verkehrstaugliches Fahrrad. Für Wochen werde ich zweifellos das Gesprächsthema Nummer eins bleiben.

Das Zusammenschrauben klappt unter den Augen von gefühlt einhundert Indern bestens. Hier läuft es anders als im deutschen Lande, wo nur drei dabeistehen, dafür alles besser wissen. Auch weiß ich, was mich erwartet. Für all die Inder bin ich ein reizvoller Fremdling, der allein schon durch Anstarren in seine Einzelteile zerlegt wird. Drei Mal habe ich bereits das Land mit Hochgefühl, aber auch mit Ekel bereist. Und doch bin ich wieder da. So möchte ich nicht als dauernd nörgelnder Deutscher berichten, sondern das nach meinem Empfinden Erlebte wiedergeben. An manchen Tagen war ich so weit, meine gute Erziehung zu vergessen.

Überleben im täglichen Straßennahkampf ist oberstes Ziel. Ich bleibe achtsam. Kampferfahrungen in asiatischen Großstädten habe ich gesammelt. Delhi toppt alles bisher Erlebte. Das Glück wird nur leicht herausgefordert. Leider kann ich meinen Karmastand nirgendwo einsehen, bin allerdings guter Dinge, mehr Gutes gesammelt zu haben als vergleichbare Zeitgenossen.

Zurzeit erlebt Neu-Delhi eine der gravierendsten Smogperioden der letzten Jahrzehnte. Das heißt für mich: Mundschutz aufsetzen. Trotz der Schutzmaßnahme inhaliere ich an einem Tag so viel Qualm wie ein Kettenraucher in 25 Jahren. Unvorstellbar in Deutschland. Bei diesen Sichtverhältnissen würden unsere Behörden jede Autobahn wegen Nebels sofort sperren.

Der normale, gut situierte Europäer erhält auf dem Weg vom Flughafen in die Stadt eine Einführung in die Realität Neu-Delhis. Die Schlaglöcher in der Hauptstraße sind Lkw-groß. Ihnen auszuweichen erfordert einiges an Fahrkunst. Es ist schwül und heiß, und überall stinkt es nach Kloake. Und es verschlägt einem die Sprache, wenn ihm vier Leute mit fehlenden Gliedmaßen gegenüberstehen. Sie sind in Gewänder eingewickelt, die einem Scheuerlappen ähneln. Ihr Blick aus glühend schwarzen Augen ist flehend. Lautlos, ohne Worte, aber sichtbar schreiend. Spätestens hier wird demjenigen, der zum ersten Mal mit realer Armut konfrontiert wird, schlecht.

In Indien kann man leicht sterben. Wenn man aber bereit ist, sich auf das Abenteuer einzulassen, lässt einen die einzigartige Dynamik nie mehr los. Die Straßen *leben*. Und dem Leben kann man hier nicht entfliehen. Weder den Bettlern, die ihre rote Betelnussspucke überall hin entsorgen, noch den zahllosen kleinen Händlern, Schuhputzern, Gauklern, Obdachlosen und streng asketischen Sadhus. Nicht dem Hupen Tausender Fahrzeuge, und nicht den Kleinkriminellen oder der Polizei. Eine beeindruckende, erdrückende Vielzahl von Menschen. Nirgends ein Platz, um auch nur eine Minute allein zu sein und in Ruhe durchzuatmen.

Allen Bettlern etwas zuzustecken, funktioniert nicht. Innerhalb einer Stunde nach Ankunft wären sämtliche Konten leer. Bei denjenigen, die lediglich nach Essen betteln, lege ich gerne noch zehn Rupien dazu. Minuten später kommt mir der Gedanke: Scheiße! Wenn man von dem leben muss, was andere übrig lassen, sollte man immer darauf achten, dass keine Spucke vom Spender mehr am Essen klebt.

Für den durchschnittlichen Mitteleuropäer ist das wichtigste Utensil in Indien das Toilettenpapier, entgegen anderen Erzählungen, man solle beim Essen und Trinken achtgeben.

Jeder Reisende hat verschiedene Ansichten von Land und Leuten. Das Land lässt sich nicht ändern. Ich bin Gast.

Links ist nicht links genug

Der indische Kontinent steckt voller giftiger Schlangen. Es gibt Tiger und Elefanten. Verseuchtes Wasser. Tuberkulose. Krankheiten, deren Namen uns unbekannt sind, raffen unzählige Inder dahin. In Indien ist das Leben im Alltag für alle ein Kampf. Den zu gewinnen, versuchen nur Vollidioten. Die Klugen schlängeln sich durch. Sehen zu, dass sie etwas abbekommen vom Kuchen. Zeigen der Welt und ihren Göttern recht würdevoll den Mittelfinger – gestreckt, senkrecht nach oben.

Die wirkliche Gefahr geht von den Lkw-, Bus- und Autofahrern aus! Dank der britischen Kolonialisten herrscht Linksverkehr. Die sogenannten Highways, die breiteren Straßen, sind zugelassen für Bus, Lkw und Pkw. Praktisch fährt alles, was Räder hat. Verkehrsregeln interessieren niemanden. Die Gesetze der Straße werden durch die Kaste der Autofahrer bestimmt. Aufgrund der ständig wachsenden Übermotorisierung entsteht auf den Straßen eine Situation, die in ihrer dramatischsten Beschreibung niemals übertrieben werden könnte. Man betritt rechtlosen Raum. Faustrecht beherrscht die Unfallstellen. Jede Stierkampfarena bietet mehr Sicherheit. Jeder überholt jeden. Gegenverkehr wird vollkommen überbewertet. Wer überleben will, weicht aus. Die meisten Fahrzeuge sind hoffnungslos überladen. Reifen werden mit Schrauben zusammengehalten. Ob die Bremsanlagen unseren TÜV überstehen würden, bezweifle ich vehement.

Die meisten Inder kommen gemächlich daher. Praktizieren Gelassenheit. Bis sie ein Lenkrad in der Hand halten. Jeder deutsche Fahrlehrer würde dem Wahnsinn verfallen. Was dahintersteckt, kann ich mir nicht erklären. Todessehnsucht, um schneller in den Kreislauf der Wiedergeburt einzutauchen, kann es nicht sein. Unfalltote finden da keine Berücksichtigung.

Mit dem Fahrrad mittendrin bin ich beinahe an letzter Stelle in der Verkehrshierarchie. Gnadenlos trötende Hupen scheuchen jeden vorwärts. Alles, was sich fortbewegen kann, fließt auf der Straße entlang. Eine unendliche, bunt zusammengewürfelte Menschenmasse, daneben Hunde, Kühe, Mopeds, Rikschas, Autos, Busse und Eselskarren.

Radfahrer sowie grell-bunt bemalte Elefanten vollenden den nicht enden wollenden Strom an Verkehrsteilnehmern. Wer auf die andere Seite der Straße möchte, muss sich an der Taktik der Einheimischen orientieren, genau den einen freien Sekundenbruchteil zu nutzen. Stehen bleiben, das würde Chaos verursachen.

Über allem steht oder liegt die Kuh. Die Hackordnung der Straße definiert sich nach der Größe. An erster Stelle stehen Bus, Lkw, Jeep, danach folgen Autos und Motorrikschas. Erst dann kommt der Radler. Nach mir sind noch die Fußgänger sowie Hunde zu nennen. Keinerlei Beachtung finden Hühner.

Linksverkehr bedeutet für mich links außen. Später noch etwas weiter links, um letztendlich ganz am Rand der Seitenspur zu fahren. Ein Hindernisparcours auf einer abgesperrten Cross-Strecke fährt sich im Vergleich wie ein Teppich. Die ersten Stunden im indischen Verkehrskampf altere ich um Jahre.

Ich starte, komme auf ungefähr 25 Kilometer Stadtrundfahrt. Mehr bietet keine geführte Tour. Aus Verzweiflung muss ich Google Maps nach dem Weg fragen. Sekunden später eine SMS von Vodafone. Sie haben 59,22 Euro Guthaben verbraucht. Heilige Scheiße, gestern habe ich doch erst 100 Euro aufgefüllt. Drei Stunden in Indien, und schon ist mehr als die Hälfte weg. Nach einer Runde um das India Gate begebe ich mich in eins der Nepper-Schlepper-Bauernfänger-Reisebüros. Ich will nur ein, zwei Hoteladressen. Drei Chai später sitze ich mit dem Fahrrad (!) in einer Motorrikscha. Die Fahrt führt raus aus dem Zentrum. All die Straßen, die ich mühevoll zurückgelegt habe, fahren wir zurück. Aber wie so oft erweitern Umwege die Ortskenntnis.

Das Hotel gehört dem Bruder der Schwester von der Tante. Der erfahrene blöde Traveller bezahlt im Voraus. Strafe muss sein.

Üblicher Service für den, der preiswert reist. Die Bettwäsche scheint frisch zu sein. Grundregel beachten: Zimmer und Bad nie barfuß betreten. Zwei Roomboys nur für mich. Das ergibt vier offene Hände für das Trinkgeld. Die Reise startet wie immer mit Budgetüberschreitung.

Egal was man tut, wo man steht oder sitzt, sieben, acht und zeitweise noch mehr Inder sind stets zur Stelle. Fünf gehören zum Geschäft, der Rest schaut zu. Keine Ahnung, wer das eingeführt hat. Die Briten ließen sich ja bedienen, allerdings im Verhältnis eins zu eins. Im realen Sozialismus war das Bild ähnlich. Einer hatte die Schaufel in der Hand, drei standen herum. Die Effizienz der Inder liegt gegenüber Deutschland bei zwei Prozent, deshalb sind immer mehr Leute nötig. Nehmen wir zum Beispiel ein Frühstück in einem Hotel für 25 Dollar. Im Frühstücksraum stehen insgesamt fünf Tische. Drei sind von den Frühstücksgästen bereits verlassen, sind aber noch übervoll mit Geschirr und Müll. An einen von zwei leeren Tischen setze ich mich und fülle am Buffet, beobachtet von vier Kellnern, meinen Teller. „Ich möchte bitte einen Kaffee." Ungläubiges Staunen. „Kaffee?" Später, viel später hat ein Kellner meinen Kaffee auf dem Tablett. Der Zweite zeigt ihm, an welchem Tisch ich sitze. Der Dritte begutachtet alle Schritte. Nach einigen Minuten kommt Nummer vier an meinen Tisch, fragt, ob ich zufrieden bin. Das Abräumen funktioniert ähnlich. Bezahlen muss ich bei Nummer fünf. Das ist der Chef.

Ich begebe mich für eine kurze Stippvisite ins Zentrum. Der Connaught Place ist das Herz Neu-Delhis. Keinerlei sichtbare Veränderung gegenüber meinem Besuch im Jahr 2008. Die Kaste der Ohrreiniger ist noch genauso vertreten wie die Jungs, die mit einem Blasrohr Scheiße auf die Schuhe spucken, um später ihre Putzdienstleistung anzubieten. „Give me please a pen." Die Zeiten sind vorbei. Zehn Jahre nach meinem letzten Besuch versuchen die Kinder, Stifte zu verkaufen. Später sehe ich auch Rosenverkäufer. Wie diese Welle hier rübergeschwappt ist, würde ich gerne wissen.

Auffällig ist, dass alle Rastazopfträger und dem Dope nicht abgeneigte Zeitgenossen bei Starbucks sitzen und nicht beim Chai Baba. Und das bei europäischen Preisen! Der Chai auf der Straße kostet zwei Cent. Daheim erzählen sie dann von einem unglaublichen Feeling in dem Land.

Auf geht's, raus aus Delhi. Das heißt nicht, dass der Smog weg ist, es ist nur etwas weniger. Der Rotz in der Nase bleibt tiefschwarz.

Kurzer Stopp an einer modernen Indian-Oil-Tankstelle. Bei einem selbstständigen Luftboy will ich meine Reifen füllen. Es wird abenteuerlich. Wie immer stehen zehn Leute um mich herum, beobachten jede Bewegung. Der Ventilaufsatz passt nicht zum Ventil am Rad. Man nehme also einen Lappen, klemme ihn dazwischen, und die am Flughafen mühevoll mit der Handpumpe reingepresste Luft entweicht. Meine Augen schon am Rollen. Ein weiterer Lappen wird vierfach gefaltet und damit erneut gedrückt. Jetzt ist der Reifen vollkommen platt. Mir entweichen deutliche Flüche in meiner Muttersprache. Das versteht scheinbar auch der Luftoffizier. Sekunden später präsentiert er stolz einen Adapter. Breites Lächeln auf beiden Seiten. 20 Rupien in die Hosentasche fördern sogar ein Genießerlächeln zutage.

Minuten später der erste Auffahrunfall, verursacht durch Gaffer. Das Objekt: der Europäer auf einem Rad. An den beiden tausendfach geschweißten Indien-Helikoptern sind keine frischen Schäden auszumachen. Das Geschrei und Gezeter ist theatralisch und bis zum India Gate zu hören. Sekunden später werde ich vom Verkehrsgetümmel verschluckt.

Die Schnellstraßen haben auch für mich etliche Hürden parat. Verschiedene Staustufen, wie beim Hoover Damm, sind zu bewältigen. Krater, Absätze, offene Gullydeckel. Ach, und die vor sich hin trödelnden Kühe sorgen dafür, dass ich das Fahrradfahren nochmals erlerne.

An die Klassifizierung der Hupen gewöhne ich mich langsam. Leichtes Quäken kann ich getrost ignorieren. Etwas lauter hupen die Indien-Helikopter. Diese beherrschen ihr Fahrzeug. Vergleichbar mit dem deutschen Horn, die Autofahrerkaste. Denen muss ich ausweichen. Einer Schiffssirene ähnlich laute Signale bedeuten:

Runter von der Fahrbahn, wenn ich lebend nach Hause kommen will!

Der Ministerpräsident startete 2015 ein Projekt. Toiletten für alle. Er will Gutes damit tun. Jeder Inder besitzt ein Handy. Amazon und McDonald's sind bekannter als Coal India, immerhin Platz 500 der weltweiten Forbes-Liste. Aber mehr als die Hälfte der Bevölkerung besitzt immer noch keinen Zugang zu einer Toilette. Das kann ich aus Erfahrung nur bestätigen. Jeden Tag war mein Allerwertester im Feld oder am Straßenrand wie eine weiße Leuchtboje zu erkennen.

Die Mehrheit auf den Dörfern und die Armen in den Städten verrichten ihr Geschäft im Busch. „Offene Defäkation" heißt es in amtlichen Papieren. Für alle übersetzt: ein gewaltiger Berg Scheiße. Bis zu Gandhis 150. Geburtstag im Jahr 2019 soll es so weit sein. Das Ziel des Ministerpräsidenten wird unerreicht bleiben, zumal jedes Jahr 26 Millionen kleine Scheißerchen hinzukommen. In wie viel Jahrzehnten die Vollversorgung mit Toiletten stehen wird, weiß wohl nur Vishnu.

Warum der Ministerpräsident Amazon nicht unter Druck setzt, kann ich nicht nachvollziehen. Ich biete euch mehr als eine Milliarde potenzielle Kunden in meinem Land, dafür baut ihr bitte 150.000 Kläranlagen in den Städten, des Weiteren 20 Millionen Toiletten. Oder hat Amazon das falsch verstanden und hat stattdessen 100 goldene Scheißhäuser für die Herren Minister geliefert?

Selfie-Star

Nach nur einer Woche in Indien bin ich auf mindestens 300 Selfies verewigt. Ich bin ein Star auf indischen Facebook-Seiten. Vielleicht spricht es sich sogar bis nach Bollywood rum. Meine Zukunft wird rosig.

Gerade habe ich meine Wegzehrung ausgepackt, erscheinen wie aus dem Nichts mehrere Kinder. Unverhohlen strecken sie mir ihre Hände entgegen und fordern Geld. Ich gebe ihnen ein paar von meinen Keksen. Ein Fehler. Das war der Ansporn, nun noch mehr ergattern zu wollen. Unmöglich für mich, in Ruhe sitzen zu bleiben.

Am Straßenrand lerne ich Bharat kennen. Sofort lädt er mich in sein Dorf zu seiner Familie ein. Nach und nach werde ich dem Onkel, der Oma, der Tante, zwei Brüdern, einer Schwester und der Mutter vorgestellt. Der Onkel kommt direkt aus einem Werbefilm über Indien. Was für ein faszinierender Anblick! Ein dunkelhäutiger Mann mit einem raffiniert drapierten Turban auf dem Kopf. Die dunkelbraunen Augen, die gleichzeitig Freude und tiefe Traurigkeit ausstrahlen, stehen im Kontrast zu seinem weißen Dhoti, dem traditionellen Beinkleid der Männer.

Es dauert eine geraume Zeit, bis ich merke, dass etwas nicht passt. Immer wieder versucht Bharat, mich zu berühren. Er ist verliebt in mich. Wen wundert es, bin ich doch ein ansehnlicher Kerl … Bei seiner Schwester würde ich die Avancen ja genießen. Würde überlegen, ob eine Heirat in Betracht käme. Er jedoch scheidet aus.

Den Chai bereitet die Mutter zu. Es gibt ihn mit frisch gezapfter Wasserbüffelmilch. Eine Köstlichkeit.

Bis auf den Vater hat jeder ein Handy parat und verewigt mich hundertfach. Sie brennen den außerirdischen Fremdling auf ihre Festplatte. Die Selfierate steigt sekündlich. Unter fadenscheinigen Begründungen kann ich mich von der Familie loseisen. Bis auf Bharat. Er fährt mit dem Moped noch fast 20 Kilometer neben mir her. Zwei Tage später habe ich WLAN. Mein Facebook-Messenger zeigt 38 Nachrichten von Bharat an.

Wenn sich jemand in Deutschland auf seinem Sofa einsam fühlt, auf nach Indien.

Bei einem weiteren Selfiestopp mitten auf der Autobahn treffe ich den ersten Europäer. Eine Menschentraube mit gezückten Handys steht um einen Radler. Ungefähr fünf Sekunden kann ich das Schauspiel genießen. Dann bricht die Hölle los. Zwei verrückte Europäer. Sam ist aus England. Bereits seit zwei Jahren radelt er um den Globus.

„Pedaling The Globe“ steht auf seinen Packtaschen. Wir planen, die nächsten Tage gemeinsam zu radeln. Sam braucht etwas Aufmunterung. Ihm ist das Land bisher zu laut, zu schrill, zu hektisch und er empfindet es als erbärmlich dreckig. Rubbish, der Verkehr ist lebensbedrohlich.

Unterwegs das gewohnte Bild. Selfiestopps mit den üblichen Fragen. Woher? Wohin? Bist du verheiratet? Wie viele Kinder? Längst habe ich mir abgewöhnt, ehrlich darauf zu antworten. „Ich bin verheiratet und habe drei Kinder." Sorry, meine einzige Tochter Melissa. Mit diesen Antworten stelle ich alle zufrieden, kann weiterfahren.

Richtig heiß ist es auf der Straße. Nicht die Temperatur im indischen Winter ist gemeint. Der Verkehr ist am Siedepunkt. Kocht.

Kurz nach einem der üblichen Stopps für Chai und Selfies passiert ein schwerwiegender Verkehrsunfall direkt vor unseren Augen. Ein mit drei Indern besetztes Motorrad kracht mit ungefähr 70 bis 80 Stundenkilometern in ein links abbiegendes Motorrad. Sam kann gar nicht hinschauen. Mein alter Beruf als Rettungssanitäter lässt mich nicht los. Einer der Fahrer ist sofort tot. Der Unfallgegner hat einen offenen Schädel. Seine Chancen tendieren gen null. Der Beifahrer steht schon wieder. Der Fahrer war sein Airbag, hat den Aufprall gemildert. Da wird vehement an meinem Arm gezupft. In der Mitte saß ein etwa achtjähriger Junge. Er ist ansprechbar. Die Körper der beiden anderen waren sein Airbag. So haben sie ihm wohl das Leben gerettet. Schnell packe ich mein Verbandszeug aus. Seine Blessuren sind zum Glück harmlos. Der Ellenbogen ist aufgescheuert, an Knie und Oberschenkel sind die Wunden tiefer. Nach meiner Erstversorgung packe ich dem Jungen noch ein paar Ersatzkompressen sowie eine Binde in die Hosentasche.

Das Unfassbare. Weder wird die Straße abgesperrt, noch versucht jemand, den Verkehr zu stoppen. Halbherzig bemüht sich wenigstens einer, die Autos an den beiden Liegenden vorbeizuleiten. Einige bleiben direkt neben dem Toten stehen. Checken kurz die Situation. Um nach zwei Sekunden wieder am Gashahn zu drehen und zu verschwinden. Unterdessen ist eine Stunde vergangen. Die glotzende Menschenmenge wird immer zahlreicher. Weder ein Polizist noch ein Paramedic sind bisher in Sicht.

Wir brechen auf. Nach 30 Minuten benötigen wir eine Pause, um halbwegs wieder klar denken zu können. Auf den nächsten Kilometern wird jeder Bus, jedes Auto von uns wesentlich intensiver fixiert.

Unvergängliche Liebe

Es geht weder vor noch zurück. Willkommen in Agra. „Welcome to India“, ruft es von der Seite. Ja, das habe ich drei Stunden vorher in voller Stärke kennengelernt. Interessehalber habe ich bei Google die Verkehrsstatistik nachgelesen. Die Zahl der Verkehrstoten liegt bei circa 150.000 pro Jahr. Wenn man das chaotische Getümmel beobachtet, ist man eher erstaunt, dass nicht noch eine Null mehr dranhängt.

Kaputt, hungrig, verstaubt – nein, vollkommen verdreckt –, müde und mies gelaunt checken wir im nächstgelegenen Hostel ein. Mit „Hot Shower“ wird geworben. Beide benötigen wir es dringend. Am sogenannten Hoteltresen – ein Brett mit Ablage – empfangen uns wie immer fünf, sechs Inder mit weit aufgerissenen, fragenden Augen. Keiner von ihnen weiß, was er eigentlich tun soll, wenn Gäste erscheinen. Es klappt dann doch. Ich teile mir mit Sam ein Zimmer.

Das ramponierte Sofa in der Zimmerecke ist gespickt mit lebendigen Wanzen. Der Teppich sieht aus wie ein drei Jahre alter Abtreter direkt von einer Müllkippe. Meine Gesichtszüge verhärten sich allmählich. Nicht nur wegen der Dreckkruste.

Warmes Wasser läuft natürlich nicht. Mit dem

Handtuch um die Hüften sprinte ich zum Boss. „Where is the hot shower?“ Ein Blick, ungläubige Empörung, verzerrte Züge. Er schaut mich an, als ob ich ihm gebrauchte Rubbellose verkaufen will. „Maybay tomorrow.“ Ich glaube, er kann meine Gedanken lesen, denn er tritt einen Schritt zurück. Erst einen linken Haken oder gleich eine rechte Gerade direkt auf die Nase? Ruhig bleiben, sage ich mir, sammle gutes Karma. You like India!

Der Wecker am nächsten Morgen ist mein Feind. Der Alarmton schrillt um 5.10 Uhr. Das wäre halb so schlimm, wenn die Nachtruhe im üblichen Bereich von sieben Stunden gelegen hätte. Auf gerade mal auf eine Stunde zusammenhängenden Schlaf bin ich gekommen. Die Herren Nachtpförtner – es sind ja immer mindestens vier, fünf – lärmen bis um vier.

Meine Rache erfolgt prompt. Um 5.20 Uhr wecke ich gleich drei der Gesellen, um mir die Tür öffnen zu lassen. Schadenfreude ist erquicklich, mobilisiert um diese Uhrzeit sofort meine Lebensgeister.

Sam folgt mir auf leisen Sohlen nach draußen. Wir wollen die Ersten sein, den Sonnenaufgang am Taj Mahal genießen. Der Weltreisende hat heute Geburtstag. Feierlich überreiche ich ihm eine Cola sowie gezuckerte Kekse und lade ihn zum Abendessen ein. Zehn Euro stehen Sam für jeden Tag zur Verfügung. Die Vorstellung, dass solch geringe Summen ausreichen, ist überholt.

Für Eintrittsgelder und Hotels werden Touristenpreise berechnet. Teilweise schon auf hohem europäischem Niveau.

Sam stammt aus London. Er war Erzieher, Musiker, Bergführer, hat Klettertouren organisiert. Vor zwei Jahren stand der Arbeitsalltag bei ihm vor der Tür. Er wollte nicht. Sammelte überall Geld, verkaufte seine paar Utensilien, startete zur Weltreise mit dem Fahrrad. Vier Jahre waren geplant. Durch ein paar Zufälle wurde er Botschafter für das UNICEF Kinderhilfswerk. Er fuhr ein paar Stationen an, erhielt dadurch die nötige Aufmerksamkeit, ebenso wie ein paar Dollar. Weiterhin präsentierte er alles auf seiner Webseite (pedalingtheglobe.com), Facebook und Instagram. Er versuchte, auf diesem Weg ein paar Dollar zu sammeln, um gelegentlich auch etwas Warmes essen zu können. Sam ist herzlich, bissig, scharfsinnig, sehr klug. Und er korrigiert geduldig meinen englischen Wortschatz.

Zum Sonnenuntergang sitze ich mit Sam auf einem Restaurantdach. Es gibt für jeden einen Mango Lassi sowie das obligatorische Dal Bhat, ein Alltagsgericht, bestehend aus Linsensuppe, Reis und Gemüse. Der Ausblick auf das verschwommene Taj Mahal inklusive. Der Geruch hier oben ist rauchig und schwer chililastig.

Wir schwärmen immer noch vom bekanntesten Gebäude der Welt. Eine perfekte Harmonie. Die Farben,

Ornamente, alles in Symmetrie bis ins kleinste Detail. Für die Wüstensöhne war der Garten davor das Paradies, angelehnt an einen Vers aus dem Koran. Im Garten befindet sich ein zentraler Wassergraben. Im Normalfall spiegelt sich das Gebäude darin. Vielleicht füllt auch irgendwann mal jemand wieder Wasser ein.

Ehrfurcht erbietend das Gebäude an sich. Minutenlang starrt man nach Betreten des Gartens auf das Monument. Je länger man seinen Blick auf dem Taj Mahal ruhen lässt, desto mehr bekommt man das Gefühl, das Gebäude schwebe über dem Boden. Die schneeweiße Kuppel erinnert an eine Perle, welche als Sinnbild für die Weisheit und den Willen Allahs gilt.

Obwohl es ein Mausoleum ist und die Liebste sicherlich zu Lebzeiten lieber Schmuck und schicke Kleider gemocht hätte, wurde es aus wahrer Liebe gebaut. Dass Liebe reine Biochemie ist, davon hatten die früher noch keine Ahnung. Trotzdem muss man dem Erbauer seinen Respekt zollen. Für eine Frau ein solches Bauwerk zu verwirklichen, da muss die Liebe unbeschreiblich gewesen sein. Noch heute ist die Ausstrahlung, die von dem Denkmal der unvergänglichen Liebe ausgeht, überwältigend, ja magisch.

Hoffentlich setzt meine zukünftige Freundin nicht solche Maßstäbe bei mir an. Meine finanziellen Mittel reichen für einen Wein, ein gemeinsames Essen sowie einen Kinobesuch.

Bei über einer Milliarde Indern trägt sicher einer auch noch etwas DNA vom Herrn Mogul Shah Jahan in sich. Er hatte nicht nur mit Mumtaz Mahal 14 Kinder, auch mit weiteren 72 Damen sorgte er für reichlich Nachwuchs.

Die Kinder wurden zu jener Zeit noch ausschließlich durch körperliche Betätigung gezeugt. Der Herr war Analphabet, er hatte sogar eine Lieblingsfrau zum Vorlesen. Ob sein Name, sein Ruhm, seine Potenz ausreichend waren, um alle 73 Frauen glücklich zu machen, bezweifle ich stark.

1000 Elefanten, unzählige Ochsen, Esel und Kamele transportierten das Material für den Bau. Geschätzte 20.000 Arbeiter errichteten das Mausoleum innerhalb von fünf Jahren. Ich bin dafür, den Verantwortlichen für den Bau des Berliner Flughafens eine Weiterbildung vor Ort zu ermöglichen. Der eine oder andere Inder tauscht sicher seinen Esel gerne gegen einen Laptop ein.

Der verliebte Bauherr wurde später von seinem eigenen Sohn abgesetzt. Seine letzten Jahre verbrachte er hinter Gittern im Red Fort. Ihm blieb lediglich der Anblick aus der Ferne.

In den 30er Jahren wollte ein einfältiger Brite das Taj Mahal zerlegen und die Einzelteile in England verkaufen. Glücklicherweise scheiterte der Versuch an seiner eigenen Dummheit.

Meine Unterarme kleben, während ich schreibe, auf

dem Tisch fest. Bevor dieser wieder gesäubert wird, muss ich wohl bis zur nächsten Regensaison warten. Bei Verlassen des Geländes flirte ich mit Blicken, gestärkt, ermuntert durch das Gebäude der Liebe. Die Bollywoodschönheit schaut freundlich zurück. Beim zweiten Blick bekomme ich deutlich zu verstehen: Deine Anmache funktioniert bei mir nicht, niemals! Der ZDF-Slogan „Mit dem Zweiten sieht man besser" trifft zu. Mit voller Wucht.

Schon zu Hause habe ich mit einem Besuch in einem Ashram geliebäugelt. Am besten beim Seelenfrieden versprechenden Maharishi Mahesh Yogi. Von ihm haben sich Ende der 60er die Beatles bekehren lassen. Der Meister selbst starb 2008. Zeugen beschwören, dass er sich in eine perfekte Yogaposition brachte und in dieser friedlich einschlief. In Allahabad wurde er vor Zehntausenden Anhängern eingeäschert. Seine Asche wurde danach weltweit verteilt.

Heute nimmt sein Nachfolger nur auserwählte Inder und finanzstarke Europäer in seine heiligen Hallen auf. Transzendentale Meditation will die Lehre vermitteln. Eine Reise – so steht es im Prospekt – in tiefere Bewusstseinsschichten, um dort den Frieden und neue Energie zu finden. Nichts spricht meinerseits dagegen, im Gegenteil, ich kann alles gebrauchen. Am besten, man bleibt gleich vier Wochen und zahlt im Voraus.

Ich lese etwas genauer im Prospekt. Zwei Mal am Tag meditieren hilft gegen alles, egal ob Stress, fallende Aktienkurse, sogar gegen Falten. Ich deute auf meine fehlende Haarpracht, ob da nicht etwas zu machen sei. Die Antwort überzeugt mich. Wenn ich seelisch ausgeglichen bin, verbessert sich auch die Gesundheit, und die Haare sprießen wieder. Hoffentlich erkennt mich später meine Mutter noch.

Am Ende des Textes folgender Satz: „Sei unter allen Umständen glücklich. Stelle dir die Nervosität, die zu dir kommt, als einen Regentropfen vor, der in den Ozean deiner Glückseligkeit fällt." Fest steht, der Mann war noch nie im strömenden Regen mit dem Fahrrad unterwegs.

Sämtliche Ashrams im Ort werden von Schlepperbanden mit bekehrungswilligen Europäern versorgt. Mit ihren Überredungskünsten versuchen sie einen von ihrem Guru, dem Wahren, dem einzig Echten, zu überzeugen. Ich entscheide mich für einen angebotenen Schnupperkurs beim Original. Über 48 Stunden darf man teilhaben, um sich einen Einblick zu verschaffen.

Das gesamte Areal ist blitzsauber. Ein deutliches Zeichen, dass hauptsächlich Europäer sowie ein paar Amerikaner anwesend sind. Nachfolger von Maharishi Mahesh Yogi ist Maharaja Adhiraj Rajaraam, bürgerlich mit einem Allerweltsnamen ausgestattet: Tony Nader. Da der Herr Professor einen Titel für Neurophysiologie innehat und die Verbindung zu den Göttern herstellt, fühle ich mich hier gut aufgehoben. Eintritt in ein Land ohne Grenzen für den Weltfrieden. Glück, Wohlstand und Gesundheit sind das Ziel. Die Lebensqualität jedes Einzelnen soll verbessert werden.

Wohlwollend wird mein glatt rasierter Kopf erwähnt. Glatzköpfe sind in Indien beliebt. Wer einen Gott liebt, der tritt mit einem kahlen Schopfe an ihn heran.

Erste Hürde ist das Unterstellen des Rades. Dass Bekehrungswillige mit dem Fahrrad anreisen, gab es bisher noch nicht. Nicht einmal zu Beatles' Zeiten. Nach einigem Hin und Her darf es mit in mein Zimmer. Brahma hatte schließlich eine Ratte als Transportmittel, da wird doch ein Stahlross erlaubt sein. Rein in den Raum. Ohne Fenster, Matratze auf dem Boden. Eine Decke? Gibt es nicht. Hoffentlich wird eine Göttin in der Nacht das Wärmen übernehmen.

Ich, der Besucher Nummer 7135 auf der Matratze, lege mein Handtuch unter, breite den Schlafsack aus. Große Hoffnung setze ich darauf, dass Bettwanzen nur einmal beißen und nicht mit nach Europa auswandern wollen.

Später erfolgt die Belehrung. Zuerst muss der Pass abgegeben werden. Warum, wird nicht erklärt. So erzähle ich auch nicht, dass ich zwei Pässe besitze. Kein Alkohol. Kein Sex. Wenn doch, ist bitte ein aktueller AIDS-Test vorzulegen. Na hoppla, das ist allerdings löblich in einem Land mit einer rasant wachsenden Zahl an Infizierten. Schade, nach fast zwei Monaten, die ich inzwischen unterwegs bin, würde mir ein Glas Wein oder ein Bier sicher genauso willkommen sein wie das Streicheln einer üppigen Frauenbrust. Nicht rauchen? No problem. Keine Zärtlichkeiten austauschen. Mit wem denn, bitte schön? Oder gibt es vielleicht doch für die Nacht die Wärme einer Frau anstatt einer Decke?

Zwei europäische Damen checken mit mir ein. Ihre spirituelle Ausstrahlung ist nicht zu übersehen. Nein. Eine esoterische Haube schwebt über ihnen. Wird wohl eher nichts mit lang vermisstem Beischlaf. Angaben über Aussehen und Gewicht kann ich somit getrost weglassen.

Weiter in der Belehrung: Bitte keinen Lärm und unbedingt an zurückhaltende Kleidung denken. Schon um den zahlreichen Moskitoschwärmen keine Andockstelle zu bieten, gehe ich hochgeschlossen.

Der erste Kurs beginnt am nächsten Morgen um 5.00 Uhr. Das stört mich nicht weiter. Pünktlich sitzen zehn Leute im Schneidersitz auf den ausliegenden Matten. Es passiert nichts. Entweder gehen sie alle in sich oder sie schlafen einfach im Sitzen weiter. Nach 25 Minuten im Schneidersitz muss ich mich, um nicht im Rollstuhl zu enden, auseinanderknoten. Sofort, als ob alle nur darauf gewartet haben, bewegt sich die Masse. Nach weiteren fünf Minuten erscheint der Chef. Nein, keine Erscheinung. Er trägt Jeans und ein offenes Baumwollhemd. Er spricht ungefähr drei Minuten, auf Hindi. Alle nicken verständnisvoll. In diesem Moment fühle ich mich ganz schön blöd, mein Wille an Verständnis wird hoffentlich auf mein Karma angerechnet. Innerlich ahne ich, dass ich ganz gut dabei wegkomme, verstehe nur einen Bruchteil von dem, was Gottes Gehilfe übermittelt. Ich bin der Einzige, der nichts versteht. All die anderen haben vermutlich fünf Jahre lang die Sprache studiert. Ob sie an den richtigen Stellen ein bejahendes Nicken vorlegen, kann ich nicht überprüfen. Zum Schluss teilt der Chef nur für mich auf Englisch mit, dass um 20.00 Uhr der nächste Kurs stattfindet.

Echt prima ist später die Essenszubereitung wie auch die Ausgabe desselben. Für mich eine leichte Aufgabe. Zwiebeln schälen, schneiden. Das gemeinsame Kochen erheitert alle, es wird gelacht und trotz Verbots geflirtet.

Aus einer netten Unterhaltung mit einer Einhundert-Kilo-Dame erfahre ich, dass die Meditationen immer so ablaufen.

„Was spricht er denn in seinen Morgenandachten?"

„Das verstehe ich nicht, ist auf Hindi."

Ach nee. Doch nicht so ungebildet wie gedacht.

„Warum bleibst du dann länger?"

„Ich genieße das Zusammensein, das gemeinsame Kochen."

„Das bekommt man doch auch in jeder Kneipe oder bei Freunden im Wohnzimmer?"

„Nein, die Kombination mit den morgendlichen Meditationen, den Gesprächen mit den höheren Mächten."

Aha, ich verstehe: Einfach dasitzen – still dasitzen – und dem unverständlichen Sprachgewirr, dem Plappern von Gebeten an den gnädigen Barmherzigen lauschen.

Den Spaziergang im Garten setze ich allein fort. Pünktlich um 20.00 Uhr sitze ich im Schneidersitz, diesmal habe ich die Muskeln vorher etwas gelockert. Im Saal der gleiche Ablauf wie am Morgen. Stille, jeder ist für sich allein. Der Meister – ein Betrüger? Er erscheint, spricht insgesamt drei Minuten dreißig, natürlich auf Hindi. Plötzlich eine explosive Erweiterung des Kursinhaltes. Wir müssen auf der Stelle hüpfen, daraufhin im Kreis tanzen, dabei singen, um später wieder zu schweigen.

Fazit: Bei jedem Saunagang finde ich mehr Entspannung. Kann alle meine Gedanken deutlich ordnen. Ab einer Verweildauer von zehn Minuten konzentriere ich mich nur noch auf meine Atmung.

Die Fünf-Uhr-Vorstellung verschlafe ich am nächsten Morgen mit voller Absicht. Um halb acht stehe ich mit dem gepackten Rad abfahrbereit am Ausgang. Ich muss noch zum Rapport. Wieso? Weshalb? Warum? Schnuppertag, entgegne ich höflich. Mir hat er nicht gefallen, überhaupt nicht. Die Aschefalten auf der Stirn von Chef Sadhu zerbröseln augenblicklich. „Okay, deine

Entscheidung, nicht einige Schritte auf dem Weg zur Erleuchtung zu schreiten." Leider habe ich keinerlei Talent, um tief greifende spirituelle Erfahrungen zu sammeln, umzusetzen, sie gar zu genießen.

Moment please. Die Donatation Box kommt zum Vorschein. Schnell überschlage ich, was zwei Mahlzeiten kosten. Die bezahle ich gerne. Für Scharlatanerie nichts. Geschickt halte ich einen Fünfhundert-Rupien-Schein in der Hand. Darunter zwei Zwanziger. Die wandern in die Box, der andere Schein in meinen Ärmel. Verarschen kann ich mich allein.

Das nächste Mal besuche ich einen Ashram, in dem Hinduistische Philosophie angeboten wird. Davon verstehe ich zwar genauso wenig, aber vielleicht sind die Zimmer besser.

Eigentlich wollte ich meinen Karmastand verbessern. Nun bleibt mir nichts anderes übrig, als doch im Ganges zu baden. Die einzig dafür geeignete Stelle liegt allerdings in Gaumukh, dort, wo die Quelle aus den Gletschern entspringt. Die ersten, einzigen und letzten Meter sauberen Wassers.

Rein zufällig lege ich unterwegs eine Rast an einem Tiermarkt ein. Später lese ich vom größten Viehmarkt in der asiatischen Welt. Sonepur Mela. Irre faszinierend. Seit über 2000 Jahren findet er an genau dieser Stelle statt. Pünktlich zum Vollmond im November. Der Tradition nach einer der am meisten Glück verheißenden Zeiträume. Die Vielfalt der lautstark angepriesenen Tiere – Vögel, Ziegen, Rinder, Schafe, auch Pferde und Kamele – ist kaum zu überschauen. Viele sind farbig bemalt und mit Ornamenten verziert. An den schattigen Bäumen hängen Käfige, voll mit einer beachtlichen Anzahl an Singvögeln. Artgerecht nach deutschen Vorstellungen geht anders. Am Rande trippelt nervös ein Elefant auf der Stelle. Ob er zu den Jahrmarktgauklern gehört oder für viele Rupien in einem fremden Garten herumlaufen soll, erfahre ich nicht.

Der einzige Ausländer – dazu noch auf dem Rad – entwickelt sich zur Hauptattraktion. Schnell suche ich das Weite. Nicht dass noch einer ein paar Rupien für mich lockermacht und ich bei einem Maharadscha ausgestellt werde.

Zurück auf die Straße. Nein, aneinandergereihte Schlaglöcher, die auf ein ehemaliges Minenfeld schließen lassen. Auch wird mein Geruchssinn strapaziert, von einer Mischung aus Verwesung, brennendem Plastik, Pipi und Kacke heimgesucht.

Was sich mir nicht erschließt, bleibt der Umgang der Inder untereinander. Das Kastensystem ist immer noch präsent. Reichliche Bücher und Berichte habe ich darüber gelesen.

In den Großstädten lockert sich allmählich das

Kastensystem. Wenn ich hier sehe, mit welcher Arroganz und Überheblichkeit die wohlhabenden Inder gegenüber ihren ärmeren Mitbürgern auftreten, wird mir schlecht. Drangsalieren, wegstoßen bis hin zur völligen Nichtbeachtung. Sichtbarer praktizierter Alltag. Man kann nur hoffen, dass eine neue Jeanne d'Arc oder ein Fidel Castro erscheint. Erfolgversprechender wäre natürlich eine Reinkarnation von Gandhi. Die Mehrheit besteht wie überall aus den Unterdrückten.

Bildung sollte auch den Umgang mit Schwächeren beinhalten. Vielleicht steht Brahma oder Shiva doch plötzlich aus dem Ganges auf und verteilt dann gleichmäßig das miese Karma. Zuerst an die obere Bevölkerungsschicht. Und ich bitte darum, die Bus-, Lkw- sowie Jeepfahrer nicht zu vergessen.

Unbeliebte Nachtgesellen

Aufenthalt in Vrindavan. Die heiligste Stadt aller Krishna-Jünger, auch die „Stadt der Tempel“ genannt. Über 5000 Tempel sind in und um Vrindavan verteilt. In jedem Haushalt steht ein solcher Minischrein. Es ist auch eine sogenannte „Wedding-Stadt“. Hunderte Pärchen heiraten hier nach strengen religiösen Vorschriften.

Ein Hare-Krishna-Jünger spricht mich an. So von glücklicher Glatze zu Glatze. Der Haupttempel, vor dem wir gerade stehen, ist die Weltzentrale aller Krishnas. Sie hüpfen, tanzen, werfen Blumen auf die Passanten. Rufen fortwährend den Namen ihres auserwählten Gottes. Sofort wird mir ein Mitglieds-, wahlweise ein Spendenformular unter die Nase gehalten. Ich erkläre dem Mann, dass ich ohne meine Brille nicht lesen kann. Er nimmt mir das Versprechen ab, dass ich morgen mit unterschriebenem Formular wieder hier erscheine. Fröhlich tanzend zieht er mit den anderen weiter. Wenn es mit dem Eisgeschäft nicht mehr läuft, kann ich seinen Job übernehmen. Die Haare sind gerichtet, nur tanzen muss ich lernen.

Sekunden später der nächste Trupp. Diesmal opfere ich gerne ein paar meiner Karmapunkte. Max Müller aus München, Dorfstraße 17 spendet jetzt jährlich 100 Euro.

Zwei Tage gönnen Sam und ich uns eine Ruhepause. Eine Nacht später verpufft der Erholungseffekt schlagartig mit Beginn der Dunkelheit. Logisch, in einer Wedding-Stadt wird geheiratet, das heißt fast überall Party. Nicht weniger als fünf Hochzeiten finden in der unmittelbaren Umgebung unseres Hotels statt. Die Lautstärke der Musik soll dafür sorgen, dass auch die Oma in Südindien teilhaben kann. Erstaunlich die Qualität des Lärms. Nur ein vorbeibrausender Jet kann die Dröhnung aus den Boxen toppen. Die Hare-Krishna-Sänger würden vor Neid erblassen.

Gerädert vom fehlenden Nachtschlaf setzen wir am nächsten Morgen unsere Tour fort.

Das Land lebt von seiner Vielfalt. Allen Ärgernissen zum Trotz ist es ein Traumland. Die allgegenwärtigen, frei laufenden Kühe riechen meine europäische Herkunft. Wechseln mit einem Affenzahn die Straßenseite und amüsieren sich prächtig, wie der Europäer vor Angst fast in die Hose macht. Solch Vieh wiegt gut 400 Kilogramm.

In Indien umweltfreundlich und grün zu denken ist kein Problem, danach zu handeln jedoch fast unmöglich. Zu große Steine liegen im Weg.

Es passiert bei einer kleinen Chai-Pause: Der Tee ist köstlich wie fast immer. Freundlich lächelnd reiche ich meinen benutzten Becher, um diesen ein weiteres Mal füllen zu lassen. Große, schwarze, weit aufgerissene Augen zeigen vollkommenes Unverständnis. Funkeln böse, als ob ich dem Verkäufer den Stand entreißen wolle. Unter Zuhilfenahme von Händen und Füßen versuche ich zu erklären, dass es keinen Gott schmerzt, einen Plastikbecher ein weiteres Mal zu benutzen. Wieder ernte ich böse, verständnislose Blicke. „Warum füllst du mir den Becher kein zweites Mal?"

„It's the law."

Es ist gegen das Gesetz? Jetzt ist ein deutliches Fragezeichen auf meiner Stirn abgebildet. Ich glaube, Gleichgültigkeit trifft es besser. Die Berge wachsenden Mülls haben genau hier ihr Fundament. Ich bekomme den zweiten Chai in einem neuen Becher.

In einer halben Stunde wird es schlagartig dunkel. Das macht ein Weiterfahren unmöglich. Auf der Straße erhöht sich das Risiko zu sterben um 500 Prozent. Nach halbstündigem Suchen endlich ein hotelähnliches Gebäude. Ich muss einchecken. Mit Abstand das ekligste Dreckloch bisher. Ein Preis von 14 Dollar die Nacht berechtigt keineswegs einen Anspruch auf Bettwäsche oder ein Handtuch. In jedem amerikanischen Road Movie wäre ich zum Auto gelaufen, mein Gesicht in die Maske der Seriosität tauchend, lässig wissend, ich gewinne. Die Pump Gun aus dem Kofferraum durchgeladen, gleichzeitig aufmunitioniert. Alle neun (!) Mitarbeiter hätte ich zu Reinigungsarbeiten gezwungen. Ein Lappen und einen Eimer mit Wasser haben die Jungs offenbar noch nie gesehen, geschweige denn, wie die Utensilien benutzt werden. Über knisternde Laken und steinhart kratzende Handtücher brauche ich nicht zu berichten – es gab keine! Ich kann nicht verstehen, wie man ein so schickes Gebäude, in dem sich Fremde wohlfühlen sollen, derart verdrecken lassen kann. Dringend muss ich bei TripAdvisor anrufen. Die Bewertungsskala muss um eine Kategorie erweitert werden: „Nur für Hartgesottene".

Wenn es nicht läuft, läuft es nicht. Gegen vier Uhr höre ich ein Kratzen an der Tür. Kurzer Schlag an die Wand. Ruhe. Sekunden später wieder das Kratzen. Taschenlampe gegriffen, angeknipst und gleich wieder fallen gelassen. Die Krönung. Eine Ratte knabbert an der Tür. Ich versuche, ruhig zu atmen, es ist nur ein Nagetier. Ich veranstalte etwas Lärm, woraufhin die Ratte wieder unterm Bett verschwindet. Zimmertür auf. Ich stelle mich mucksmäuschenstill in eine Ecke und warte. Nach einer gefühlten Ewigkeit lugt die Nase unterm Bett hervor. Sekunden später rennt das Tier in den Flur. Noch nie habe ich so schnell eine Tür geschlossen. Die Nacht ist letztendlich komplett versaut.

Mein Hotel mit der behaarten Nachtbegleitung erinnert an manch Refugio auf dem Jakobsweg. Einzig der Geruch ist anders. Es fehlt die Mischung aus Medizin und

Schweißmauken. Meine Wut muss raus. Bloß wohin? Also schimpfe ich über die Politik. Die Herren sind zwar nicht für den Dreck in diesem Hotel verantwortlich, allerdings haben sie weltweit ihren Anteil an der zunehmenden Verschmutzung. Solange aber selbst unsere grünen Politiker sich mit dem Hubschrauber zu Wanderungen (!) fliegen lassen oder wie einige Parteimitglieder aus Baden-Württemberg mit 340 PS starken Autos ins Büro düsen, haben sie nichts begriffen.

Dass wir nur eine Welt haben und diese schneller verschwinden wird als der Sonnenstern, ist in Indien deutlich sichtbar. So versuche ich mich gegenüber unserer Umwelt verantwortungsvoll zu verhalten, danach zu handeln. Auch wir Europäer leiden über kurz oder lang unter all dem Dreck, den Exkrementen, dem verunreinigten Wasser. Sämtliche Flüsse münden ins Meer. Vollgesogen mit Tonnen voll Müll, Fäkalien, Plastik und Überresten von den Tausenden Scheiterhaufen. All die Reisfelder, die Pfeffersträucher und Mangoplantagen werden mit dem ekelhaften Wasser aus den indischen Flüssen bewässert. All dies landet auch auf unseren Tellerchen. Das sollte jedem bewusst werden, der immer noch der Meinung ist, Indien sei ja weit, weit weg. Beim nächsten Meeresfrüchte-Dinner mit der Liebsten wünsche ich guten Appetit.

Die schlaflosen Nächte zehren an den Nerven. Noch mehr Nächte in Rattenlöchern, und ich bin zum Totschlag fähig.

In den Dhabas isst man scharf

Es ist ein angenehmer Start in den Tag. Bei köstlichem Chai lege ich wie jeden Morgen eine Gedenkminute für das Überleben im Straßenverkehr ein.

Über eine Stunde lang radelt ein Inder auf dem allgegenwärtigen, einzig verfügbaren Modell neben mir her. Seinem begeisterten Gesichtsausdruck nach zu urteilen, erzählt er mir gerade die sicherlich spannendste Geschichte, die ich je zu hören bekommen habe. Eine ergreifende Geschichte.

Mein indischer Wortschatz ist auf „Namasté" begrenzt. Mit diesem einen Wort gänzlich erschöpft. Sein deutscher oder englischer Wortschatz beinhaltet nicht eines. So begreife ich nichts von dem, was er sagt.

An den chaotischen Verkehr gewöhne ich mich langsam. Menschenmengen, gepaart mit Bussen, Fußgängern, Rikschas, Kühen und unzähligen Fahrradrikschas. Verkehrschaos frei nach dem Film „Und täglich grüßt das Murmeltier". Ein infernalisches Kuddelmuddel. Kein Entrinnen. Staub, Hitze, Verkehr – alles ist miteinander verwoben. Und ich mit dem vollbepackten Drahtesel mittendrin. Es gibt sogar Ampeln. Wer auf das Licht achtet, verliert. All die Kühe sind heilig, werden sorgsam umschifft. Keine Sekunde kann ich die Hände vom Lenker lassen. Mangelnde Aufmerksamkeit würde sofortige Schmerzen verursachen. Selbst mit dem Rad muss ich bisweilen kapitulieren. Stehe im Stau. Abgaswolken machen das Atmen unerträglich. Ich frage mich, warum ich nie geraucht habe. Es würde mir hier unheimlich helfen. Im Hals würde es weniger kratzen.

Ich, das Objekt der Begierde, sorge zum dritten Mal für einen Auffahrunfall. Keine Personenschäden, lediglich abgeschabte Farbe. Die Fahrer allerdings stürzen sich in einen Krieg. Unbeeindruckt vom Chaos radle ich einfach weiter. Auf mich nimmt auch niemand Rücksicht. Unterdessen steigt mein Bekanntheitsgrad beim indischen Facebook. Wieder sind gefühlte 100 Selfies fällig. Zahlreiche Inder begleiten mich auf dem Rad oder Moped. Wollen wissen, woher und wohin? Oder starren mich einfach nur ungläubig an.

Bei den unzähligen Bettlern fand eine Preiserhöhung statt. Beim ersten Besuch 1992 lautete das Schlagwort: „Give me one Rupi, please!" Im Jahr 2018 sind wir bei zehn Rupien angelangt. Ebenso gestiegen sind die Entgeltforderungen der Rikschafahrer. Sie belaufen sich mittlerweile auf Summen, für die sich der Durchschnittsinder ein Auto kaufen, in den Urlaub fliegen sowie ein Haus bauen könnte.

Nach vielen Tagen gibt es in Etawah wieder ein reinliches Zimmer. Ein Traum aus dem Wasserhahn. Fließend warmes Wasser. Noch kaputt von der letzten Nacht genieße ich über Gebühr den warmen Wasserstrahl. Fehlt nur ein Bier und ich fühle mich wie im Paradies. Wie das schmeckt, habe ich schon vergessen. Umso größer wird die Freude sein, wenn das erste Plopp vom Kronenkorken wieder zu hören ist.

Sam ist von den indischen Gegebenheiten ziemlich mitgenommen. Er will ein, zwei Tage Pause einlegen. Ich starte allein. Wir markieren uns einen Treffpunkt für später.

Es ist ein unspektakulärer Tag. Wie schon so oft fahren viele Menschen mit dem Rad oder dem Motorrad einfach neben mir her und staunen mich an. Sehr beliebt dabei folgendes Spielchen, wobei Sinn und Zweck ein Geheimnis bleibt: Er steht am Straßenrand, mustert den vorbeiziehenden Radler. Sofort hängt er sich in meinen Windschatten. Später überholt er mich, um nach 100 Metern wieder auf mich zu warten. Ich, der windschnittige Radler, überhole ihn erneut, um wiederum in zwei Minuten von ihm überholt zu werden. Das Schauspiel funktioniert so lange, bis sein Dorf außer Sichtweite ist. Erst in dem Moment fährt er zurück.

Vielleicht spielen sie ja „Wir fahren Moped in Europa". Mit einem klitzekleinen Unterschied. Wer sich in Europa mit Fahrrad oder Moped auf der Autobahn fortbewegt, in Flipflops und ohne Helm, zahlt eine gepfefferte Strafe und wird vorsorglich in einer Zwangsjacke zum medizinischen Check gebracht.

Vollkommen unbedarft marschiere ich am nächsten Tag in eine Fabrikhalle am Straßenrand und verschaffe mir einen kleinen Einblick. Angelockt durch eine dicke Rauchwolke, dazu dringt ein Höllenlärm nach außen.

Auf einem Förderband hocken acht Frauen und sortieren Müll. Plastik fährt weiter, alles andere fliegt vom Band. In der Halle herrschen zudem Lärm sowie eine unglaubliche Hitze. Um die 60 Grad, schätze ich. Der Plastikmüll verschwindet in einem großen Ofen. Davor stehen drei Leute, angeln mit langen Stangen zusammengeschmolzene Stücke heraus. Diese werden kurz gedreht, um dann an den Nächsten weitergereicht zu werden. Dieser presst den wabbeligen Plastikhaufen in eine Form.

Weiter komme ich nicht. Es erscheint der Chef, der Manager oder der Pressesprecher – keine Ahnung. Er fuchtelt wie wild herum, schiebt mich raus und schreit seine Arbeiter an. Mühsam erkläre ich ihm, dass ich weder von einer Umweltschutzkommission noch von der bösen Presse bin. Die Situation entspannt sich, als er mein Fahrrad sieht. Rein darf ich trotzdem nicht mehr. Nach zwei Minuten Small Talk bekomme ich ein Endprodukt geschenkt. Produziert werden verschiedene Plastikarmreifen. Im nachfolgenden Schritt werden diese farblich gestaltet und mit kleinen Ornamenten beklebt. Alles billige Massenware, die später bei uns in Modeschmuckläden im Schaufenster glänzt.

Dass die Worte „Arbeitsschutz" und „Umweltschutz" hier nicht existieren, habe ich schon bei den auf dem Förderband sitzenden Mädchen gesehen. Spannend war die halbe Führung trotz allem.

Das Problem in Indien: Es gibt Tausende dieser kleinen Fabriken. Umweltschutz wie schon gesagt ein Fremdwort. Hinzu kommen unzählige kleine Feuerstellen zum Kochen und Wärmen. Der Müll, der nicht im Straßengraben landet, wird verbrannt. Die Augen fangen schon Kilometer vor einer Stadt an zu brennen. Innerhalb von Minuten ist man mitten im Smog.

Immer noch fahre ich mit Sam gemeinsam. Ein weiteres Mal schlafen wir in einer der vielen Dhabas am Straßenrand.

Fünf mit Seilen bespannte Bettgestelle, sogenannte Charpai, stehen herum. Sofort werden zwei Leute aufgescheucht. Ohne Proteste. Das Kastensystem leistet ganze Arbeit. Am Abend räumen sie die Tische ab und spülen das Geschirr. Kehren den Dreck von rechts nach links. Pausenlos werden sie herumgescheucht mit einem Umgangston, der in deutschen Kneipen Schlägereien auslösen würde.

Dreckig, also angepasst, schmeckt der Chai am besten. Roti Dahl gibt es später für uns. Immer wieder wird nachgelegt, an Schlankbleiben ist nicht zu denken.

Wir sind guter Hoffnung auf eine entspannte Nacht. Ohne jegliches Viehzeug. Die streunenden, räudigen Hunde werden überall auch ohne unsere Anwesenheit stetig verjagt. Einzig dass elf (!) Inder beharrlich jede unserer Bewegung verfolgen. Sie stellen sich so dicht an mich heran, dass meine Lesebrille von ihrem Atem beschlägt.

400 Kilometer sind es noch bis Varanasi. Egal wie horrend die Preise vor Ort sind, ich schlafe im Einzelzimmer in weißer Bettwäsche. I hope!

Ich überlege, ob nicht bis Darjeeling ein paar Kilometer auf einem Lkw eine geeignete Transportvariante für mich darstellt. Gute Idee, das hat was.

Facebook hat die Welt im Griff. Ständig muss ich anhalten und für Selfies posieren. Am Anfang des Tages macht es noch Spaß. Angelangt bei Selfie 327, vorm Mittagessen, muss ich mich zum Lächeln zwingen. Weder fühle ich mich – auf Fotos gebannt – wohl, noch finde ich einen Rhythmus auf dem Rad. Ich muss an die hübschen Mädels auf all den Social-Media-Seiten denken. Was die sich alles einfallen lassen, wie sie ihre Blödheit noch potenzieren, um ja ein paar Klicks zu erhaschen. Bei 100 Fotos pro Tag, die von mir geschossen werden, versendet an Bruder, Freund, Tante, Onkel, Schwester – bei 1,3 Milliarden Menschen kennt jeder jemanden, der jemanden kennt –, erreiche ich einen Bekanntheitsgrad, von dem die Selbstsüchtigen nur träumen. Nach solchen

Fotoorgien kann ich mit Prominenten mitfühlen, die gelegentlich ihre Contenance verlieren und sich mit Faust oder Regenschirm wehren.

Ich werde mich umgehend bei Herrn Zuckerberg melden, wo denn mein Werbevertrag bleibt. Kingfisher, die indische Biermarke, wäre mir zurzeit am liebsten. Das letzte Bier gab es in der Heimat.

Gerade heute Abend hätte ich gerne ein Bierchen gezischt. Ich sitze mit den einheimischen Jungs um ein Lagerfeuer. Okay, das ist etwas übertrieben. Es ist ein Feuer aus Zeitungspapier, getrocknetem Kuhdung und ein paar kleinen Ästen. Qualm und Gestank ziehen in meine Klamotten. Ich stinke wie zehn besoffene Russen, nur ohne Wodkafahne.

Ich setze mich ein Stück abseits und schreibe in mein Tagebuch. Wie immer auch hier unter ständiger Beobachtung. Jeder einzelne Buchstabe wird beobachtet und kommentiert. Sie rücken mir nicht von der Pelle.

Die meisten können weder lesen noch schreiben oder rechnen. Ich merke das an den verschiedenen Chai-Ständen. Beim Bezahlen werden selbst zwei Chai zum Preis von je zehn Rupien in den Taschenrechner getippt.

Ich bekomme meinen Charpai in einer versteckten Ecke. Bin guter Dinge, dass sich die Ratten hier nicht blicken lassen. Kleine Mäuse stören mein Empfinden nicht. Über die zahlreichen Kakerlaken an den Kochstellen sehe ich seit dem ersten Tag geflissentlich hinweg.

Mit Körperhygiene sieht es gerade schlecht aus. Einzig Gesicht, Hände und Zähne kann ich einer Reinigung unterziehen. Ein Bühnenstück für die Inder. Jeder Handgriff wird mit kritischen Blicken verfolgt.

Die Quote der versprochenen Hot Showers in den Hotels liegt bei zwölf zu eins. Wahre Glücksgefühle verspüre ich, wenn ein Boiler fünf Liter warmes Wasser hergibt. Ich teile es mir sorgsam ein und verteile es gerecht über den ganzen Körper. Das Glücksgefühl ist größer als beim ersten Bier nach Wochen der Abstinenz.

Nach reichhaltigem Genuss von Samosa – gefüllte Teigtaschen – am Morgen verteile ich ordentlich Trinkgeld. Für die Summen gibt es in Deutschland nicht einmal bei Aldi ein Brötchen. Und immer wieder werde ich schmerzhaft daran erinnert: Mit den Fingern, die vorher im indischen, gut gewürzten Essen gerührt haben, reibt man sich niemals die Augen!

Mehrfach halte ich unterwegs an einladenden Tempelanlagen an. Für zwei, drei Rupien werde ich gesegnet und bekomme den roten Tilaka auf die Stirn. Es gibt Punkte oder Striche, entweder vor oder nach den hinduistischen Zeremonien. Auch die Variante „drittes Auge" gibt es. Es steht für das Energiezentrum im Kopf, welches dadurch geschützt werden soll. Meist ist Rot oder Gelb die erste Wahl. Das Farbgemisch besteht aus Sindoor, Rot und bei schwarzer Bemalung meist aus einem Ruß-Butter-Gemisch.

Der Einlass in die heiligen Räume wird mir vom strengen Tempelwart verwehrt. Eifrig nestle ich an meiner Hosentasche. Ich möchte ihm vermitteln, dass ich durchaus bereit bin, bunt bedrucktes Papier auszugeben, damit sich mir eventuell doch die Tür öffnet. „No. Only for Hindus.“

Jedes Mal, wenn die Blase drückt, versuche ich, zum Pinkeln am Straßenrand mein Rad und mich zu verstecken. Leider erfolglos. Sobald meine Hose geöffnet ist, stehen wie aus dem Nichts vier, fünf Inder daneben und begutachten mein deutsches Prachtexemplar. Und nun? Entweder, ich pinkle in die Hose oder ich lächle freundlich in die Runde.

Das Wort Neid ist im indischen Sprachgebrauch unbekannt. Dieser fehlende Begriff hält sicher auch das Kastensystem am Leben.

Ähnliches erzählte mir Sam. Immer wieder wartet er bis zum Abend mit dem Aufbau des Zeltes. Trotz des Schutzes der Dunkelheit verbreitet sich der Geruch, die Aura des Europäers in Windeseile. Minuten später ist sein Zelt umringt. Wird betastet, begutachtet, alle seine Bewegungen werden beobachtet und kommentiert. Am Morgen trifft der erste Blick aus dem Zelt auf neugierig staunende indische Gesichter. Vielleicht ist über Nacht doch ein Brahmane auferstanden.

Aus ein paar Tagen sind letztendlich zwei Wochen geworden. Nach unserer gemeinsamen Zeit biegt Sam dann irgendwo ab, fährt weiter Richtung Nepal und ich nach Westen.

In manch stiller Stunde frage ich mich, ob ich nicht eine leichte Macke habe. Ich könnte auf dem Sofa lümmeln, einen Saunagang genießen, mit den Jungs pokern oder … Nein, ich bin im echten Leben. Verzichte auf jegliche Privatsphäre. Bewege mich zwischen Dreck, Keimen und Elend. Ich kämpfe mich durch den Straßenverkehr mit den weltweit meisten Verkehrstoten. Nach mehr als 1000 Kilometern im Chaos bezweifle ich die offiziellen Zahlen. Mit einer unbestätigten Dunkelziffer sind es wohl eher doppelt so viele.

Andererseits möchte ich mich natürlich von den Pauschaltouristen unterscheiden. Sie düsen im voll klimatisierten Gefährt durch die Gegend. Vom Hotel zum Tempel und schnell zurück. Das echte Leben spüre ich. Auf der Straße, in jedem Dorf, beim Essen, ja auch beim Schlafen sowie zwischen all den lebensmüden Lkw-Fahrern.

Ich bekomme wirklichkeitsnahe, lebendige Tage geboten. Ich reise unbequem, stinkend, schmutzig. Ich fühle. Habe manchmal auch unglaubliches Brennen in den Augen, aus verschiedensten Gründen.

An meiner heutigen Schlafstätte versammeln sich wieder zahlreiche Einheimische. Der optische Zustand lässt auf

Verwahrlosung schließen. Nein, sie arbeiten an diesem Ort. Dass sie ihre Klamotten das letzte Mal im Februar 2016 gewaschen haben, stört hier niemanden. Eilig wird ihr Chef herbeigerufen. Einzig wegen des irren Europäers.

Ein spannendes, aufschlussreiches Gespräch bei etlichen Chai ist meine Belohnung. Der Herr ist Bitcoin-Millionär. Vor Jahren hat er als stolzer Besitzer eines PCs angefangen, Bitcoins zu schürfen. Dass er das Geld nicht einfach abheben und in Rupien umwandeln kann, ignoriert er. Seinen Lebensunterhalt bestreitet er weiterhin aus den Einnahmen seines Imbissstands.

Da ich als Selbstständiger keine Rentenansprüche erworben habe, somit bis kurz vor dem Ende schuften werde, eröffnet sich mir hier vor Ort gerade ein neues Betätigungsfeld. Die Arbeit ist auch im hohen Alter leicht zu bewältigen: Taschenlampenmann! Seit Einbruch der Dunkelheit steht ein solcher für den Rest der Nacht am Straßenrand. Mit dem Strahl der Taschenlampe versucht er, Lkw-Fahrer anzulocken. Zeichnet immer und immer wieder eine Lichtspur von der Straße zum Parkplatz. Die Dhabas haben 24 Stunden lang geöffnet. Kunden anzulocken ist ein wichtiger Teil des Geschäfts.

Mutti hat früher geschimpft: Es geht nicht ungewaschen ins Bett. Unbeliebt bei allen Kindern der tägliche Reinigungsprozess. Nach über 100 Kilometern im indischen Dreck hätte ich heute sogar gerne Geld für eine Dusche bezahlt.

Nach einer hervorragenden Nachtruhe beobachte am Morgen zur Abwechslung mal ich die Inder. Zähneputzen mit einem breit geketschten, gesplissenen Ast, dem Miswak, ein Zweig des Zahnbürstenbaumes, sieht man nicht alle Tage. Die Morgentoilette am Trog fällt, wie bei mir, minimalistisch aus. Etwas Wasser über Gesicht und Hände, das muss fürs Erste reichen. Erst nach dem Chai kommt Leben in die Gesichter. In dem Fall ist ein Unterschied zum Europäer nicht messbar.

Kleiner Nachtrag zum Schlaf am Straßenrand: Was muss der alternde Mann nachts? Genau, pinkeln. Wer dann gegen ein Uhr früh dem Druck nicht mehr standhält, muss raus. Ich öffne widerwillig meine Augen. Sieben Inder stehen um meinen Charpoit. Beobachten oder bewachen meinen Schlaf. Nebenbei wird ausgiebig der Schlafsack angefasst, von allen sogleich bewertet. Für mich ist es nun eher peinlich, an den Herren vorbei zum Straßenrand zu schlendern, um mich zu erleichtern.

Nach einer halben Stunde Fahrt über eine erstaunlich gute Landstraße hält sich der erste Lkw-Fahrer nicht an die allgemeingültige Verkehrsregel. § 1. Die Kuh hat immer Vorfahrt. Zu seiner Entschuldigung: Es geschieht auf einer Schnellstraße. Innerhalb einer Sekunde entscheidet sich die Kuh für einen Richtungswechsel. Volle Breitseite erwischt der Lkw die Heiligkeit. Geschätzte 20 Meter fliegt die Kuh und landet am Fahrbahnrand.

Mit gebührendem Abstand beobachte ich das reale Schauspiel. Der Fahrer schickt etliche Gebete gen Himmel. Von Weitem kommen die ersten Schaulustigen angeschlendert. Vielleicht die Besitzer der Kuh? Der Fahrer entzieht sich der weltlichen Strafe beziehungsweise der Lynchjustiz durch Flucht. Ob und was Shiva später als Züchtigung für ihn bereithält, bleibt ein Geheimnis. Bevor die Dorfbewohner an der Unfallstelle angelangt sind, fallen die räudigen, ausgemergelten Hunde über den noch warmen Tierkadaver her. Ich sehe zu, dass ich unentdeckt verschwinde.

Dem weitverbreiteten Irrtum, dass all die frei laufenden Kühe herrenlos sind, muss ich widersprechen. Irgendeiner Familie oder einem Tempelbetreiber gehören sie. Am Abend wird die plastikhaltige Milch abgezapft, um mir am Morgen den Chai schön cremig zu machen. Die Literzahl der gemolkenen Milch entspricht nicht der deutschen Norm. Logisch, bei einer Nahrungsaufnahme von zehn Prozent Gras und dem Rest von einem Mix aus Unrat, Abfällen, Dreck und Plastiktüten. Der Chai schmeckt trotz allem hervorragend.

Auch werden sämtliche Ausscheidungen der Kuh genutzt. Die Fladen werden an den Straßenrändern und an Hauseingängen getrocknet. Sie dienen später den unzähligen Kochstellen als Brennmaterial. Teilweise werden sie zum Bauen von Hütten oder Ställen verarbeitet. Aus dem Urin wird ein wirksames Desinfektionsmittel hergestellt.

Warum die Kuh heilig ist, weiß niemand genau zu erklären. Sie ernährt große Teile der Bevölkerung. Für die kastenlosen Inder ist sie Nahrung, zugleich Einkommen. Ist aus dem alltäglichen Leben nicht wegzudenken. Ein Tötungsverbot besteht aufgrund des Buddhistischen Prinzips. Wie auf dem Kuhfriedhof in Kalkutta deutlich zu sehen, ist sie auch eine Art Müllschlucker. Hier ist zu bewundern, wie viele Plastiktüten in einem Kuhmagen Platz finden, bevor die Kuh vor ihrer Zeit verendet.

Zur Belohnung und als Entschädigung für die Ratten- und Moskitonächte schlafe ich in einem Best Western Hotel. Das warme Wasser sprudelt von der ersten Sekunde an. Da das Bett mit weißer Bettwäsche bezogen ist, dusche ich lieber gleich zwei Mal.

Am Abend wird im hoteleigenen Restaurant gespeist. Undefinierbare Knochenstückchen mit anhaftenden Fleischresten liegen auf meinem Teller. Von der Qualität der hervorragenden Straßenessen ist das meilenweit entfernt. Es fehlt an Frische, einfach an Pep. An Gewürzen wurde gespart, alles lieblos zusammengestellt. Fazit: Schlafen in frischer Bettwäsche – ein Traum. Gegessen wird ab morgen wieder ausschließlich an den zahlreichen mobilen Garküchen oder Dhabas.

Nicht immer funktioniert das Herausspazieren aus dem Hotel problemlos. Zeitgleich stürzen 12 bis 15 Leute auf ihr potenzielles Opfer. In dem Fall auf mich.

Alles Verkäufer, Rikschafahrer, Gaukler, Scharlatane und vermeintliche Guides. „Brauchst du Rikscha?", „Brauchst du Guide?", „Brauchst du Massage?" Bei der Massage muss ich kurz überlegen. Rechtzeitig fällt mir ein, dass ja auch das Wort Hygiene unbekannt ist. „Brauchst du Haschisch?" Nein, nein, nein. Bei den ersten 37 Angriffen ist man geduldig, entspannt, immer höflich. Ich sammle einfach gutes Karma. Es folgen die Tage, an denen ich, ohne zu lächeln, ohne nach Ausreden zu suchen, ohne nach rechts und links zu schauen, einfach nur abwehre und mich so schnell wie möglich trolle.

An den Dhabas brennt ununterbrochen eine kleine Flamme. Mit Holz, Kuhdung und Müll wird alles am Köcheln gehalten. Riesige unsaubere Töpfe beinhalten das leckere und preiswerte Menü. Dahl wie auch Chapatis werden bis zum Abwinken nachgereicht.

Die Angestellten der unteren Kasten werden pausenlos hin und her gescheucht. Freundlichkeit oder Feingefühl am Gast sind vollkommen unbekannt. Gegessen wird, um Nahrung zuzuführen, nicht um sich geborgen zu fühlen. Die Rechnung flattert mit dem letzten Bissen sofort auf den Tisch.

Dass traditionell mit der rechten Hand gegessen wird, weiß jeder. Wer freundlich fragt, bekommt auch einen Löffel. Wenn sich die Betreiber dem Europäer gegenüber dumm stellen, greife ich in meine Packtasche und löse auf diese Weise das Problem. Das Essen per Hand, ohne dabei die Hälfte zu verlieren, bedarf am Anfang etwas Übung. Einmal gelernt, legt man den Zeigefinger an den Mittelfinger und schiebt mit dem Daumen die Kartöffelchen in den Mund. 24 Stunden am Tag sind die Dhabas Anlaufstelle für alle, die die Straße benutzen. Zuerst war ich der Meinung, dass der Koch der Chef ist, somit der Alleinherrscher über die zahlreichen Gesellen. Meist erscheint aus dem Halbdunkel allerdings immer noch ein Herr, vor dem alle kuschen. Er ist der Oberherrscher, steht in der Hierarchie an erster Stelle. Erst später folgt der Koch. In den drei Monaten Indien übergebe ich nicht ein einziges Mal mein Geld einer Frau.

Ebenfalls erwähnenswert sind die Schönheiten am Straßenrand. Farbenprächtig sind sie in ihre bunten Saris gehüllt. Alle haben schwarze, undurchschaubare Augen, groß wie Wagenräder. Mit ihnen würde ich die Selfies rumdrehen, mich über jedes Foto freuen, obendrein noch einen Chai spendieren. An jedem Tag in Indien erlebe ich alle möglichen Frequenzen der Emotionen.

Irgendwo im Niemandsland. Es dämmert langsam. In spätestens einer halben Stunde muss ich von der Straße runter. Wie so oft fährt ein Moped nebenher. Der übliche Fragenkatalog. Höfliche Antworten meinerseits. Genau wie zwei simple Gegenfragen. Wo bekomme ich etwas zu essen? Wo kann ich schlafen? Das nächste Hotel ist auf der Karte circa 35 Kilometer entfernt. Unmöglich bis zum Einbruch der Dunkelheit zu erreichen. Ich folge dem Mopedfahrer rund acht Kilometer, vorbei an Reisfeldern, in sein Dorf. Es gibt eine Unterkunft. Für nur drei Euro kann ich in der Gefängniszelle ohne Handschellen schlafen. Mein Rad darf ich mit hineinnehmen. Der freie Raum zwischen Bett und Wand ist mit dem Rad komplett ausgefüllt. Ich will nicht meckern. Sogar ein Waschbecken befindet sich im Zimmer. Zum Toilettenbesuch muss zuerst das Rad den Raum verlassen, bevor ich pinkeln kann. Nach meiner Rattenerfahrung im Hotelzimmer durchsuche ich alle dubiosen Unterkünfte nach Löchern, Spalten, offenen Kanalisationskanälen. Sorgfältig verschließe ich ein Loch mit einem Ziegelstein von der Straße.

Punkt sieben holt mich der freundliche Mopedfahrer ab. Leider ist mir sein Name entfallen. Sorry. Wie üblich werde ich im Kreise seiner Freunde herumgereicht. Wieder werden alle jungen Frauen vor mir versteckt. Ich muss echt noch mal in den Spiegel schauen, ob nicht irgendein Spruch auf meine Stirn tätowiert ist.

Allen werde ich vorgestellt. Der Mutter, den zwei Brüdern, einem Cousin. Auch ihre Namen kann ich mir nicht merken. Gemeinsam gehen wir an einen Straßenstand und essen köstliche Momos, Teigtaschen. Zufällig schlendern später die Schwestern des Mopedfahrers vorbei. Wir lachen viel, ein gemeinsamer Nenner findet sich nicht. Wie üblich besuchen wir auch den Rest der Verwandtschaft.

In einem zweigeschossigen Wohnhaus werde ich herumgereicht. Der Chai ist überaus lecker, der Zustand der Wohnungen hingegen abtörnend. Nicht die ärmlichen Verhältnisse, nein, es ist einfach der Dreck. Die von kiffenden Jugendlichen belagerten Abbruchhäuser in Leipzig strahlen dagegen frisch und sauber.

Dass es keine Müllabfuhr und eine zum Teil offene Kanalisation gibt, ist nicht von heute auf morgen zu ändern. Wie man sich im privaten Bereich derart um den Dreck herumwindet, will mir nicht in den Kopf. Der als Tischlappen deklarierte benutzte Scheuerlappen wäre bei Mutti schon vor zwei Jahren aussortiert worden. Unklar bleibt auch, warum die Jungs fast immer vor Dreck strotzen. Die Mädels im Sari dagegen strahlen oft leuchtend und hell. Bei mir im Kopf hängt der Dreck.

Meine Bewerbung für den Posten als Umweltminister läuft. Die erste Amtshandlung startet mit einer Wiederbelebung einer Aktion aus DDR-Tagen. „Schöner unsere Städte und Gemeinden." Nur ist noch ungeklärt, wohin mit den Tonnen von Dreck.

Der Verkehr wird immer verrückter, nein lebensgefährlich. Die Pkws überholen in Dreierreihe direkt in den Gegenverkehr hinein. Das Gesetz des Stärkeren gilt und zwingt mich nicht nur einmal in den Graben. Vollbremsungen mit erzwungenem Absteigen retten mich mehrfach.

Mein Mittelfinger bleibt dauersteif nach oben gestreckt. Vergeblich warte ich auf den einen, der sich davon angepisst fühlt. In Gedanken starte ich die erlernten Boxkombinationen. Rechter Haken auf das Kinn, die Linke komprimiert die Leber zusammen. Danke, Ralph und Sven, für die vielen Trainingsstunden.

Die zweite Variante, die durch mein Hirn saust: Faustgroße Pflastersteine fliegen mitten in die Frontscheibe. Das Glück ist aufseiten der Inder. Es gibt keine gepflasterten Straßen.

Rege ich mich gerade auf? Wer wollte denn das Abenteuer? Dennoch, etwas weniger Lebensgefahr würde zweifelsfrei meinen Blutdruck senken. Die Hitze, der Dreck, der Nervenkitzel auf dem Asphalt – all das setzt mir gehörig zu.

Wie schmeckt eigentlich Bier? Oder Wein? Nicht dass ich den Alkohol brauche. Ein Bier nach 100 chaotischen Kilometern würde jedoch zur nervlichen Entspannung beitragen.

Allahabad

Einfahrt in eine der ältesten Städte Indiens. Wie so oft bin ich müde, abgekämpft. Bevor ich nach einer Bleibe für die Nacht suche, lege ich einen Stopp am Fort Allahabad ein. Es ist Tausende Jahre alt. Aus dem 3. Jahrhundert vor Christus existieren noch einige Säulen, verschiedene Bauwerksreste. Insgesamt hinterlässt das Fort einen ziemlich heruntergekommenen Eindruck. Schade, wie immer. Wenn sie alle Kulturgüter so vergammeln lassen, kommen auch weniger Touristen, und erst recht wird die Pflege vernachlässigt. Indien liegt auf Platz fünf mit den meisten Dollarmillionären weltweit. Mit etwas Geld aus deren Schatulle könnte man das Land in das schönste Freiluftmuseum der Welt verwandeln.

Überall riecht es ranzig, penetrant süßlich nach Kuhdung. Die grün-braunen Fladen sind im Slalomlauf zu umschiffen. Im Inneren befindet sich der Patalpur-Tempel. Auch er ist ein bedeutender Hinduschrein. Genau davor steht ein uralter Banyanbaum. Aus dessen Wipfel haben sich zahlreiche Gläubige schon zu Tode gestürzt, immer in guter Hoffnung, den Zustand der Erlösung zu erlangen. Ganz sicher gab es unter ihnen auch ein paar mit unheilbarem Liebeskummer.

Deutsche Museen klagen über Besuchermangel. Ich empfehle ein Joint Venture mit hiesigen Museen.

Unglaublich! Mit Pfiffen und Androhung von Gewalt startet mein Rundgang. Bambusstöcke werden durch die Luft gewirbelt. Ellenbogen drücken meine Wirbelsäule in abnormale Positionen. Alle werden im Armee-Kommandoton dirigiert. Mit diesen zweifelhaften Mitteln versucht man die Besucherströme zwischen den Vitrinen hindurchzulenken. Alle werden auf den richtigen Kurs gebracht. Wehe, einer bleibt auch nur zwei Sekunden länger stehen als erwünscht. Sofort schrillt eine Anweisung durch den Raum.

Wieder eine Frage: Wie soll hier die von unserer Frau Ministerin geforderte Armlänge Mindestabstand eingehalten werden? Ich habe Probleme, meine Arme überhaupt bewegen zu können. Wie ein eingeschnürtes Paket werde ich durch den Raum gepresst. Verschüchtert betrachte ich die Ausstellungsstücke, zucke bei jedem Ruf zusammen.

Warum lassen die Inder ihr Kulturgut vergammeln? Alle Ausstellungsstücke sind mit einer Patina überzogen. Niemand ist um ihren Erhalt bemüht. Liebe zum Detail – wieder ein Fremdwort. Macht weiter so, die Natur holt sich alles zurück.

Die Stadt begrüßt mich genau wie Neu-Delhi: schmutzig, laut, schrill und mit Dauerhupen. Der gesamte Straßenverkehr ignoriert den Radler. Die über ganz

Nordindien hängende Dunstglocke wird auch hier keineswegs geringer. Wenn ich mir den Schweiß abwische, das Näschen schnaube, wechselt mein Taschentuch die Farbe, wird schwarz.

Ich erinnere mich: Früher als Jugendlicher in der DDR kam zwei Mal im Jahr eine Kohlenlieferung. Vater und Sohn schleppten eimerweise Kohlen in den Keller. Meine Aufgabe war es, die Kohlen dort zu stapeln. Warum, frage ich mich bis heute. Es waren „die Guten". Sie wurden erst verbrannt, wenn der Bruch restlos verheizt war. Die Ausscheidungen der Nase – damals im gleichen Farbton gehalten wie heute.

Um den Zusammenfluss von Ganges und Yamuna ranken sich reichlich Mythen. Schon Brahma feierte an diesem Flussufer. Am Vorabend der Weltschöpfung gab es eine Riesenparty. Ohne Alkohol, wohlgemerkt. Wohl wissend, dass die Welt schneller, als allen lieb ist, untergehen wird. Warum soll es denen besser ergangen sein als mir jetzt? Am Fluss sitzen, über die Welt philosophieren. Ein köstliches, herbes, gelbliches Getränk wird die Welt nicht retten, wäre aber stimmungsaufhellend.

Die Kumbh-Mela-Plätze sehen aus wie Ackerland, mit Pfählen gespickt. Alle zwölf Jahre findet an vier Orten in Indien das Kumbh Mela statt. In Allahabad ist es das größte Fest. Der Legende nach fand der Sohn des Himmelsgottes Indra den Trank der Unsterblichkeit (Amrita).

Verkleidet als Krähe flog er um die Erde. Versuchte, vor seinen Verfolgern zu fliehen. Dabei verlor er vier Tropfen des kostbaren Tranks. Die Städte Haridwar, Nasik, Allahabad und Ujjain wurden so beträpfelt. Erlangten dadurch ihren heiligen Status. Sie sind bis heute die Festorte des Kumbh Mela.

Abermals auf den letzten Drücker finde ich eine Dhaba am Straßenrand. Freundlich werde ich empfangen. Neben den üblen Gerüchen steigt mir auch ein guter in die Nase. Eine Mischung aus Gewürzen, frischem Holz und Kaffee. Die Verständigung klappt hervorragend. Kein Hindi, kein Englisch, kein Deutsch. Die weltweit geläufigen Zeichen für „essen" und „schlafen" sichern mir den Übernachtungsplatz. Das Essen ist überragend. Das beste Dahl bisher. Beim Warten denke ich an die beiden Mitarbeiter von der Hygiene daheim. Können sie in einem solchen Land ihre Tätigkeit vergessen? Ihren Urlaub genießen? Vom ersten Tag an wird in meinem Eislabor überwacht. Alles muss glänzen. Kein Staubkorn darf sich im Regal niederlassen. Schriftlich muss ich bestätigen, dass ich meine Hände nach jedem Toilettenbesuch wasche.

Wenn ich wieder zu Hause bin, werde ich ein paar Fotos von Indiens Street-Food-Ständen aushängen. Die Kochstellen, Töpfe, das Rührwerkzeug, die Abwaschlappen – alles strotzt hier vor Dreck. Mäuse und anderes Getier tummeln sich um die Füße der Betreiber. Die

Griffe aller Messer sind mit Paketband umwickelt. Ein Brett oder eine Schneidefläche ist nicht vorhanden. Die Putzlappen zehren von sich selbst. Ein Kühlschrank fehlt sicher aus finanziellen Gründen.

Das Essen schmeckt köstlich, ja hervorragend. Der hohe Gehalt an Chili sorgt dafür, dass eventuelle Keime oder Bakterien sofort verenden.

Nach zahlreichen Nächten mit Moskito-Beischlaf lässt sich heute die Anzahl nicht feststellen. Wechselt ein Schwarm die Richtung, fliegt der nächste herbei. Was spricht der Dalai Lama dazu? „Wenn du Tiere töten willst, schlage zuerst auf die Mücke, die auf deinem Hoden sitzt." Schlau, zwei Hosen schützen meine Hoden. Diejenigen, die ich auf Arm oder Kopf erwische, werden gewissenlos erschlagen.

Ohrenbetäubender Lärm über 12 bis 14 Stunden. Auch nachts trötet so manches Horn eines Lkw, reißt den Radler aus seinen süßen Träumen.

Die Geisterstadt

Weit über 1000 uralte Städte wurden in Indien wiederentdeckt. Rätselhaft bleibt bis heute, wieso an so vielen Orten plötzlich die Einwohner verschwanden, zumal die ehemaligen Stadtbewohner in der Nähe in simplen Dörfern weiterlebten.

Fathepur Sikkit ist eine Geisterstadt. Sie wurde erbaut vom indischen Helden Kaiser Ashoka. Er regierte Indien im Goldenen Zeitalter und wird bis heute verehrt. Über elende Straßen, nein, aneinandergereihte Schlaglöcher, lande ich direkt auf einem Parkplatz. Ein Zaun, zwei Bänke, wie geschaffen für mich. Nach 30 Sekunden stehen acht Sicherheitsbeamte um mich herum. Höflich frage ich, ob ich mein Rad hier direkt unter ihren Augen abstellen darf. Ja, das Rad, aber nicht das Gepäck. Verwunderung steht mir ins Gesicht geschrieben. „Why?“ Drei Fahrräder stehen bereits am Zaun. Zwei haben Kartons auf dem Gepäckträger. Ich weise die Sicherheitsbeamten darauf hin. Der Hinweis wird ignoriert. Entweder ich trage mein Gepäck rund 200 Meter zum Pförtnerhäuschen, oder ich darf hier nicht stehen bleiben. Zornesröte steigt in mir auf. Ich fluche unschöne Worte – viele, unendlich viele. Nach 60 Kilometern umdrehen kommt nicht in Frage, ich beuge mich der Staatsgewalt.

Mühevoll schleppe ich die Packtaschen rund 200 Meter in den Aufbewahrungsraum. Supersicher. Zwei Stahltore und ein abschließbarer Spind. Kostenlos.

Die Geisterstadt wurde von einem Mogul erbaut und 15 Jahre später vergessen. Eine zehn Kilometer lange Mauer umschließt das Areal. Sie hat in der Breite die Ausmaße einer Staumauer. Spektakulär finde ich die in die Mauer integrierte Moschee.

Vor 400 Jahren bewohnte ein Guru das Felsplateau. Er versprach dem Mogul einen Sohn. Zum Dank errichtete der ihm zu Ehren die Stadt und integrierte ein Mausoleum. Noch heute pilgern Frauen zu dem Grab. Alle mit dem Wunsch um die Geburt eines Sohnes. Kleine bunte Baumwollfäden werden an die Fenstersprossen gebunden. Sie symbolisieren Männlichkeit, die sich positiv auf das Geschlecht auswirken soll.

Ohne einen Sohn zu gebären, sind die Frauen auch im Jahr 2018 nicht vollwertig in die Familien integriert. In den dörflichen Regionen sind sie teilweise sogar verachtet. Was in indischen Dörfern noch immer dazu führt, dass weibliche Neugeborene gleich von der Hebamme beseitigt werden. In den Städten wird moderner gehandelt. Wenn die Fruchtwasserpunktion kein Y-Chromosom anzeigt, wird abgetrieben. Das biologische Gleichgewicht ist dadurch gehörig ins Straucheln geraten.

Bei Kaiser Ashoka bleibt bis heute ungeklärt, weshalb bei einer stattlichen Anzahl von Haremsdamen selbst mit astrologischer Hilfe letztendlich doch kein Junge zur Welt kam.

Gelegentlich brauche auch ich Unterhaltung. Nicht das Radio oder Fernsehen, nein, jemand, der mit mir spricht. Na klar, mitten in Indien ist gerade niemand greifbar, der meiner Sprache mächtig ist. Also muss ich auf altbewährte Selbstgespräche zurückgreifen. Motivation ist nötig. Wiederholt bin ich 20 Kilometer in die falsche Richtung gefahren. Ich muss unbedingt an mir arbeiten. Die Defizite treten deutlich zum Vorschein, es werden immer mehr.

Zurück on the Road erblicke ich einen Chai Baba. Ohne die zu Tausenden vorhanden Chai-Oasen würde Indien Charakter fehlen. Purer Genuss für weniger als zwei Cent. Ob ich als Verkäufer ein Leben lang im Schneidersitz immer und immer wieder den Tee aufkochen möchte, bezweifle ich gewaltig.

Am Dorfausgang hocken ungefähr 30 Dorfbewohner. Den Sari oder Dhoti nach oben gerafft, halten sie mir ihre nackten Hintern entgegen. Ohne Scham, ohne Bedenken. Wenn nötig, mehrmals am Tag. Der Allerwerteste wird dann mit der linken Hand aus mitgebrachten Wasserflaschen gespült. Das Gras trocknet die Hände. Ich hoffe, sie greifen immer nach der richtigen Flasche. Am Straßenrand sammeln sich auch Plastikflaschen, randvoll gefüllt mit Fernfahrerpisse.

Gut, dass ich reise. Ich erlebe Geschichten. Man ahnt nicht, dass sie passieren.

Dass ich niemals alle mit meinen Reisen begeistern kann, steht fest. Alfreds acht Tomatensorten im Garten begeistern mich auch nur auf dem Teller. Erschwerend kommt hinzu, dass ich gegen alle Besserwisser auf dem Sofa antrete. Selbst wenn ich übers Wasser laufe, kommt einer daher und fragt, ob ich zu blöd zum Schwimmen sei. Ja, ich kann nicht schwimmen!

Varanasi – verzaubert – entzaubert

Für die Hindus ist Varanasi die heiligste aller Städte. Empfangen werde ich wie überall laut, schrill, überaus chaotisch. Alle 50 Meter wieder ein Selfie mit dem Radler aus Europa. In ihren Gedanken bin ich sicher die Reinkarnation eines ehemaligen Rikschafahrers.

Über Jahrtausende fließen die Pilgerströme in die uralte Stadt am Ganges. Jeden Morgen steigen Hunderte in die Fluten zu einem rituellen Bad. Warum? Klar, wieder sollen alle Sünden vergessen werden. Nicht nur Leichen werden im Fluss gereinigt. Die Wäsche, Pullover, die Tiere – alles. Ein komplettes Leben mit sämtlichen Facetten spielt sich am Fluss ab. Ein ineinander verwobenes Leben.

Die hinduistische Lebensphilosophie besagt, dass jeder Mensch, jedes Tier ein unsterbliches Selbst ist, das in einem ewigen Kreislauf gefangen bleibt. Stirbt der Mensch, so geht Atman, seine Seele, in eine neue Daseinsform über. Es gelten Regeln und Pflichten, die einzuhalten sind.

Die beste Regel ist die, weder Mensch noch Tier Gewalt anzutun. Das von mir schon viel strapazierte Karma zieht am Lebensende Bilanz. Es entscheidet, in welche Existenzform der Gläubige nach dem Tod übergeht. Wer demzufolge viele schwere Sünden – Verkaufen der Ehefrau, Nichtteilen von Süßem! – auf dem Konto hat, wird in der Hölle büßen und somit in einer niederen Kaste wiedergeboren. Bei gutem Karmastand – ich sammle fleißig weiter – folgt der Schritt in die höhere Kaste. Noch besser: Man kann in den Status eines Gottes aufsteigen. Ich rechne schnell nach, mein Guthaben ist gewaltig. Allein zwölf Jahre lang habe ich als Rettungsassistent nur Gutes getan.

Der heilige Ganges, die Mutter Indiens, fließt langsam dahin. Für viele ein guter Platz zum Sterben. Es gibt sogar Hotels für Sterbende. Gut versteckt vor westlichen Augen.

Allseits bekannt ist, dass Türen durch Ziehen oder Drücken geöffnet werden. Hier vor Ort öffnet ein Bakschisch in angemessener Höhe alle Türen. Ich darf schauen. Es gibt Schlafsäle mit Hunderten Betten, nein Schlafstätten, teilweise Pritschen, aber auch Strohlager. Viele spüren, dass ihre Zeit sich dem Ende zuneigt. Begeben sich in diese Unterkünfte. Warten auf den Tod. Zum Teil mit einem imponierenden Timing. Vierzehn Tage lang ist die genehmigte Verweildauer in den Quartieren. Wer den Tod länger hinauszögert, muss raus.

Der Anblick, der sich mir bietet, ist echt. Ohne Photoshop, Weichzeichner oder Retuschen. Ich entscheide mich für eine mehrere Stunden dauernde Sitzbesichtigung. Die schwer beladenen Sünder legen ihre Kleidung, teilweise Lumpen ab, um im Lendenschurz in den Fluss zu steigen. Große, Kleine, Dicke, Ausgemergelte, Langhaarige oder Kahle steigen in den Fluss. Murmeln Gebete, trinken vom heiligen Safte, tauchen unter. Ein beeindruckendes Ritual, gleichzeitig von Hunderten vollzogen. Keiner kommt dem anderen in die Quere.

Sünde wie auch Versuchung muss im Heiligen Land sehr weit verbreitet sein. Tausende nutzen das reinigende Bad gleich mehrfach. Bei der Wasserqualität sterbe ich lieber in der Hölle beziehungsweise durchlebe die Wiedergeburtsreihenfolge als Hund, Katze, Maus. Für die Pilger der makelloseste Ort im Universum. Für Leute ohne religiöse Brille die reinste Klärgrube. Die Badenden interessieren die Gegebenheiten nicht.

Wer sich eine Verbrennung nicht leisten kann, wird mit guten Worten versenkt. Um den Kreislauf zu unterbrechen und sofort die Seligkeit zu erreichen. Und doch fasziniert die Aufeinanderfolge vom Beginn bis zum Vergehen. Nach dem Tod setzt der Fäulnisprozess ein. Das Bakterium Clostridium Botulinum zersetzt Eiweiße. Dabei werden Gifte produziert. Vermengt mit Milliarden Litern ungeklärten Abwässern ergibt sich eine Mischung, die erstaunlicherweise wenig Menschen sofort sterben lässt. Der Fluss ist ja eine Göttin, kein Mensch kann sie jemals verschmutzen. Einen Tempel allerdings mit Schuhen oder unsauberen Füßen zu betreten – unmöglich.

Mein unter Beobachtung stehender Sadhu taucht aus den Fluten wieder auf. Teilweise kleben Müllbeutel, Dreck, Abfallreste an seinem Körper. Ein nochmaliges Abtauchen löst dieses Problem. Stört nur den Europäer. Die unsichtbaren Krankheiten ereilen die Sünder später.

Für Zartbesaitete ist auch der dominante Lautstärkepegel schwer zu ertragen. Sämtliche Membrane der Lautsprecher vibrieren wie die Flügel des Kolibris. Vielleicht haben alle Inder von Geburt an einen Hörschaden, der sich durch die permanente Beschallung nie erholen wird.

Leider bin ich wieder am Meckern. Es ist eine Schande für Indien – Indien, eine Atommacht, führend in der IT-Branche. Nicht nur am Ganges, fast alle Abwässer fließen ungeklärt in die Gewässer. Hinzu kommt die Verunreinigung durch Müll, der sichtbar noch obenauf schwimmt.

Beeindruckend, wie Indien auf mich wirkt. Wenn die Erde nicht vor der Sonne untergehen soll, muss schleunigst gehandelt werden. Irgendwo hier in der Stadt brennt die Flamme der Erkenntnis. Buddha begann ganz in der Nähe nach seiner Erleuchtung zu predigen. Mögen die Menschen ihn erhören. Ich suche derweil nach einem neuen Buddha. Einen mit einer grünen Gesinnung.

Trotz all der Ungereimtheiten kann ich mich der Atmosphäre der Stadt nicht entziehen. Verteilt über die gesamte Altstadt, die Ghats, die zum Gewässer hinunterführen. Auf den Treppen spielen sich die Vielfalt und die Widersprüchlichkeit des indischen Lebens ab.

Meditation, Leben, Geburt sowie der Tod. Die Krönung ist die Einäscherung auf den offenen Scheiterhaufen. Die Toten werden nicht von Tränen begleitet, sondern beneidet! Hier zu sterben ist das Größte. Der Zug ins Nirwana fährt direkt hier vor Ort ab.

Ich versuche, die unerklärlichen Gedanken beiseitezuschieben. Nur so kann ich in das atemberaubende Flair, in das Feeling eintauchen, alle Momente genießen, fasziniert mit großen Augen und offenem Mund.

Alles passiert gleichzeitig, auf engstem Raum, für europäische Augen unfassbar. Ich kann alles sehen, fühlen und riechen. Zeitweise bin ich bis ins Innerste aufgewühlt.

Die uralten verschlungenen Gassen in der Altstadt sind so eng, dass eine einzige Kuh mich jedes Mal die Richtung wechseln lässt. Ein unaufhörlicher Passantenstrom fließt oder blockiert. Es wird geschoben und gedrängelt. Affen turnen über den Köpfen. Händler bieten schreiend ihre Waren an.

Jeder zweite Inder kaut auf Päckchen der Betelnuss herum. Es gibt über 30 verschiedene Arten. Unartig, das auszuspucken. Alle zehn Meter kommt eine durch die Betelnuss rot gefärbte Aule geflogen. Die roten Stellen wechseln sich schön mit den Kuhfladen und dem allgemeinen Müll ab.

Die Luft glüht, trotz all des Trubels herrscht eine absolute Ruhe, wenn man sich einmal darauf eingelassen hat. An einem Ort herrscht himmlische Ruhe, Sekunden später fühlt sich alles wieder wie überbelichtet an. Jeder Schritt, jede Bewegung, jede Regung. Alles geschieht in einer absoluten Selbstständigkeit. In dem Moment des Eintauchens ist Indien faszinierend, verteilt großzügig indisches Feeling.

Für alle, die auf meinen Pfaden wandeln wollen: In den Altstadtgassen niemals durch die Nase atmen. Das versaut die Erinnerung. Am Ufer gönne ich mir eine Fußreflexzonenmassage. Nach zehn Minuten tauche ich in eine vollkommene Glückseligkeit ein. Keine 100 Meter weiter folgt eine Ganzkörpermassage. Angelockt von einem spitzbübisch grinsenden Schlitzohr. Für sagenhafte zehn Rupien bekomme ich eine halbe Stunde lang eine Massage. Schon der Griff an meine Schulter, um seine Dienste klar zu machen, zeugt von Kraft und Durchsetzungsvermögen. Ringsherum läuft alles wie bisher, niemand nimmt Notiz von dem Geschehen. Bis auf den nächsten Beutejäger.

Unbedingt müsse er mir meine Zukunft aus der Hand lesen. Dass ich die nicht wissen will, interessiert ihn wenig. Da ich mich jetzt auf den Bauch legen muss, löst sich meine Zukunft in Luft auf. Die Massage kostet letztlich nicht zehn, sondern 100 Rupien. Er muss sich vorher wohl versprochen haben.

In Hochstimmung suche ich den Swami mit dem Monster Lingam. Sagenhafte 40 Kilo soll er mit seinem Glied verbinden und anheben können. Vielleicht ist es besser, dass er gerade nicht verfügbar ist. Die Phantomschmerzen müsste ich dann ertragen, und nicht er mit seinem Phallus.

Einige der Sadhus agieren unverschämt aufdringlich, teilweise rabiat. Genau wie die Bootsmafia. Allesamt Schlitzohren. Profis im Geschäft um die Touristenrupien. Sie ziehen sämtliche Register, um die Besucher auf den Fluss in ihr Boot zu lotsen. Ich blicke in ein abwartend aufdringliches Antlitz. Selbstsicher strahlt der Inder eine entwürdigende Aufdringlichkeit aus. Junge, von dir hole ich mir ein paar Rupien. Wenn nicht sofort, dann zum Sonnenaufgang beziehungsweise am Abend zu Beginn der Zeremonien.

Was denkt eigentlich ihr Gott, wenn sein Bodenpersonal derart dreist unterwegs ist? Ich schaue vom Ufer in den vom Smog verdeckten Sonnenball. Mit einem Chai in der Hand nicht weniger schön als vom Boot aus.

An den Ghats präsentiert sich Indien in seiner ganzen Vielfalt. Es brodelt ein unentwirrbares Gemisch aus Unwahrscheinlichem und Alltäglichem. Wo die Leben beherrschende Spiritualität derart nah an einen herantritt. Stimmungsvolles Licht umrahmt die Pilger bei ihrem morgendlichen rituellen Bad. Irgendwo stand geschrieben: „Heiliges Irrenhaus“, das ist für mich auf den Punkt gebracht. Neben den Badenden strömen etliche Menschen mit leuchtenden Messingtöpfchen oder kleinen Plastikkanistern zum Wasser. Füllen die Gefäße mit der heiligen Brühe. Was später damit geschieht, erfahre ich leider nicht.

Unter eigens gezimmerten Palmenschirmen sitzen selbst ernannte Astrologen, bieten ihre Dienste an. Die Summe der gezahlten Rupien bestimmt die Zukunft. Ich investiere 100 Rupien. Meine Zukunft stellt jedes bisher geschriebene Horoskop in den Schatten. Gott wird mich, den Evolutionsgläubigen, begeistert bei sich aufnehmen, um mich nach entsprechender Ausbildung als Heiligen zurückzuschicken. Na ja, es könnte mich deutlich schlechter treffen. Ich frage noch höflich, was denn später mit den Mädels laufen könnte. Seine Antwort gibt Hoffnung: „Sie liegen den Göttern zu Füßen." Perfekt für den Anfang würde mir Kino, Theater, Essen gehen, danach schön vögeln vollkommen reichen. Darauf findet er jetzt gerade keine Antwort. Ich müsse nochmals wiederkommen. Erst morgen geben die Sterne bereitwillig Auskunft.

Auffällig viele europäische Gesichter unter den Scharlatanen. Alle offiziell konvertiert, um in Gottes Nähe zu sein. Die Wahrheit liegt sicher woanders. Die finanziellen Einnahmen übersteigen den Hartz IV Satz. Und das, ohne sich Ausreden für das Arbeitsamt aus den Fingern zu saugen. Alles im Namen eines Gottes.

Brahmanen mit dicken Bierbäuchen sitzen neben Yogis, die, dürftig in orangefarbenen Stoff gehüllt, vollkommen unberührt von dem Trubel um sie herum miteinander diskutieren. Sadhus mit grauer Asche, lückenlos bepudert, thronen neben zahlreichen Bettlern. Wer sich treiben lässt, nur beobachtet, der sammelt unvergessliche Bilder im Kopf.

Einen weiteren Stopp lege ich am Wasch-Ghat ein. Ein Sünder taucht komplett ein. Nach einer gefühlten Ewigkeit auch wieder auf. Im nächsten Schritt wird seine Kleidung einem Waschprogramm unterzogen. Alles gründlich, mit Kernseife, soweit ich das aus der Ferne erkenne. Die Klamotten werden gründlich mit der Seife eingeschrubbelt. Hemd für Hemd wird dann auf den Steinen sauber geschlagen. Zum Schluss werden mit einer in Europa üblichen Zahnbürste die noch verbliebenen Beißerchen gereinigt. Die Prozedur wird nicht nur von mir argwöhnisch beobachtet. Auch ein Brahmane aus der Umgebung wirft aus seinem mit Asche bedeckten Haupt immer wieder einen Blick auf den Sünder. Er kontrolliert, ob die Puja – Ehrerweisung einer Gottheit – korrekt ausgeführt wird.

Bei meiner ersten Stippvisite in Varanasi 2008 haben mich die Eindrücke übermannt. Nur Bruchteile konnte ich aufnehmen, speichern und verarbeiten. Nie wird die Gegenwart mit der Erinnerung mithalten. Die Gründe liegen auf der Hand. Ich werde älter, nehme vieles nicht einfach mehr als gegeben hin. Damals. Der Teil des Lebens ist vorbei.

Sekunden später schlägt die Realität zu. Meine weit gereisten Augen erblicken einen optisch ansprechenden Sadhus im leuchtend orangefarbenen Gewand mit einem Dreizack in der Hand. Das Messingtöpfchen baumelt herum. Sein Gesicht ist schöner bemalt als jeder Indianer in jedem der Winnetou-Filme. Mehrfach muss ich hinschauen. Kann das wahr sein? Aus seinem Gewand zieht er ein Smartphone hervor. Tippt, liest, blättert, telefoniert. Mit wem wohl? Ist es Brahma, der Oberpriester persönlich? Holt sich der Sadhus die Anweisungen direkt von Gott? Oder ist es doch nur die Mutti, die ihn zum Essen ruft?

Ein klein wenig steigen Zweifel in mir hoch. Die Herren opfern ihr Leben der Spiritualität mit voller Hingabe. Telefonieren, wenn niemand hinschaut, mit einer Prepaid-Karte. Das ist Indien. Ein Ethnologie-Professor würde mir sicher erklären, dass man es bewundern solle, wie Althergebrachtes, der Glaube, mit der Moderne verbunden werden kann. Mir raubt es leider die Faszination. Mich beschleicht das Gefühl, doch noch nicht kulturell angepasst zu sein.

Um wieder einzutauchen, laufe ich zum Dasashwamedh Ghat. Genau an dieser Stelle hat Brahma zehn Pferde geopfert, um damit eine drohende Dürre abzuwenden. Jeden Abend untermalt im immer gleichen Ablauf eine Zeremonie die Bedeutung dieser Stelle. Betörende Gesänge neben zahlreichen Räucherstäbchen und

Töpfen mit qualmender Holzkohle sowie nicht enden wollende Glockengeläute prägen das Bild. Ich frage mich, was passiert, würde Meister Brahma plötzlich aus dem Wasser auftauchen. Auf einer haushohen Ratte sitzend. Werden die betenden Leute versteinert? Laufen sie weg, da sie es selbst nicht glauben können? Gibt er ihnen ein Getränk aus? Vielleicht spuckt er auch nur Feuer, weil er sich in dem Dreckwasser an einer halb verbrannten Leiche verschluckt hat.

Vor mich hinträumend werde ich angesprochen. Die üblichen Fragen nach dem Woher und Wohin. Und dann das Unmögliche. „Möchtest du ein Bier?" Diesmal werden meine Augen größer. Ein Kribbeln im Bauch, reine Vorfreude stellt sich ein. „Ja, sicher, gerne! In der Heiligen Stadt? Alkohol steht doch hier auf dem Index? Ist verboten."

„Kein Problem."

„Okay, ich möchte gleich zwei Flaschen."

„Gerne. Du musst allerdings sofort bezahlen. Ich bringe das Bier dann hierher."

Wider alle Vernunft bezahle ich im Voraus. Der Gedanke an ein kühles Bier lässt alles andere vergessen. Nach gefühlten zwei Stunden – es waren ungefähr 30 Minuten – überkommen mich erste Zweifel. Kurzes Rechnen. Der Verlust ist nicht existenzbedrohend. Nach weiteren langen zehn Minuten steht der Junge freudestrahlend neben mir. In der Hand eine Tüte mit zwei Flaschen Bier. Voller

Glückshormone stecke ich ihm noch ein Trinkgeld zu. Dann der Moment. Ich entferne den Korken mit einem lauten Plopp vom guten indischen Kingfisher Bier. Zwei Sekunden lang bleibt das Bier in meinem Mund, mit einem lauten „Ähhh" sprudelt eine Fontäne Richtung Wasser. Das Bier hat die gleiche Temperatur wie die Luft. Wer schon einmal 35 Grad warmes Bier probiert hat, kann nachvollziehen, dass sich meine Glückshormone blitzartig zurückgezogen haben. Über eine Stunde stelle ich die Flaschen in den Fluss in der Hoffnung auf kühlende Wirkung. Allein der Gedanke, alles wird gut, in Deutschland bekomme ich wieder kaltes Bier, hindert mich an der Selbsttötung.

Überall treffe ich auf Reste von alten Palästen. Verkommen, verdreckt, offene Abflussrohre, aus denen der Schmodder ungehindert die Wände herunterlaufen kann. Aus allen möglichen Ritzen und Vorsprüngen wächst Grünzeug, mit dem die Affen spielen. Ich nehme meine gesamte Fantasie zusammen, versetze mich 300 Jahre zurück. Was für eine Stadt! Die Ausstrahlung von Glanz, Reichtum und Spiritualität. Gaukler, Wäscherinnen, Maharadschas, Bettler, alle leben an und auf den Ghats. Handwerker sämtlicher Couleur bieten ihre Dienste an. Chai- und Chapati-Verkäufer rennen durch die Reihen, immer auf der Suche nach Kunden. Durch die Fensterschlitze beobachten die leider eingesperrten Haremsdamen das bunte

Treiben. Lachen, tauschen untereinander ihre geheimsten Wünsche aus.

Zurück aus den Träumen stehe ich etwas verloren in der Wirklichkeit herum, werde sofort umringt. „Möchtest du ein Boot mieten?“

„Nein, danke.“

„Dann besuche meinen Shop, ich verkaufe feinste Seide.“

„Nein, danke.“

„Okay, wo schläfst du? Ich habe auch Zimmer zu vermieten.“

„Nein, danke.“ Nur durch Flucht kann ich mich entziehen und lande in einem nepalesischen Holztempel. Irre, sofortige Ruhe tritt ein. In dem Getümmel strahlt der Tempel eine Erhabenheit aus, dass man denkt, der Dalai Lama höchstpersönlich sitzt im Inneren und sorgt für Ruhe. Beim Betrachten der erotischen Schnitzereien denke ich an die vielen unbefriedigten Haremsdamen. Ach ja, schön muss es gewesen sein. Direkt vor dem Tempel befinden sich weitere Wasch-Ghats. Nicht mehr so überfüllt wie vor zehn Jahren. Sicher enthält die Mitgift heutzutage auch gelegentlich eine Waschmaschine. Spektakulär das Wäscheaufhängen, ohne Klammern zu benutzen. Es werden einfach zwei Wäscheleinen miteinander verschlungen. In die Lücken wird je ein Zipfel der Hemden und Saris geklemmt.

Der größte Andrang herrscht am Jallahsay Ghat. Hier werden, für alle sichtbar, die Einäscherungszeremonien zelebriert. Verstörend ist der Ablauf für europäische Augen. Fasziniert von der vollkommen fremden Kultur versucht man, die Zeremonie zu begreifen. Alle treten hier ihre Reise in den Kreislauf der Wiedergeburten an. Aufpasser setzen rabiat das Fotografierverbot durch. Zehn Schritte weiter steht ein Schlitzohr und bietet seinen Balkon „very cheap" für 100 Rupien an. „Best view." Moralische Bedenken? Fehl am Platz. Auch sehr viele Einheimische setzen sich nahe an das Ghat, beobachten das Treiben, teilweise ihre eigene Verwandtschaft.

Verbrannt werden darf nur, wer auf natürliche Weise verstorben ist. Die alljährlichen 150.000 Verkehrstoten und die Opfer von Kriminalität haben keine Möglichkeit, vom Kreislauf der Wiedergeburt erlöst zu werden. Wie im realen Leben entscheidet der Geldbeutel auch hier über die Art und den Standort des Scheiterhaufens. Im oberen Bereich werden nur die heiligen Brahmanen verbrannt. Selbst die Qualität des Holzes auf dem Scheiterhaufen ist sichtbar hochwertiger als jenes der Unberührbaren unmittelbar am Flussufer.

Die Leichen sind farblich deutlich zu unterscheiden. Männer werden in weiße Laken gehüllt, Frauen mit bunten Tüchern bedeckt. Angehörige tauchen den Verstorbenen kurz in das heilige Gangeswasser. Angelehnt an die fünf Elemente wird der Leichnam vom ältesten Sohn fünf Mal umrundet. Auf die lange Reise gibt es noch etwas Reis sowie ein paar Münzen obendrauf.

Ungefähr drei Stunden – ich sitze dabei – brennt ein solcher Scheiterhaufen. Ist nur noch Asche übrig, schlägt das indische Feeling wieder zu. Unbeeindruckt von allem stehen hüfttief Männer und Kinder im Fluss. Im Schlamm wird mit Gartenharken versucht, die Münzen, Ketten und Goldzähne wieder herauszufischen. Der erste Schritt zur ökologischen Wiederverwertung.

Frauen sind von der Zeremonie ausgeschlossen, rings um das Ghat sehe ich nicht ein weibliches Wesen. Trauer kommt nicht zum Tragen. Mitfühlend sieht hier niemand aus. Bei der Mimik von Lachen oder Trauer reicht das Spektrum der Emotionen auf einer Skala von eins bis eins Komma eins. Nicht eine einzige Träne wird vergossen. Überhaupt steht den Indern nur eine begrenzte Palette an Gesichtsausdrücken zur Verfügung – um genau zu sein, eine. Ausschließlich die Hingabe des wahrhaft Gläubigen an den Willen des einen Gottes zählt, unbegreiflich für Außenstehende. Wie nahe ich an Gott wohne, erzähle ich den Jungs nicht. Im Dachgeschoss bin ich zwar immer noch unterhalb von Gott, aber deutlich näher dran als alle, die sich hier in die Fluten stürzen.

Am Abend – die Sonne taucht alle Dinge in magische Farbtöne – lasse ich mich zum Vishwanath-Tempel bringen. Bei den Einheimischen und in einschlägigen Reiseführern gilt er als der Goldene Tempel. Hinein dürfen wieder nur Hindus. Schnell ist ein eifriger Reiseführer zur Stelle. Er bringt mich auf das Dach eines der umliegenden Häuser, damit ich von dort einen Überblick erhalte. Liebend gerne wäre ich an den Brunnen der Weisheit herangetreten, um mir zwei volle Eimer zu schöpfen. Auch der Shivalingam soll in dem Brunnen liegen. Lust, Geilheit, gepaart mit Weisheit? Ist dies das Optimum des Irdischen?

Mit einer Rikscha fahre ich zum neuen Vishwanath-Tempel. Der ist für Touristen. Es ist eine originalgetreue Kopie. Nur das heilige Wässerchen haben sie nicht parat. Jedermann ist hier willkommen. Unabhängig von Glauben, Kaste sowie Hautfarbe. Der Erbauer hat auf jeden Fall aus dem originalen Brunnen der Weisheit getrunken.

Meine eigene Erkenntnis: Es gibt nur eine einzige Gottheit, und die heißt Leben. Allem, was Leben ist, sollte man Achtung und Wertschätzung entgegenbringen.

Nach vier Tagen verlasse ich die Stadt wieder. Es geht über eine Autobahn. Exakt ist es ein Feldweg der vierten Kategorie. An der Autobahn gibt es wieder ein richtiges Bett. Ein Raum, kleiner als jede Gefängniszelle, kostet mich stolze 14 Euro. Allerdings ist das Kellerloch ordentlich und sauber.

Am Morgen werde ich eines Besseren belehrt. Ich muss feststellen, dass ich mindestens zehn Bettwanzen mit meinem nahrhaften Blut versorgt habe. Wenigstens von Läusen bleibe ich verschont. Sie haben schlechte Karten bei meinem gepflegten Kurzhaarschnitt.

Wieder auf der Straße, fahren die Leute neben mir her. Stellen Fragen. Immer wieder die gleichen Fragen. Meine Standardantwort nach der 4326. Frage: „Das geht dich einen Scheiß an.“ Darauf erhalte ich ein freundliches Lächeln. Im gleichen Atemzug die nächste Frage: „Where are you going?“ Die ist neu. Meine Antwort auch. „Ich fahre zu meinem Privatjet. Parkt gleich dort vorne an der Ecke.“ Staunen, Lächeln. Mit dem Gefühl, eine befriedigende Antwort erhalten zu haben, fahren sie weiter.

Auch wird mein Essen geprüft. Wenn ich gerade in ein Chapati beiße, steckt sofort ein Finger in meinem Dahl. Was sie genau prüfen – keine Ahnung. Ist es noch heiß? Die gleichen Zutaten wie bei uns? Oder kontrollieren sie, ob der Koch seine Arbeit ordentlich verrichtet hat? Jungs, macht das bei eurem Besuch in Deutschland, und ihr fahrt ohne Zähne wieder nach Hause. Nach einem Monat Indien steht fest: Tauglich für den Waffenschein bin ich nicht!

Der Gedanke an saubere Flüsse lässt mich ein Abflussrohr verfolgen. Meine schlimmsten Befürchtungen treten ein. Alles, wirklich alles, was durch ein Rohr passt, fällt einen halben Meter hinter dem Haus ungefiltert in den offenen Wassergraben. Dazu gesellt sich der restliche Müll, der sich auf der Straße anhäuft. Später frage ich provokativ beim Chai-Verkäufer, wo sich der Mülleimer befindet. Ungläubiges Kopfschütteln: Was ist das denn für eine Erfindung?

„Einfach fallen lassen, die Boys kehren das später weg."
„Wohin?"
„Hinter das Haus."
„Und von dort?"
„Da holt es dann der Monsun."
Klar, wer denn sonst.

Mangels Verkehrsschildern oder generell fehlender Ortsangaben muss ich Passanten um Hilfe bitten. Am liebsten sind mir Polizisten. Die haben in der Regel schon einmal englische Fragewörter gehört. Wie der Nachbarort heißt beziehungsweise den Weg zum nächsten Ort wissen aber auch sie nicht. Schnell habe ich mir angewöhnt, gleich mehrere zu befragen. Teilweise mit erstaunlichen Ergebnissen. Auf meiner Karte sind Orte nicht weiter als zehn Kilometer entfernt eingezeichnet. Trotzdem wird bestritten, dass es sie überhaupt gibt.

Hinzu kommen sprachliche Hindernisse. Dass Englisch die Amtssprache in ihrem Land ist, davon wissen nur die Beamten, die dies festgelegt haben. Teilweise gewinne ich den Eindruck, dass sie sich nicht einmal untereinander verstehen. So ähnlich wie bei Kölnern und Sachsen.

Jede Stadtdurchfahrt hinterlässt auf mir, dem Rad und den Packtaschen eine wundervoll schmierige, klebrige schwarze Smogschicht. Zum Glück ist meine Lunge noch jungfräulich, was das Zigarettenrauchen betrifft. Um die fünf bis zehn Schachteln atme ich hier pro Tag mindestens ein. Während meiner Europatour sprach mein Freund Chris zu mir: „Erkälten wirst du dich unterwegs nicht. Du verbringst den ganzen Tag draußen an der frischen Luft." Hier in Indien bin ich draußen. Mit jedem Atemzug hole ich allerdings mehrere Jahre Kettenrauchen nach. Beim nächsten Lungenröntgen in der Heimat erzähle ich stolz, noch nie geraucht zu haben. Der Doktor wird beim Betrachten der Röntgenbilder vielsagend nicken und sich fragen: Wen will der denn verarschen? Unklar ist mir auch, ob und wie ich jemals wieder sauber werde. Vierundzwanzig Stunden in einem Hamam wären sicher ein Anfang.

Mein tägliches Vorabendprogramm in diversen Hotelzimmern besteht darin, alle Moskitos zu finden und zu töten. Recht wirksam sind die Räucherpads. Sie brennen fast drei Stunden. Wer bis dahin nicht das Weite gesucht hat, wird auf bewährte Weise mit Schuh, Buch oder Handtuch gekillt.

Die Vegetation hat sich schlagartig geändert. Unzählige Grüntöne. Bäume, Sträucher mit tellergroßen Blüten säumen die Straßenränder. Teilweise sitzen Affen an der Seite, zeigen mir ihre Zähne. Ich muss mich entscheiden, vor wem ich ausweiche, vor den rücksichtslosen Lkw-Fahrern oder den aggressiven Affen.

Erste Berge tun sich vor mir auf. Langsam krieche ich Seite an Seite mit den Lkws bergauf. Die Fahrer und ich lächeln uns freundlich an und winken. Auf Sonnencreme kann ich verzichten. Die zwei Stunden, die es die Sonne schafft, sich durch den Smog zu kämpfen, bin ich durch eine staubige, schmierige Smog-Öl-Diesel-Rußschicht geschützt.

Der Wind säuselt durch mein nicht vorhandenes Haar. Die Vegetation sorgt für Abwechslung und gute Laune. Wieder einmal muss ich, um mein Leben zu retten, in den Straßengraben. Insgeheim male ich mir aus, wie sich bei dem Drängler das gute Karma verringert. Bei seiner nächsten Reifenpanne werde ich die restlichen Reifen zerstechen und den Autoschlüssel irgendeiner Cobra in den Rachen werfen. Mein Karmastand strotzt nur so vor Guthaben.

Waschen fällt heute wieder aus. Lediglich Gesicht und Hände säubere ich mit meinem Trinkwasser. Das sogenannte Badezimmer kann nur im Schutzanzug betreten werden.

Mit dem Zug zum Tee

Das zweitgrößte Eisenbahnnetz der Welt wartet auf mich. Im Jahre 1853 bewegte sich der Zug aus Bombay ins Umland. Mit der Victoria Station wurde ein Bauwerk konstruiert, das schon beim bloßen Anblick Lust auf Zugfahren macht. Man denkt: Wie herrlich muss mich denn solch ein Vehikel fortbewegen! Bei den Indian Railways stehen sage und schreibe 1,5 Millionen Mitarbeiter in Lohn und Brot. Das Schienennetz ist schier gigantisch. 60.000 Kilometer Stahlstränge sind auf dem Kontinent verlegt, bedienen mehr als 7000 Stationen. Deutschland hat mit 43.000 Kilometern auch etwas zu bieten, die Dichte ist mit 120 Metern pro Quadratkilometer in Indien jedoch deutlich höher. Ebenso hoch die Passagierzahlen. 12 Millionen quetschen, schieben und drängeln sich täglich in die Züge. Weitere zwei bis drei Millionen harren auf den Bahnsteigen aus, blicken sehnsüchtig in die überfüllten Abteile und hoffen auf eine Lücke.

Zug fahren lässt mich strahlen. Die Glückshormone sprudeln, tanzen vor Freude. Der gleichmäßige Takt, der von den Schienen, den Stößen und den Weichen verursacht wird, lullt mich ein. Alles verlangsamt sich, schaltet einen Gang herunter. Für deutsche sowie indische dauergestresste Autofahrer ist Zugfahren als Therapie in

Betracht zu ziehen. Trotz schierer Größe sind die Züge fast immer hoffnungslos überfüllt.

Im indischen Zug steht Ankommen als Ziel ganz oben. Phasenweise gilt das mittlerweile auch für deutsche ICEs. Der Volkszorn über all die Versager kocht bereits wegen zwölf Minuten Verspätung bei 490 gefahrenen Kilometern hoch. Nach ortsüblichen Verspätungen im oberen zweistelligen Stundenbereich weiß ich, wie lächerlich unsere Probleme daheim sind. In Indien ist die Sicherheit, auch wenn ein Zug hin und wieder mal crasht oder umkippt, gegenüber der Straße die deutlich bessere Wahl.

Schon der Kauf eines Zugtickets verspricht ein Abenteuer. Nachdem ich erfolgreich die Schlepperbarriere durchbrochen habe – leider nur unter Androhung von durch mich auszuübender Gewalt –, stehe ich vor fünf Schaltern. Am ersten befindet sich eine endlose Reihe bunt schillernder, von quirligen Kindern umringter Mädchen in Saris. Davor die Herren im gepflegten Zweireiher mit dem Handy am Ohr. Oma und Opa mit einer Ziege im Schlepptau reihen sich bunt gemischt hintereinander.

Schalter zwei bis vier sind geschlossen. Am letzten, Nummer fünf, stehen grob geschätzt zehn Leute. Da stelle ich mich an. Freundlich hauche ich mein einziges indisches Wort „Namasté“ durch den Schlitz. Der erstaunte Augenaufschlag gibt mir zu verstehen: Du bist auf einem Bahnhof, und ich verstehe nur Bahnhof. Da ich nicht unvorbereitet bin, überreiche ich einen Zettel mit

Datum und Zielort. Sofort werden mehrere Mitarbeiter hinzubeordert. Nach einer Minute Beratung bekomme ich zu hören: „Hier gibt es kein Ticket, Sie müssen an Schalter vier! Der ist für Ausländer."

Ich erwidere: „Der ist aber geschlossen."

„Bitte etwas warten, in ungefähr 20 Minuten wird er geöffnet."

Fast auf die Minute genau öffnet sich der Schlitz an Schalter vier. Jetzt zeigt mein Augenaufschlag deutliches Missverstehen. Hinter dem Glas sitzt die Dame von Schalter fünf. Kurzer Blick meinerseits nach rechts, Schalter fünf ist jetzt geschlossen. Das ist Indien.

Freundlich wird mir ein Reservierungsformblatt gereicht. Ich möge es vollständig ausfüllen, vorher bekomme ich kein Ticket. Über 30 Fragen muss ich beantworten, selbst der Name sowie das Geburtsdatum meines Vaters werden gewünscht. Bloß gut, dass ich nicht auf einer Party mit Gruppensex gezeugt wurde.

Erschwerend liegen die An- und Abfahrtszeiten äußerst ungünstig für mich. Bevor ich die nächste Indienreise antrete, werde ich ein Studium über Bürokratie absolvieren – vielleicht ist BWL auch schon hilfreich.

„Ich" – das heißt so viel wie „der reiche Touri" – fahre First Class. Ein anderes Ticket wird mir auch nicht verkauft. Das bedeutet keineswegs Sauberkeit im Abteil oder eine Toilette in der Nähe. Nur der Sitzplatz. Dieser ist auf dem Papier erst einmal meiner.

Auch hier wollen mir viel zu viele Händler Dinge verkaufen, die ich nicht will, erst recht nicht benötige. Meine Antwort „Maybe tomorrow" überzeugt allerdings nicht. Sind ja nicht blöd, die Jungs. Ein kompletter 24-Stunden-Tag Verspätung ist auch in Indien eher selten. Mit Freude registriere ich, wie der Chai-Mann zuverlässig laut schreiend versucht, in allen Abteilen seinen Tee an den Mann zu bringen.

Der Gang zur Toilette braucht nicht weiter beschrieben zu werden. Von Meter zu Meter wird der Geruch beißender, penetranter. Ich vermeide jeden unnützen Weg. Nicht dass der ätzende Geruch meine Nasenschleimhaut entzündet.

Auch wenn ich körperlich nicht lang gewachsen bin – hier bin ich, für jeden sichtbar, einer, der Geld besitzt. So werden alle, vom Bettler bis zum Halbseidenen, wie von einem Magneten in meine Nähe gesogen.

Um mein gutes Karma noch mehr zu erweitern und dabei meinen Informations-Jetlag zu besänftigen, kaufe ich eine deutsche Zeitung, vier Tage alt, zum Preis eines Buches mit Hardcover.

Nicht ganz uneigennützig sortiere ich ein paar Shirts aus. Packe noch Duschbad und Creme dazu. Am Bahnsteig übergebe ich den Beutel einer jungen Mutti mit Baby im Arm. Mein Karmaguthaben schnellt in die Höhe. Dabei fällt mir wieder auf, dass ihr Sari nicht nur farbenfroh leuchtet, sondern auch extrem sauber ist. All die Männer, die dem Schauspiel beiwohnen, starren vor Dreck.

Natürlich komme ich im Zug auch zu Ruhephasen. Ich lese.

Ich lese von Tirupati, der Hauptstadt der Haare. Auf einem Berg thront Lord Venkateshwara, eine Inkarnation von Vishnu. Zum einen durch die Höhe seines Tempels, zum anderen durch die erhöhte Lage ist er näher an Gott und somit bedeutender als tausend andere Götter. Wer ihm näher kommen will, muss nicht nur schnöde Geldscheine opfern, sondern auch seine Haare. Was auf jeden Fall ein beachtliches Opfer darstellt. Nur Heidi Klum verfährt in ihren Shows ähnlich rabiat mit ihren Jüngern.

Alle Haare sind tiefschwarz. Die von den Damen ellenlang, wunderschön seidig glänzend. Niemand muckt auf. Die Nähe zu Gott erfordert Mut und Opfer. Um die 700 Friseure rasieren die Schädel. Ich hoffe nur, es werden bei jedem Cut frische Klingen benutzt.

Die Haare werden später der irdischen Zweitnutzung zugeführt. Über 500 Kilogramm pro Tag gelangen jährlich zur Weiterverarbeitung in die europäischen Metropolen.

Wer weiß, welches Model oder Pop-Sternchen die Haare einer indischen Dorfschönheit als Extensions zur Schau stellt. Sogleich google ich interessehalber, wie viel für eine Echthaarperücke abzudrücken wäre. Bei 250 Euro geht es los, nach oben offen. Nochmals lese ich, dass der Kahlschlag auf dem Kopf als ein äußeres

Merkmal einer ersehnten inneren Wandlung angesehen wird. Berücksichtigt man diesem Gesichtspunkt, befinde ich mich also seit 25 Jahren in Wandlung.

Meine Rechenkünste reichen nicht aus. Der Vertreter Vishnus kann sicher mit ähnlichen Umsatzzahlen wie Apple oder Mercedes aufwarten. Der Wareneinsatz ist ja ein Geschenk. Später lese ich bei Wikipedia, dass das Geld in wohltätige Zwecke investiert wird, in Schulen, Krankenhäuser und natürlich in weitere Tempelanlagen, sodass der Haar-Geld-Fluss nie versiegt.

Schlafsack und Jacke habe ich dank einer Eingebung bei mir. Trotz nächtlicher Eiseskälte sind alle Türen und Fenster geöffnet beziehungsweise gibt es gar keine Scheiben mehr. Teilweise wird das Ziegen-Toiletten-Duftgemisch aus dem Raum gesaugt.

Über Sauberkeit verliere ich kein weiteres Wort. Mülleimer sind gänzlich unbekannt. Alles – wirklich alles, was nicht mehr verwendet werden kann – fliegt aus dem Fenster oder bleibt auf dem Fußboden liegen. Ein Paradies für Mäuse, die jegliche Scheu verloren haben. Ebenso die Kakerlaken, die selbst bei voller Beleuchtung schauen, ob nicht jemand etwas Dahl übrig gelassen hat. Zuzuschauen, wie dieses Land verdreckt, verrottet, diese Gleichgültigkeit, mit der jeder seinen Müll dazulegt, ist ziemlich bestürzend.

Kalkutta

Wer diesen Namen liest, denk sofort an Elend, Dreck sowie an Günter Grass. Zitat: „Warum nicht ein Gedicht über einen Haufen Scheiße schreiben, wie Gott ihn fallen ließ und Kalkutta nannte. Wie es wimmelt, stinkt und lebt und immer mehr wird.“ 1986 lebte Grass für sechs Monate hier. Wahrscheinlich im Oberoi, nicht in einem Rattenloch für Billigtraveller, die lediglich fünf, sechs Euro pro Tag zur Verfügung haben.

Daheim habe ich es recherchiert. Er wohnte in einem Familienhaus mitten in der Stadt. Also war er mit der Nase genauso drin wie ich. Schüttelte wie ich den Kopf, wie es möglich sei, dass zwischen den genialen Bauten aus Kolonialzeiten heute jeder Millimeter der verwinkelten Gassen aus stinkenden Slums besteht.

Das Elend hat sich mit der Einwohnerzahl verdoppelt. An jeder Ecke und auf den Fußböden denkt man, dass eine Altkleidersammlung stattgefunden hat. Nur hat jemand vergessen, die Leute rauszunehmen.

Über der ganzen Region hängt eine Dunstglocke in Sepia, schon 20 Kilometer vor der Stadt sichtbar. Die gesamte Weltbevölkerung – Männer, Frauen, Alte, Kinder, Krüppel, aber auch Neureiche – scheint in der Stadt zu wohnen. Einschlägig bekannte Fahrzeugtypen, die in

Deutschland der Oberklasse zuzuordnen sind, drängeln sich ebenfalls durch das Chaos.

Massenelend, hoffnungslos überfüllte Straßen. Allein um über die Howrah-Brücke zu fahren, benötige ich als mittlerweile hartgesottener Chaos-Großstadt-Driver 45 Minuten. Ich muss mein einschlägiges Vokabular farbiger gestalten, was mir bei dem Dreck und Elend schwerfällt. Die Menschenmassen zehren beständig an meiner Moral.

Einen schlechteren Ruf hat keine andere Stadt auf der ganzen Welt. Vergleichen kann ich persönlich nur 2008 mit 2017. Schwülheißes Klima mit den Abgasen unzähliger schrottreifer Busse, die mehr stehen als fahren. Dazu Hunderte kleine Feuer. Undefinierbare Fabriken mitten in der Stadt. In ganz Indien – und hier vor Ort noch ein wenig mehr – ist ein ökologisches Armageddon im Anmarsch.

Kanalisation – ein Fremdwort. Immer noch sitzen, hocken die Leute am Rinnstein und verrichten ihr Geschäft. Leitungswasser für alle wird es wohl in 50 Jahren noch nicht geben. Stattdessen werden stolz neue Straßen auf Stelzen gebaut. Diese allerdings sind für Rikschas und auch für europäische Radfahrer nicht zugelassen, ein erster Fortschritt.

Dreckverkrustete Menschen hausen auf Gehsteigen, zwischen Abfallbergen und räudigen Hunden. Die Kühe wurden als ein erster Schritt aus dem Zentrum verbannt. Ja, genauso sieht die Realität aus. Keine geschönten

Hochglanzfotos, Katalogbilder. Ich fahre mittendurch, hoffe, dass nicht heute oder morgen eine Seuche ausbricht. Den spirituellen Beistand brauche ich hier am nötigsten.

Trotz allem gibt es Kultur, Zeitschriften und Theater. In dem riesigen Puzzle leben auch all die Händler und Handwerker. Alles, was irgendjemand benötigen könnte, wird hier produziert, gebaut, verkauft. Für viele Menschen sind Leben und Arbeiten auf meist nicht mehr als zwei Quadratmetern möglich.

Voller Euphorie über die Stadt reden wie auch schreiben können nur all jene, die woanders leben. Bei kurzen Stippvisiten, begleitet von oberen Beamten, nur kurz aus dem Fenster schauend und nicht durch die Nase atmend.

„Stadt der Freude", ein Film mit Patrick Swayze, der begeistert. Erzählt wird die Geschichte eines Doktors, der in seinem Heimatland den Tod eines Kindes verschuldet. Er wirft alles hin, taucht im Moloch Kalkutta unter. Durch Zufall rettet er jetzt in Indien einem Menschen das Leben, wird von der dortigen Bevölkerung herzlich aufgenommen und hilft nicht nur weiteren Patienten, sondern auch sich selbst.

In dem Hotel, in dem der Film hauptsächlich spielt, trinke ich den obligatorischen Chai. Die Wände sind voll mit den Fotos aus der Zeit des Filmdrehs.

Ja, es gibt auch schöne Plätze. Direkt an der Howrah-Brücke befindet sich ein Blumenmarkt. Die vielfältige Farbenpracht zaubert ein Lächeln in mein Gesicht und lässt kurz meine Augen aufleuchten. Weiter geht es über die College Street – alles voller Bücher, traumhaft. Eine nächste Änderung betrifft auch mich. Über die Hauptstraßen dürfen die Fahrradrikschas nicht mehr fahren. Dieses eine Mal wird beim leidenden, vollgepackten Europäer dezent weggeschaut, ohne jegliches Bestechungsgeld. Ich frage sogar den nächsten Polizeiposten nach dem Weg.

Ich fahre vorbei an Bauten, die auf die Dominanz der Briten zurückzuführen sind, alle aus dem 18. Jahrhundert. Die Briten waren die Herrscher, ökonomisch wie auch politisch. Kalkutta war zu der Zeit ein strategisch günstiges Zentrum. Leider, leider verfallen die Häuser gemeinsam mit der Stadt immer mehr. Wo ist nur der Glanz des vorigen Jahrhunderts geblieben?

Slum, vier Buchstaben, negativ besetzt. Jeder hat seine eigenen Bilder, meist desaströse, im Kopf. Dreck, Elend, sich ausbreitende Krankheiten. Alle schutzlos, der immer schneller voranschreitenden Globalisierung ausgeliefert. Nicht nur die Armut nervt, auch besitzen die Menschen hier keinerlei Rechte. Grund und Boden werden einfach in Beschlag genommen. Jede Freifläche, jeder Park oder Ähnliches wird über Nacht annektiert. Nicht dass sie mietfrei in den Slums hausen, nein. Immer gibt es jemanden, der auch noch vom Elend profitiert.

Mafiöse Strukturen sichern den Zusammenhalt. Von den Einnahmen werden später die Behörden und Politiker bestochen. So greift wieder ein Glied ins nächste. Bezahlen müssen es diejenigen, die am wenigsten haben.

Die Slums wachsen überall. Immer noch hoffen die ärmeren Leute aus den ländlichen Regionen, in einer Großstadt mehr Chancen zu haben. Bei fast allen Menschen verschlimmert sich jedoch die Lage. Aus dem sozialen Umfeld der dörflichen Gemeinschaft herausgerissen, fehlt ihnen jegliche Bindung in den Städten.

Zur Unabhängigkeit 1947 erklärte Nehru damals die Abschaffung der Armut, den Zugang zur Bildung sowie die Eindämmung von Krankheiten zu seinen Hauptzielen. Im Jahr 2018 vermittelt mir Indien den Eindruck, davon weiter entfernt zu sein als jemals zuvor. In politische Gegebenheiten habe ich keinen Einblick. Nur was ich sehe, welche Worte bei Gesprächen gewählt werden, kann ich wiedergeben.

Die Mehrheit der Armen lebt auf dem Land. Um der stumpfen Eintönigkeit zu entfliehen, strömen Millionen in die Großstädte. Diese sind dem Zustrom nicht gewachsen, platzen auseinander. Was unweigerlich zu noch krasseren Lebensumständen führt. Keinerlei Zugang zu sanitären Einrichtungen, Leben auf engstem Raum. Zugang zu Bildung unmöglich. Soziale Absicherung fehlt. Medizinische Versorgung geschieht über ein Fensterloch, aus dem heraus dubiose Medikamente verkauft werden.

Für ein weiteres Dilemma sorgt das Kastensystem. Es stammt aus der Zeit circa 1000 Jahre vor Christus. Noch heute bilden die Brahmanen die oberste Kaste. Es folgen die Kshatriyas, die Kaste der Soldaten und Beamten, sowie die Vaishyas, die Kaste der Bauern und Händler. Ganz unten stehen die Shudras, die Handwerker, Tagelöhner und (Land-) Arbeiter. Erklärt wird die Hierarchie mit der Opferung des Urriesen. So wurden aus dem Kopf die Brahmanen, aus dem Rest bis runter zu den Füßen die Shudras. Untermauert wird das System mit der Karmalehre, woraus man aus dem vorangegangenen Leben durch seine Taten den gegenwärtigen Status erlangt. Ganz unten, von allen Göttern vergessen, kommen die Unberührbaren.

Es sei ein Film empfohlen, „Slumdog Millionär". Selbst im Jahr 2018 können die Unberührbaren nicht aus dem Status ausbrechen. Jahrtausendealte Tradition benötigt weitere tausend Jahre, um eine Lockerung beziehungsweise Änderung zu akzeptieren. Die Einstellung, alles so hinzunehmen, ist schwer zu begreifen. Die Inder haben nichts und scheinen dennoch zufrieden.

Dass ich als Regierungschef mit einer Milliarde potenzieller Kunden Amazon, McDonald's und Co. zwingen würde, in das Land zu investieren, erwähnte ich schon. Ein erster wirksamer, schwieriger Schritt wäre die Einführung einer Geburtenkontrolle nach chinesischem Vorbild. In einem heiligen Land wohl unmöglich. Einzig der Zugang zu Bildung bringt Einsicht, könnte etwas ändern. Hinzu kommen die gravierenden Umweltvergehen. Nicht das Unglück in Bohpal, wo bei einem Unfall im Chemiewerk Tausende auf einen Schlag den Tod fanden. Schlimmer sind die unzähligen unspektakulären Umweltdesaster, die täglich geschehen. Ausgehend von Tausenden kleinen Betrieben, die das Wort „Umwelt" nicht kennen beziehungsweise „Nach uns die Sintflut" agieren. Die Erde verschwindet, bevor die Sonne explodiert, da bin ich mir sicher.

Derlei komplexe Betrachtungen strengen an, es wird Zeit für einen Chai. Auf zum Kali-Tempel, dem bedeutendsten hinduistischen Heiligtum der Stadt. Kali mit ihrer großen roten Zunge trägt einen Kranz von Menschenschädeln um den Hals. Sie tanzt auf den Feldern des Todes und der Zerstörung. Gleichzeitig steht sie allerdings auch für Erneuerung. Ihr Gemahl Shiva hat das Ende des Weltzeitalters vorhergesagt. Treffend steht der Tempel ja in Kalkutta. Wie so oft, wenn es spannend wird, darf der nach Hare Krishna aussehende Europäer nicht hinein.

Liebe Tierschützer, überspringt bitte diesen Absatz. Täglich werden hier auch noch Tiere geopfert. Dem Tier das Sterben etwas zu erleichtern, daran denkt niemand.

Die Atmosphäre ist atemraubend. Auch weil der Geruch von Blut und Exkrementen wie eine Glocke über allem schwebt. Menschenmassen belagern diesen Ort. Fanatisch, schreibe ich, das trifft den Kern. Seit Ewigkeiten will keiner ein Selfie mit mir, niemand will wissen: „Where do you come from?“ Diesmal will mich, auch für ordentliches Bakschisch, niemand einen Blick hinter die Türen werfen lassen. Die Angst vor der Strafe von Kali ist größer als die Gier nach den bunt bedruckten, wertvollen Scheinen.

Auf zum Wahrzeichen, der Howrah-Brücke. Nicht annähernd so schön wie die Golden Gate in San Francisco, allerdings hundert Mal spannender. Den ohrenbetäubenden Mix aus Motorenlärm, Hupen und kreischenden Motorrädern nehme ich schon lange nicht mehr wahr. Die meistbefahrene Brücke der Welt lädt ein, stundenlang dem einzigartigen Schauspiel beizuwohnen.

„Fotografieren streng verboten!“ ist noch immer auf halb verrotteten Schildern zu lesen, stammt schließlich aus der Zeit vor Google. Heerscharen von Bussen, Autos, Motorrädern, Radfahrern, Rikschas passieren die Brücke. Nicht eine Sekunde ebbt die Menschenflut ab. Auch ich trage dazu bei, fahre gleich drei Mal über die Brücke. Kleine ausgemergelte Inder schleppen Lasten, die europäische Umzugsfirmen erblassen ließen. Die Vielfalt, Tausende Facetten von Leben, sieht man innerhalb einer Stunde an sich vorbeiziehen.

Erste Verbesserungen sind in Sichtweite. Mit dem Verbot von Fahrradrikschas fing es an. Straßenkehrer mühen sich vergebens, eine saubere Spur zu hinterlassen. Überall wird gebuddelt, sieht es nach Kanalisation aus. Wenn die

Kacke später durchfließt, ist der Querschnitt der Rohre wahrscheinlich schon wieder zu klein. Alles passiert auf den Hauptstraßen, ein Anfang ist es allemal.

Durch die Altstadtgassen schlendernd, spüre ich hautnah die Überbevölkerung. Kein Millimeter Platz ist in der Enge. Ohne Körperkontakt ist kaum ein Schritt in der Menschenmenge möglich.

Der Zufall hilft, ich entdecke ein herausragendes Gebäude aus Kolonialzeiten. Riesige Säulenportale locken mich an. Das Indien-Museum, nichts wie rein! Im ersten Raum Dämmerlicht. Meine Frage an den aufsichtspflichtigen Museumswärter nach etwas mehr Licht wird mit Schulterzucken beantwortet. Gut möglich, dass er mich überhaupt nicht verstanden hat. Wozu gibt es die Taschenlampe am Handy? Was erblickt mein Auge? Staub, nein Dreck, die Skulpturen, Plastiken, Fossilien, Mumien und Gemälde bedürfen allesamt einer dringenden Reinigung. Der Umgang mit den Kulturgütern im gesamten Land sollte bald überdacht werden. Sonst sind sie noch vor dem ökologischen Untergang verschwunden.

Später schlendere ich über einen Markt, um von allen Standbesitzern darauf hingewiesen zu werden, dass nur bei ihnen die beste Ware zu kaufen sei. Immer schön die Hosentaschen zuhalten. Erstens wegen der Worthülsen und zweitens wegen der flinken Hände der gewieften Taschendiebe. Die unendlich vielen Schlepper vermiesen mir leider den Bummel.

Indien mit dem Rad zu erkunden, zu erobern, davon kann ich leider nur abraten. Die sogenannten Highways sind am Tage lebensgefährlich. Nachts sinkt die Überlebensquote auf unter ein Prozent. Die Straßen der Städte und Dörfer sind Nahkampfzonen. Eine Stadtrundfahrt erfordert die gleiche Konzentration wie das Steuern eines Überschalljets. Zur Erinnerung: Ein Radfahrer rangiert in der Hackordnung an vorletzter Stelle. Einzig die Hühner sind noch weniger wert. Freude am Fahren kam in all der Zeit bei mir nur selten auf. Meine gesamte Aufmerksamkeit, Konzentration galt dem Verkehr. Der Stärkere hat immer Vorfahrt. Mehrfach musste ich den rücksichtslos in den Gegenverkehr Überholenden in den Straßengraben ausweichen. Das einzige Ziel heißt überleben. In meinem wutverzerrten Gesicht stand oft deutlich geschrieben: „Wenn du unter meine Augen trittst, schlage ich so lange zu, bis eine Weiterfahrt wegen Blindheit ausgeschlossen werden kann."

Auffällig, dass wenige Polizisten auf den Straßen Präsenz zeigen. Wenn ich einen Herrn in Uniform erblicke, traue ich mich gar nicht, nach dem Weg zu fragen. Hin und wieder gleitet ein Bambusstock auf die Rikschas und Autos hernieder. Ebenso werden Fußgänger mit dem Stock drohend zu einem schnelleren Vorbeilaufen ermuntert.

Abbruch

Zwei Tage nach einer Dahba-Übernachtung bekomme ich Fieber. Ich checke im ersten „Hotel“ am Straßenrand ein. Ich muss mich ausruhen, kann keine 50 Meter fahren, ohne in eine Erschöpfungsphase zu fallen. Es wird ein Raum mit Bett, sonst nichts. Das verdreckte Waschbecken befindet sich auf dem Gang, zu teilen mit allen anderen Gästen. Ich werde es nicht ein einziges Mal benutzen. Drei Tage liege und wälze ich mich hin und her, quäle den Körper, um endlich alle Abwehrstoffe zu mobilisieren. Fantasiere herum, um mich später an nichts erinnern zu können. Im Delirium statte ich einen der Gesellen mit viel zu viel Geld aus. Lasse mir einen Tauchsieder sowie Kräutertee organisieren.

Halbwegs wieder klar, sehe ich die Bescherung. An der linken Hand zähle ich 48 Stiche, am rechten Knie 37 und am linken nochmals 27. Die Zahlen können auch um ein, zwei Stiche schwanken, mein Gehirn wurde schließlich weich gegart. Als ich wieder länger als zwei Minuten stehen kann, hebe ich meinen fieberlastigen Astralkörper – „weicher Sack“ trifft eher zu – in eine Rikscha, um in eine Klinik zu fahren.

Behandlung „Erste Klasse“, acht Dollar möchte der wortkarge Arzt vom Dienst. Ich bekomme zwei dicke

Tabletten in die Hand gedrückt. „Eine heute, morgen die zweite, mit viel Wasser einnehmen.“ Auf meine Frage, was ich denn für einer Krankheit von der Schippe gesprungen sei, kommt im ganzen Satz: „Malaria, Blut hat angezeigt.“

Eine Viertelstunde später verlasse ich mein Zimmer. Außer dem Schlafsack habe ich nichts weiter ausgepackt. Zurück bis Kalkutta sind es nur 25 Kilometer. Ich will ein sauberes Zimmer mit weißer Bettwäsche sowie fließend warmes Wasser. Höher sind meine Ansprüche schon lange nicht mehr.

Im ersten Vier-Sterne-Hotel mit dem wohlklingenden Namen „Golden Tulip Saltlake“ werde ich, so verschmutzt, so verlottert, wie ich gerade aussehe, abgewiesen. Mein leicht nach Verwesung müffelnder Geruch ist sicher das Tüpfelchen auf dem I. Danke noch mal, ihr Vollhorste! Meine Dollarnoten waren neu und in Plastik eingepackt, somit keimfrei. Bei TripAdvisor bekommt ihr eine Sechs minus.

Das altehrwürdige Grand Oberoi hat Erbarmen und nimmt mich für 78 Euro die Nacht liebend gerne in seine Obhut. Ich beschreibe meine Wünsche und klage dem Concierge mein Leid. Sein Job ist es, mir alle Lästigkeiten abzunehmen. Er führt ihn hervorragend aus. Nur kurze Zeit später verschwindet ein Dienstboy mit meinem Pass. Unterwegs zur Botschaft von Bangladesch. Ausgestattet mit Pass, Geld für ein Visum nach Myanmar und 50 Dollar Notgeld für die, die keine Geschenke annehmen dürfen, sowie fünf Dollar Bakschisch für seine Hosentasche. Die Erschöpfung schlägt jetzt bei mir doppelt zu. Ja, Indien schlaucht in vielen Belangen.

Freudig, voller Glückshormone, solch einen Deal geschlossen zu haben, verbringe ich zwei volle Tage im Bett, in gestärkter, weißer Bettwäsche, himmlisch weich und frei von Ungeziefer. Ich genieße die Ruhe, die Arme unter dem Kopf verschränkt, die Augen geradeaus auf den Fernseher gerichtet. Leider sind nur Kricket oder Bollywood Soaps zu sehen. Ich bewege mich lediglich zum Restaurant, um zwei, drei Chai zu trinken. Hier, wo es sogar Bier aus dem Hahn gibt, fehlt mir leider noch jegliche Lust auf derartigen Genuss.

Am späten Nachmittag steht der Concierge in meinem Zimmer, übergibt mir meinen Pass, mein Geld inklusive dem Obolus aus seiner Hosentasche in Monatslohnhöhe. „Leider kein Visum, Sir. Individuell über Land Reisende erhalten keine Visa. Ein Betreten des Landes ist nur in Reisegruppen beziehungsweise über eine Einreise am Flughafen möglich."

Den 50-Dollar-Schein, den ich im Pass vergessen habe, hat der Beamte aus der Botschaft nach gründlicher Betrachtung all meiner Seiten glatt vergessen, wieder einzulegen. Jungs, ich will in eines der ärmsten Länder auf dem Planeten. Und ich bringe Geld mit. Muss essen, trinken, schlafen. In Kulturstädten werden überteuerte Eintrittskarten verkauft, egal. Ich habe Interesse an eurem

Land, es interessiert mich. Warum lasst ihr friedliebende, solvente Kulturinteressierte und dazu Umweltbewusste nicht einreisen? Geahnt habe ich das schon, etliche Reisende haben davon berichtet.

Um den Kummer etwas zu mildern, bestelle ich mir später doch einen halben Liter Kingfisher Bier. Weitaus dramatischer als das nicht erhaltene Visum ist für mich, dass mir das Bier nicht schmeckt. Nicht die Qualität, nein meine Krankheit verzeiht mir eine solche Sünde noch nicht.

Nach eingehender Recherche im Internet beschließe ich, mir morgen trotzdem ein Visum für Myanmar zu organisieren. Irgendeine Lösung, Bangladesch zu durchqueren, wird sich finden. Eine Zugverbindung existiert, mein Rad passt durch die Türen, es sollte irgendwie klappen.

Nach dem morgendlichen Kaffee der Schock. Ich weiß nicht, welche und wie viele Hormone in diesem Augenblick meinen Körper durchfluten. Von meinem Rad steht nur noch das Gerippe vor dem Hotel. Vorsichtig streichle ich über den Rahmen – mehr ist ja nicht übrig geblieben. Innerhalb von Sekunden entscheide ich: Das war es fürs Erste …

Beim obligatorischen Chai spiele ich in Gedanken verschiedene Varianten durch. Rufe ich meinen Freund Chris an und gebe ihm eine Viertelstunde lang alle fehlenden

Teile durch? Lasse ich mir gleich ein neues Rad schicken? Ebenfalls in Erwägung ziehe ich, die Radtaschen heimzuschicken, um mit dem Rucksack weiterzuziehen.

Aber nein, nichts von alledem tue ich. Ich fliege nach Hause. Schon im ersten Moment, nachdem ich die Bescherung wahrgenommen hatte, beschloss mein Unterbewusstsein die Heimreise. Das Gesamtpaket Indien ist nicht stimmig genug, um die Zähne zusammenzubeißen und weiterzuziehen.

Innerhalb von zehn Minuten buche ich per Handy einen Flug noch am selben Abend über Dubai. Schließlich informiere ich meine Tochter, dass ihr genau 24 Stunden bleiben, die Wohnung wieder herzurichten, ohne die Feuerwehr zu aktivieren …

Nachlese

Manch Indienkenner wird gegen einige meiner Beschreibungen revoltieren. Alles, was ich aufgeschrieben habe, entspricht jedoch meiner Wahrnehmung, habe ich gesehen, persönlich erlebt. Der Dreck, die Ratten, die Scheiße aller Lebewesen ist sichtbar. Auch die Nase muss solche Reize erst einmal bewältigen. Schönreden wäre der falsche Weg. Zudem sind meine Feststellungen weder durch Dope noch durch Alkohol getrübt, Letzteres aus Mangel. In den meisten Bundesländern gibt es keinen Alkohol.

Nach dem 4000. Mal „Richtscountsir?" – „Aus welchem Land kommst du?" – ist man auch mal sackig. Ebenso wenn man mit der Realität konfrontiert wird, früh am Morgen am Rinnstein, wenn in Reih und Glied die Bewohner am Straßenrand hocken und ihr Geschäft verrichten. Dabei wird mit Mutti, Onkel, Tante telefoniert. Incredible India! Ja, unglaublich, dass zehn Jahre nach meinem letzten Besuch für mich keine Fortschritte sichtbar geworden sind. Das große, einzigartige Freiluftmuseum fungiert hauptsächlich als Müllkippe.

Das fruchtlose Streben nach immer neuen Kicks, vorgelebt am Fernsehbildschirm. Das Ausrichten des Lebens nach Shopping bei Amazon und Zalando. Konsumdenken wird als Leitbild vermittelt. Immer mehr haben zu wollen wird auch hier zum Maßstab, zum Inbegriff von Leben. Für mein Empfinden wird das Elend dadurch noch größer.

Und dabei ist es doch ein so schönes Land. Die Menschen sind, wie sie sind. Haben ihre eigene Mentalität. Dass alle im Dreck ersticken und niemand etwas dagegen unternimmt, will ich einfach nicht begreifen.

Mutwillig zerstören wir unseren Planeten, seine Gewässer, die Wälder, die Luft. Die Zerstörung des ökologischen Gleichgewichts wird uns alle in Gefahr bringen. Die Krönung seitens der Regierung, dass ein Umweltpass ausgeschrieben wird. Wer sich daran hält, bekommt als Belohnung 100 Rupien. Lächerlich, nein dreist! Der Wert liegt umgerechnet bei einem Espresso.

Immer schneller läuft immer mehr aus dem Ruder. Ohne Zuhilfenahme des eigenen Willens eines jeden Einzelnen wird sich nichts ändern. Erst wenn man eure Luft wieder atmen und aus euren Flüssen trinken kann, kommt für mich eine weitere Stippvisite in Betracht.

Am Ende der Reise steht fest: Ich habe Fantasie mit Erfahrung getauscht.

Liebe Leser, verzeiht!

Ich war nicht immer politisch korrekt. Manchem von euch werden Gefühle zugemutet, die anstrengen, aber auch reich machen können.

An einigen Tagen schwankten meine Wahrnehmungen zwischen glücksverheißend und abschreckend. Teilweise fluteten die verschiedensten Eindrücke im Sekundentakt nachhaltig auf mich ein.

Am Ende der Reise wird mir klarer: Nicht der Dreck, der kleine Disput um das geforderte Bakschisch, die nicht enden wollende Belagerung der Schlepper, nein, die Menschen der Länder, die wir besuchen und kennenlernen dürfen, bescheren dem Reisenden unvergessene Momente.

Danksagung

„Jeder Mensch hält die Summe
seiner Tölpeleien für Erfahrung.“
(Oscar Wilde)

Ich danke allen, die ich auf meiner Reise kennenlernen durfte. Durch euch wurden meine Gedanken angeregt, die Welt aus anderen Perspektiven zu sehen. Ihr habt meine Kapitel mit Gastfreundschaft, Lebendigkeit und Erfahrung gefüllt und meinen Träumen Nahrung gegeben.

Ein Dankeschön an dich, meine liebe Tochter Melissa, sowie an euch, Chris, Falko und Marlen, die in der Heimat alles am Laufen gehalten haben. Danke dir, Susann, für das Zusammenhalten der Finanzen.

Mein besonderer Dank an dich, Jeannette. Mit unermüdlicher Geduld, kritischen Hinweisen und so manchem Seufzer hast du mein bekritzeltes Papier in lesbare Zeilen gezaubert.

Ich bin froh, wieder bei euch zu sein.

Kurzvita

Jürgen Scholz, Ur-Leipziger, verdiente seinen Lebensunterhalt zwischenzeitlich als Rettungssanitäter, bis er sich erfolgreich als Gastronom etablierte. Seit jeher nutzt er die sich ihm bietenden zeitlichen Freiräume, um die Geheimnisse der Welt zu entdecken. Seine Reisen führten ihn in den letzten 30 Jahren vor allem durch Asien und Lateinamerika.

Das Einfache, das Unkonventionelle, das Herausfordernde, das Langsame entspricht seinem Reisestil. Seine Passion gilt dem Radfahren und auf diese Weise verschlägt es ihn auf seinen Touren in die entlegenen Winkel dieser Erde.